每条弯路
都通向自我

[英]奥利弗·萨克斯 —— 著　吴晓真 —— 译

On the Move: A Life

ON THE MOVE: A LIFE
Copyright © 2015, Oliver Sacks
Cover Photo by Bill Hayes
All rights reserved

ⓒ中南博集天卷文化传媒有限公司。本书版权受法律保护。未经权利人许可，任何人不得以任何方式使用本书包括正文、插图、封面、版式等任何部分内容，违者将受到法律制裁。

著作权合同登记号：字 18-2024-126

图书在版编目（CIP）数据

每条弯路都通向自我 /（英）奥利弗·萨克斯（Oliver Sacks）著；吴晓真译. -- 长沙：湖南文艺出版社，2024.10. --ISBN 978-7-5726-2108-6

Ⅰ. K816.2

中国国家版本馆 CIP 数据核字第 2024DR7187 号

上架建议：名人传记

MEI TIAO WANLU DOU TONGXIANG ZIWO
每条弯路都通向自我

著　　者：	［英］奥利弗·萨克斯
译　　者：	吴晓真
出 版 人：	陈新文
责任编辑：	张子霏
监　　制：	吴文娟
策划编辑：	姚珊珊　黄　琰
特约编辑：	赵浠彤
版权支持：	王媛媛　姚珊珊
营销编辑：	傅　丽
封面设计：	梁秋晨
版式设计：	李　洁
出　　版：	湖南文艺出版社
	（长沙市雨花区东二环一段 508 号　邮编：410014）
网　　址：	www.hnwy.net
印　　刷：	北京中科印刷有限公司
经　　销：	新华书店
开　　本：	875 mm × 1230 mm　1/32
字　　数：	274 千字
印　　张：	12.75
版　　次：	2024 年 10 月第 1 版
印　　次：	2024 年 10 月第 1 次印刷
书　　号：	ISBN 978-7-5726-2108-6
定　　价：	62.00 元

若有质量问题，请致电质量监督电话：010-59096394
团购电话：010-59320018

"要想生活好,必须向前看;但要理解生活,只有向后看。"

——克尔凯郭尔

献给比利

目 录

辗　转 /1
离　巢 /43
旧金山 /67
肌肉海滩 /99
遥不可及 /137
觉　醒 /175

山上的公牛 /217
事关身份 /251
锡蒂岛 /281
旅　程 /323
心智新观 /351
家 /385

致　谢 /401

辗转

二战期间，稚龄的我被送往寄宿学校。在那里我感觉像在坐牢，身不由己。我渴望挣脱囚笼，自在游走，获得超凡的能力。这样的体验我在梦里飞翔时有过，去学校附近的村子骑马时也有过，虽短暂但滋味撩人。我为骏马的刚柔相济所倾倒，至今还记得它那轻快的步伐、温热的躯体和身上那甜美的干草气息。

我的挚爱是摩托车。我父亲在战前就有一辆。那是一台斯科特"飞鼠"[①]，它有一个大大的水冷发动机，排气管发出的声音如同尖啸。我也想要一辆动力强劲的摩托车。在我心中，摩托车、飞机和骏马的形象融为一体，摩托车手、牛仔和飞行员的形象合三为一。骑手必须使出洪荒之力来驾驭他们那强大的坐骑，险象环生但又欣快连连。西部片和歌颂英勇空战的电影为我孩提时代的想象力提供了肥沃的土壤。我看到电影中的飞行员冒着生命危险驾驶"飓风"战斗机和"喷火"战斗机，而厚厚的飞行夹克就

[①] 20世纪初，斯科特摩托车因性能出色且价格昂贵，被称为"爱德华时期绅士的豪华座驾"。"飞鼠"型号于20世纪20年代推出，以动力强劲、质量轻著称。——译者注（若无特殊说明，本书注释均为译者注）

像摩托车手的皮夹克和头盔一样保护着他们。

1943年,我十岁。回到伦敦的家中后,我热衷于坐在客厅窗边的座位上,观察飞驰而过的摩托车,并试图辨认它们的品牌和型号(战后,汽油短缺情况缓解,摩托车就多起来了)。我认识十几个品牌——AJS、英伦凯旋、BSA、诺顿、无敌、文森特、维洛赛特、羚羊和新光(Sunbeam),还有一些罕见的外国摩托车品牌,例如宝马和印第安摩托。

青少年时代,我会定期和一个志同道合的表弟去水晶宫看摩托车大赛。我经常搭便车去斯诺登尼亚爬山或者去湖区游泳,有时候能搭到摩托车。坐在摩托车后座上的感受让我兴奋不已,我不由得做起白日梦,幻想着有朝一日买上一辆线条流畅、动力强劲的摩托车。

十八岁那年,我入手了第一辆摩托车。那是一台二手的BSA"矮脚鸡",有一个小小的二冲程发动机。然而,后来我发现它的刹车有问题。第一次上路,我骑着它前往摄政公园。万幸我去的是公园,否则我可能就没命了。就在我开足马力的时候,油门失控了,无论我如何用力踩刹车都刹不住,连车速都降不下来。摄政公园外面是条环路,我骑着它在环路上绕了一圈又一圈,怎么也无法让它停下。我时而鸣笛,时而大喊,警告行人让路。两三圈下来,每个人都会自动让开,还在我一次又一次经过时大声鼓励。我心知肚明,等到汽油用尽,摩托车就会停。终于,在我不由自主地绕着公园转了几十圈之后,发动机发出一阵噼啪声,熄火了。

母亲从一开始就非常反对我买摩托车，这在我意料之中，但父亲的反对让我感到惊讶，因为他自己也骑过摩托车。为了劝说我不要买摩托车，他们给我买了一辆1934年产的标准牌小汽车，时速还不到40英里[①]。我越开越厌恶它，有一天脑子一热就把它卖了，转手买了这台"矮脚鸡"。这下，我不得不向父母解释，一辆动力不足的小汽车或者摩托车非常危险，因为脱困很难，而尺寸更庞大、马力更强劲的摩托车会更安全。他们无奈地同意了这一点，赞助我买了一台诺顿牌摩托车。

骑上我这第一台250毫升排量的诺顿牌摩托车后，我有好几次差点出事。第一次，我望见前方交通灯变红，但车速过快，无法安全地刹车或者转向，于是我径直向前开，居然奇迹般地从两条相反方向的车道之间穿了过去。一分钟后，我才回过神来，又骑行了一个街区，把车停靠在一条小路上，然后晕倒了。

第二次，在一个大雨滂沱的夜晚，我骑行在一条蜿蜒的乡村公路上。对面开来一辆汽车，它没有调暗大灯，差点亮瞎了我的眼睛。我以为我们会迎面相撞，但在危急关头，我抬腿下了车（我的表述过于温和了，其实这个动作可能救命，也可能致死）。摩托车脱离我的控制继续往前冲（它没有撞上对面的汽车，但彻底毁了），而我自己则转身朝另一个方向扑出去。幸运的是，我罩着头盔，蹬着靴子，戴着手套，全副武装，所以虽然在湿滑的

[①] 1英里=1609.344米。

路面上滑行了20码①左右，但一点都没刮伤。

我的父母吓坏了，但看到我毫发无损又非常高兴，在得知我还想买一辆马力更大的摩托车（600毫升排量的诺顿"主宰者"）时，诡异地没怎么反对。彼时，我已经完成在牛津大学的学业，正准备前往伯明翰担任外科住培生，工作时间为1960年的1月至6月。我小心翼翼地指出，伯明翰和伦敦之间新开通了M1高速公路，如果有一辆跑得快的摩托车，我每个周末都能回家。当时的高速公路还没有限速，所以我花一个多小时就可以到家。

在伯明翰，我结识了一个摩托车爱好者团体，尝到了与志同道合的伙伴组成集体的乐趣。在那之前，我一直独自骑行。伯明翰周边乡村依旧一派自然风光。我们还骑摩托车去埃文河畔斯特拉特福，碰上什么莎剧上演就看什么，特别有意思。

1960年6月，我参加了马恩岛TT赛②，也就是每年在马恩岛举行的盛大的旅游者杯摩托车赛。我弄到了一个紧急救援医疗服务臂章，得以进入维修站，看到了一些车手。我做了详细的笔记，打算以马恩岛为背景写一部有关摩托车赛事的小说。我为此做了大量的研究，但从来没有动过笔。③

---

① 1码=0.9144米。
② 始于1907年，是世界上历史最悠久的摩托车赛事。赛道围绕曼岛外围公路，全长60.72千米，有200多个弯道，是全世界最长的赛道。路况凶险，赛车平均时速高于200千米，已有250多名骑手丧生于此。
③ 我在当时的一个笔记本里写道，我打算写五部小说（含摩托车主题小说），还要写一本关于我在童年探索化学的回忆录。这些小说计划全落空了，但四十五年后我写了回忆录《钨舅舅》。——作者注

伦敦的北环路在20世纪50年代也没有限速，这对那些钟情于速度的发烧友来说非常诱人。那里的王牌咖啡馆很出名，爱开快车的摩友们经常在这里出没。"过百"（时速达到100英里及以上）是打入他们内群体——"飞驰男孩"的最低标准。

当时已经有几款摩托车能够"过百"，尤其是那些经过调校、减过重（包括排气管）并添加高辛烷值燃料的摩托车。难度更高的是"点燃街头"，即在二级公路上赛车，你一进入王牌咖啡馆，就有可能受到挑战。然而，如果你想找人对开摩托车看谁先闪避，一般没人应战，因为即使在那时候，北环路也是车水马龙。

我从来没有跟人对开摩托车比过胆量，但我挺喜欢公路赛车的；我的600毫升排量"主宰者"的发动机稍稍扩过缸，但没法跟王牌咖啡馆里那帮人中意的1000毫升排量文森特牌摩托车相提并论。我曾经试驾过文森特，但觉得它太不稳定，尤其在低速时，跟我的诺顿截然不同。诺顿摩托车有一个"羽绒床"车架，无论速度如何都非常稳定（我想过可否把文森特的发动机装到诺顿摩托车的车架上，在多年后发现这种"诺文森"真的存在）。限速制度出台之后，"过百"烟消云散，乐趣不再，王牌咖啡馆走下神坛。

在我十二岁的时候，一位有见地的校长在成绩报告单上写道："萨克斯会走得很远，如果他没有走过头的话。"他的预见屡屡成真。小时候，我做化学实验经常过头，家里充斥着各种有毒气体。幸运的是,我从来没有烧掉过我们头顶那片瓦。

我喜欢滑雪。十六岁那年,我加入一个学校团体去奥地利玩滑降。第二年,我独自前往挪威泰勒马克进行越野滑雪。滑雪很顺利,在乘渡轮返回英国之前,我先去免税店买了两升阿夸维特酒①,然后走出挪威边境检查站。挪威海关官员不在乎我带走几瓶酒,但(据他们告知)我只能带一瓶酒进英国,另一瓶会被英国海关没收。我怀抱两瓶酒爬上渡轮的上层甲板。那天天气晴朗,气温很低,不过鉴于我穿着保暖滑雪服,我认为没问题,不会受冻。其他人都待在船舱里,而我独占整个上甲板。

我有书可读:我正在读《尤利西斯》,读得很慢。我还有阿夸维特酒可喝:没有什么比酒精更能从内而外地让人暖和。轮船缓缓前行,很是催眠。我坐在上层甲板上埋头读书,时不时地啜一口阿夸维特酒。直到某一刻,我惊讶地发现,浅斟低酌之下,酒瓶已经半空。我自忖没有什么反应,于是继续边读书边啜饮。因为酒瓶已经半空,所以瓶底被我越举越高。觉察到渡轮靠岸时,我都蒙了,我一直沉浸在《尤利西斯》中,没有注意到时间的流逝。酒瓶已空,我还是没有任何异常体感。我想,这玩意儿肯定没他们吹嘘的那么烈,虽说酒标上写着"100度"。我如常起身,不想立马栽倒在地。太奇怪了,难道船突然颠了一下?我刚站起来,又摔了一跤。

直到这一刻我才开始意识到自己喝醉了——酩酊大醉,不过

---

① 被誉为挪威国酒,主要原料是马铃薯,类似中国的烧酒。

酒精显然直接进入了我的小脑，我脑袋里的其他部分不受影响。有个船员上来查看乘客是否已经全部下船，发现我正撑着滑雪杖奋力行走。他喊来另一个船员帮忙，一边一个架着我下了船。虽然我一路踉跄，引人旁观（大部分人都被我逗乐了），但我觉得自己成功钻了制度的空子。我从挪威带走了两瓶酒，到英国时只剩一瓶。我"乾坤大挪移"，让英国海关官员少没收了一瓶酒。根据我的猜想，他们一定很想喝。

1951年发生了好几件大事，有的令人神伤。3月，陪伴我长大的伯蒂阿姨去世了。她一直和我们同住，无条件地爱着我们所有人。伯蒂身材娇小，智力不高，是我母亲的兄弟姐妹中唯一一位智障人士。我一直不清楚她早年发生了什么事。有人说她在婴儿期头部受伤，也有人说她罹患先天性甲状腺功能减退症。这些对我们来说都不重要，她就是伯蒂阿姨，是我们家庭的重要一员。伯蒂的离开对我影响很大，也许直到那时我才意识到她已经深深地融入了我们一家人的生活。几个月前，正是伯蒂给我拿来了牛津大学通知我获得奖学金的电报。她拥抱我，祝贺我，还流了眼泪，因为她知道这意味着我——她最小的外甥——要离开家了。

按计划，我要在夏末启程去牛津。我刚满十八岁，我父亲觉得时机成熟，有必要同我进行一次男人之间、父子之间的严肃的谈话。我们讨论了给我多少零花钱比较合适——这个问题不大，因为我相当节俭，唯一花钱多的地方是买书。然后，父亲坦露了他真正担心的问题。

"你似乎没几个女朋友,"他说,"难道你不喜欢女孩子吗?"

"她们挺好的呀。"我回答说,希望我们的谈话到此为止。

"或许你更喜欢男孩?"他穷追不舍。

"是的,但这只是一种感觉,我从来没有'做过'什么。"然后我担心地补充道,"别告诉我妈,她会受不了的。"

可父亲还是告诉了她。第二天早上她下楼的时候一脸怒容,我从未见过她这么生气。"你真是令人憎恶,"她说,"我要是没有生下你就好了。"然后她就走出家门,此后好几天都不理睬我。等她肯跟我说话了,她再也没有说过上面那样的话(这整件事也不再提),但我们之间出现了一道裂痕。我母亲的思想在大多数情况下都很开放,愿意予人支持,但在这个方面却非常严厉死板。她和我父亲一样,经常读《圣经》,她热爱《诗篇》和《雅歌》,却被《利未记》中那些可怕的表述困扰:"不可与男人苟合,像与女人一样,这本是可憎的。"

我的父母都是医生,藏有许多医学书籍,其中有几本专门讲"性病理学"。我在十二岁的时候就翻阅过理查德·克拉夫特－埃宾[1]、马格努斯·赫希菲尔德[2]和哈夫洛克·蔼理士[3]的著作。但我觉得很难说自己有"病",也不认为我的身份认同可以简单地

---

[1] 理查德·克拉夫特－埃宾(1840—1902),奥地利精神病学家、性病理心理学家、性学研究创始人。
[2] 马格努斯·赫希菲尔德(1868—1935),德国犹太裔内科医生、性学家。
[3] 哈夫洛克·蔼理士(1859—1939),英国医生、性心理学家。

归结为一个名称或一个诊断。在学校，我的朋友们知道我"与众不同"，那只是因为我不参加那些以爱抚和亲吻告终的派对。

我醉心于化学和生物，对周围发生的事情——或者我的内心——懵懵懂懂，没有爱上过学校里的任何人（不过，放在楼梯口的一尊著名雕像的复制品激起过我的性欲。该塑像是一比一复制的，描绘的是肌肉发达、全身赤裸的拉奥孔同巨蛇搏斗，试图救出他的两个儿子的场景）。我知道，有的人一想到同性恋就惊恐万分，我猜我母亲可能就是如此，所以我才对父亲说："别告诉我妈，她会受不了的。"也许我不应该告诉我父亲，总体而言，我认为我的性向是我的事，同他人无关，它不是秘密，但我不愿意谈论。埃里克和乔纳森是我最亲密的朋友，他们都知道，但我们几乎从不讨论。乔纳森说，他认为我是"无性"的。

我们都是被成长环境、文化和时代塑造的产物。我不得不反复提醒自己，我母亲出生于19世纪90年代的一个正统家庭，而在当时的英国，同性恋行为不仅被视为变态，还是一种刑事犯罪。我还必须记得，性和宗教、政治等领域类似，会在历来正直、理性的人的心中激起强烈的、非理性的情绪。我母亲并非有意产生这样残酷的念头，恨不得我死去。现在想来，她只是突然间不知所措，她可能对自己脱口而出的话感到后悔，也可能从此将其封闭在她脑海中的一个密室里。

然而，她说的话困扰了我大半生，让我无法自由地、快乐地表达自己的性向，反而时时背负罪恶感。

我哥哥戴维和他的妻子莉莉得知我缺乏性经验，认为我可能脸皮太薄，需要一个好女人，甚至一次畅快的性爱来纠正自己。1951年圣诞节前后，我在牛津大学的第一个学期结束后，他们带我去了巴黎，按照计划，他们不但要带我去看风景——卢浮宫、巴黎圣母院、埃菲尔铁塔，还要帮我找一个好心的妓女，让她按我的步调，熟练而耐心地对我进行性教育。

一名年纪和性情都合适的妓女浮出水面。戴维和莉莉事先跟她面谈过，解释了情况。然后我进入她的房间。惊恐之下，我的阴茎软趴趴，我的睾丸恨不得缩进我的腹腔。

那位长得很像我的某个姨妈的妓女用眼睛一扫就了然了。她的英语说得很好（这是她入围的条件之一），她说："别担心，咱们舒舒服服喝杯茶吧。"她拿出茶具和小茶点，点火烧水，问我喜欢哪种茶。"正山小种，"我说，"我喜欢那种烟熏的味道。"这时，我已经能够如常说话，自信心也回来了。我们一边享用烟熏味红茶，一边放松地聊天。

半小时后，我向她告辞。我的哥哥和嫂子满怀期待地等在外面。"怎么样，奥利弗？"戴维问道。"棒极了。"我一边说着，一边抹掉了胡子上的蛋糕屑。

在我十四岁那年，人人都默认我会学医。我的父母都是医生，两个哥哥也是。

然而，我心意未决。我当化学家眼看无望，这门学科的发展已经超越了我中意的18、19世纪盛行的无机化学。但在十四五岁时，受学校生物老师和斯坦贝克的小说《罐头厂街》[①]的启发，我曾经想当一名海洋生物学家。

在获得牛津大学的奖学金后，我面临一个选择：我应该坚持学习动物学，还是攻读医学预科，上解剖学、生物化学和生理学课？感官生理学尤其让我着迷——我们为什么能看到颜色、景深、运动？我们如何辨识事物？我们怎样通过视觉理解这个世界？我在很小的时候就因为视觉性偏头痛而对这些感兴趣。这个毛病的先兆除了眼前闪光，还有丧失对颜色、景深或运动的感知，甚至无法识物。在几分钟的时间里，我的视觉失而复得，令人又害怕又着迷。

在家里，我的小小化学实验室兼用作摄影暗房。我对色彩和立体摄影特别感兴趣，它们让我好奇大脑如何构建颜色和景深。海洋生物学和化学探索都让我兴致勃勃。但现在，我想了解人类大脑的工作机制。

虽然别人认为我聪明，但我从来不觉得自己的才智胜过他人。我和学校里最亲密的两个朋友乔纳森·米勒和埃里克·科恩一样，对科学和文学都很痴迷。我敬佩于乔纳森和埃里克的智力超群，不明白他们为什么非要同我厮混。可我们都获得了大学的奖学金。后来，我遇到了一点问题。

[①] 美国作家约翰·斯坦贝克发表于1945年的小说。故事发生在美国加州蒙特利海湾的一条海滨街道上，那里以生产沙丁鱼罐头为主要特色，故称罐头厂街。小说的中心人物是一位人称"医生"的海洋生物学家。

在牛津大学，通过大一期末考试的学生才算正式入学，这被称为"预考"。照理，我只要走过场即可，因为我此前已经获得了公开奖学金。然而，我没能通过预考；第二次预考，我还是不及格。第三次预考不及格之后，院长琼斯先生把我拉到一边，说："萨克斯，你申请奖学金的论文写得很好，为什么这个傻不拉几的考试却老是考不出来？"我说我不知道，他说："好吧，这是你最后一次机会了。"于是我第四次参加考试，总算通过了。

在圣保罗学校，我同埃里克和乔纳森一起，轻松地游走在艺术和科学之间。我同时担任文学社的社长和野外俱乐部的秘书。到了牛津大学，文理兼修比较困难，因为解剖学系、理科实验室和拉德克里夫图书馆都集中在南帕克斯路，与大学的讲堂和学院相距甚远。我们这些理科生或医学预科生同大学的其他人来往不便，社交也有隔膜。

我在牛津大学的第一个学期就深刻地感觉到了这一点。我们要写很多论文提交给导师，为此必须泡在拉德克里夫图书馆，阅读各种研究论文和综述论文，筛选出在我们看来最重要的内容，并以一种有趣的、独创的方式写成自己的论文。长时间啃读神经生理学论著令人愉快，甚至令人激动——广阔的新世界似乎在我面前徐徐展开，但我日渐意识到某种缺失。除了约翰·梅纳德·凯恩斯的《传记文集》[①]之外，我几乎没有读过非专业书籍，

[①] 凯恩斯（1883—1946）是英国著名经济学家，现代经济学的开创者。《传记文集》创作于1933年，书中介绍了几位经济学家的学术生平。

而我还想写一本带有临床色彩的传记文集呢——每篇介绍一个具有不寻常的弱点或长处的人，并揭示该特点对其人生的影响。简而言之，这部文集将是某种临床传记或者个案史。

我想到的第一位（到头来也是唯一一位）传主是西奥多·胡克。我是在一本西德尼·史密斯（他在维多利亚时代早期以机智著称）的传记里看到他的名字的。胡克比史密斯早生一二十年，同样妙语连珠。此外，他的音乐创造力无与伦比，据说他创作过五百多部歌剧，全都是坐在钢琴前即兴弹奏出来的，他还包办了所有角色的唱段。这些作品都有如昙花一现——惊艳，却无法被留住。他信手拈来，从不重复，作品未曾被记录，旋即被人遗忘。书中对胡克的即兴创作天才的描述令我着迷，我不禁想，什么样的大脑才能做到这一切？

我找来各种关于胡克的资料，还读了一些他写的书。奇怪的是，这些书非常沉闷、矫揉造作，同他人描述中的精巧才思形成强烈反差。我常常琢磨胡克这个人，临近秋季学期结束时，我写了一篇关于他的文章，用打字机密密麻麻地打印了将近六大页，总共四五千字。

最近，我在一个箱子里翻到了自己的一些早期作品，其中就有这篇文章。重读之下，它好洋洋洒洒、好旁征博引、好华而不实、好自命不凡啊。这似乎不是我的风格。当年的我是找了一个蓝本大抄特抄，还是用了半打资料东拼西凑？或者，这真是我自己写的，因为我是个十八岁的毛头小伙，所以偏要用一种学究气的、教授派头的风格，好显得自己与众不同？

写胡克只是一种消遣。我的大部分论文都是关于生理学的，每周我都得读给导师听。我选了听觉研究的题目后非常兴奋，读了很多，想了很多，以至于到最后没有时间动笔写论文。向导师汇报那天，我拿了一个便笺本，假装读上面的内容，实则临场发挥，为了逼真还记得时时翻页。突然，卡特（C. W. 卡特博士，我在王后学院的导师）打断了我。

"我没听明白，"他说，"你能不能再读一遍？"我有点紧张，竭力还原最后几句话。卡特一脸疑惑。"让我看看。"他说。我把空白便笺本递给他。"了不起，萨克斯，"他说，"非常了不起。但今后，我希望你能把论文写出来。"

作为牛津大学的学生，我不但可以去拉德克里夫图书馆，还可以去博德利图书馆。那是一个很好的综合图书馆，它的起源可以追溯到1602年。我就是在那里邂逅了胡克晦涩难懂、已遭遗忘的作品。没有其他图书馆（大英博物馆图书馆除外）能够提供我需要的资料，而且博德利图书馆的宁静氛围极其适合写作。

不过，我在牛津大学时期最喜欢的图书馆是我们王后学院自己的图书馆。据说这座宏伟的建筑是克里斯托弗·雷恩[①]设计的，图书馆里的海量藏书存放在一个由暖气管道和书架组成的地下迷宫里。

[①] 克里斯托弗·雷恩（1632—1723），英国著名建筑师。

手捧典籍、翻阅1501年前印刷的古版书对我来说是一种全新的体验。我特别喜欢康拉德·格斯纳[1]写于1551年的那本图文并茂的《动物史》(里面有阿尔布雷特·丢勒绘制的著名的犀牛图),还有路易斯·阿加西[2]的四本鱼类化石著作。在那里的书架上,我看到了达尔文所有作品的初版。也是在那里,我爱上了托马斯·布朗爵士[3]的所有作品——他的《医生的宗教》《瓮葬》《居鲁士的花园》等。有些作品实在荒唐,却又实在文采斐然!有时,布朗的古典式夸夸其谈让人受不了,我就改读优雅精致的斯威夫特。当然了,图书馆里也收藏着他所有作品的初版。从小到大,我读的都是我父母喜欢的19世纪作品。王后学院图书馆的地下室让我认识了17和18世纪的文学——约翰逊、休谟、吉本和蒲柏。所有这些书籍都任由我们取阅。它们没有被锁进某个特别的善本室,而是(在我想来)甫一问世就上了架。在王后学院的地下室里,我真正体会到了历史、掌握了我的母语。

我的母亲是一位外科医生和解剖学家。虽然她已经认识到,我笨手笨脚,无法追随她的脚步成为外科医生,但她指望我至少能在牛津大学的解剖学课程上拿个好成绩。我们解剖了尸体,听了教授讲课,几年后,解剖学毕业考试如期而至。成绩一公布,我发现自己在班里排名倒数第一。我担心母亲的反应,觉得有必

---

[1] 康拉德·格斯纳(1516—1565),瑞士博物学家、目录学家。
[2] 路易斯·阿加西(1807—1873),瑞士裔美国生物学家、地质学家。
[3] 托马斯·布朗(1605—1682),英国医生、作家、哲学家。

要喝上几杯,于是去了我的老据点——宽街上的白马酒馆。我喝了四五品脱[①]烈性苹果酒,它比大多数啤酒烈,也更便宜。

我脚步虚浮,醉醺醺地从白马酒馆出来,突然冒出了一个孤注一掷的念头。我要争取牛津大学一个非常知名的奖项——西奥多·威廉斯人体解剖学奖学金,来弥补我那惨不忍睹的解剖学毕业考试成绩。当时,奖学金考试已经开考,但我还是跌跌撞撞地闯进考场,找到一张空课桌坐下,端详起考卷。

考卷上共有七道问答题,我选了其中一道("结构歧异是否意味着功能分化?"),一刻不停地写了两个小时,把我能想到的所有动物学和植物学知识都结合到解答里。然后我拍拍屁股走人,那时候离考试结束还有一个小时。其他六道题我一个字都没写。

考试结果公布在那个周末的《泰晤士报》上。鄙人,奥利弗·沃尔夫·萨克斯,得奖了。人人都目瞪口呆——一个解剖学毕业考试倒数第一的人怎么可能获得西奥多·威廉斯奖?我倒不是特别惊讶,因为我有过先例,参加牛津大学的预考时就发生过类似情况,只不过顺序反了过来。考查事实、让人回答"是"或"不是"的考试我不擅长,但面对论述题我能大展拳脚。

西奥多·威廉斯奖的奖金是 50 英镑。50 英镑!我从来没有一下子拿到过这么多现钱。这一次,我没去白马酒馆,而是奔向布莱克威尔书店(就在白马酒馆隔壁),花 44 英镑买下全 12 卷

---

① 英制 1 品脱 =0.5683 升。

的《牛津英语词典》。我认为这是世界上最令人梦寐以求的书籍。后来，上医学院期间，我通读了整部词典。直到今天，我在睡前仍然喜欢时不时地从书架上取下一卷，读上几页。

我在牛津大学最亲密的朋友是一位罗德学者，一位年轻的数理逻辑学家，名叫卡尔曼·科恩。上大学前，我从未结识过任何逻辑学家。卡尔曼的学术专注力深深地吸引了我，他似乎有能力连续几个星期不停地思考同一个问题，而且激情澎湃。思考本身似乎让他感到兴奋，结论不重要。

我们虽秉性不同，但相处融洽。他被我时而天马行空的发散性思维所吸引，我则倾倒于他的心无旁骛。他向我介绍了数理逻辑巨人希尔伯特[1]和布劳维[2]，而我向他介绍了达尔文等19世纪伟大的博物学家。

我们认为科学是发现、艺术是发明，但我们想知道，有没有一个玄妙地横跨两者的属于数学的"第三世界"？数字——例如素数——是否存在于某个永恒的理想王国？或者还是亚里士多德说得对，数字是人类的发明？我们应当如何看待无理数，比如 π ？或者虚数，比如 -2 的平方根？我时不时地思考这些问题，然而徒劳无果，但对卡尔曼来说，它们几乎生死攸关。他希望以某种方式调和布劳维的柏拉图式直觉主义和希尔伯特的亚里士多

---

[1] 戴维·希尔伯特（1862—1943），德国著名数学家。
[2] 布劳维（1881—1966），荷兰数学家。

德式形式主义，他们对数学现实的看法如此不同却又相互补充。

我向父母提及卡尔曼，他们立即想到他背井离乡、孤身漂泊，于是邀请他来我们伦敦的家里过一个轻松的周末，吃顿家常饭。初次见面，他颇得我父母的欢心。然而第二天早上，我母亲发现卡尔曼在床单上写满了墨色的字迹，勃然大怒。我解释说，他是个天才，在床单上研究出了一个新的数理逻辑理论（我稍稍夸大其词），于是她化愤怒为敬畏。她一直保留着这张床单，既不下水也不去污，生怕卡尔曼以后来家中做客的时候找不到它。她还自豪地把它展示给她认识的唯一一位数学家，剑桥大学数学系当年的尖子生（也是狂热的犹太复国主义者）塞利格·布罗代茨基。

来牛津大学之前，卡尔曼就读于美国俄勒冈州的里德学院。他告诉我，该学院以其才华横溢的学生而闻名，而他是那里多年来成绩最好的毕业生。他说这句话的时候语气平淡，毫不忸怩，跟谈论天气时候的样子差不多。他只是陈述事实。他似乎觉得我也很聪明，尽管我的思想明显混乱散漫、缺乏逻辑。他认为，聪明人应该跟聪明人结婚，生下聪明的孩子。出于这种考虑，他安排我与另一位来自美国的罗德学者艾萨克小姐见面。雷尔·琼·艾萨克文静低调，但（在卡尔曼看来）非常机敏。我们两人约会吃饭，自始至终都在讨论高度抽象的问题。饭后，我们相互友好道别，从此再也没有见面，卡尔曼也不再费心为我寻找伴侣。

1952年夏天，在我们的第一个长假期间，卡尔曼和我搭便车穿越法国前往德国，一路都住青年旅社。在某处，我们染上了头虱，不得不剃光头发。我们在王后学院的一位格调相当优雅的、名叫格哈特·辛茨海默的朋友邀请我们去做客。他和他的父母在他们位于黑森林蒂蒂湖畔的别墅里避暑。卡尔曼和我抵达时，浑身脏兮兮的，头皮刮得光光的，有人问起就怪头虱。他们命令我们俩立刻去洗澡，将脱下的衣服赶快进行熏蒸。跟举止优雅的辛茨海默一家尴尬小住之后，我们来到维也纳（我们觉得那里跟电影《第三人》①中的维也纳一模一样），品尝了世间所有品种的利口酒。

我虽然没有攻读心理学学位，但有时候会去旁听心理学系的课程。就这样，我见到了J.J.吉布森。他是一位大胆的视觉心理学理论家和实验家，当时正好从康奈尔大学休学术年假来到牛津。他的第一部专著《视觉世界的知觉》刚刚出版，很乐意让我们试戴一种特制的眼镜，观察颠倒过来的世界（单眼或双眼）。没有什么体验比看到颠倒世界更怪异的了，然而几天后，大脑就会适应并调整视觉世界（只有在受试对象摘下眼镜后才会再次颠倒世界）。

我对视错觉也很感兴趣。它让我认识到，在知觉扭曲作用面前，人类的知性理解力、洞察力甚至常识通通苍白无力。吉布森

---

① 1949年出品的英国电影，获得第23届奥斯卡金像奖黑白片最佳摄影奖、最佳导演提名、最佳剪辑提名。

的颠倒眼镜展现了大脑纠正视觉扭曲的能力,而视错觉说明它无法纠正知觉扭曲。

理查德·塞利格。六十年过去了,我还记得1953年在牛津大学莫德林学院外面第一次见面的时候他的脸庞、他的仪态。他好似一头雄狮。我们攀谈起来,我怀疑是他开的头,因为我向来腼腆,不会主动出击,而他的英姿更是让我畏缩不前。这次交谈让我得知,他是罗德学者,也是诗人,在美国各地打过各种各样的零工。即便把我们的年龄差别考虑在内(他二十四岁,我二十岁),他也远远比我、比大多数一路升学没有真正人生阅历的本科生通晓世事。他觉得我这个人有点意思,我们很快成了朋友——不止朋友,因为我爱上他了。这是我第一次恋爱。

我爱他的脸、他的身体、他的头脑、他的诗歌,他的一切。他常常给我带来他刚刚写好的诗篇,而作为回报,我给他看我的生理学论文。我认为,爱上他的不止我一个,还有别人,男女都有——以他的美貌、他的才华、他的活力,以及他对生活的热爱,这理所当然。他毫不忌讳谈论自己,谈论他跟诗人西奥多·罗特克的师徒关系、他跟多名画家的友情,以及他本人学了一年绘画之后才意识到自己的真正才能在于写诗,诗歌让他激情四射。他的脑海里常年存储着各种意象、单词和诗歌片段,有意无意地推敲上几个月,最终要么成诗要么放弃。他在《邂逅》《泰晤士报文学增刊》《伊西斯》和《格兰塔》上发表过作品。斯蒂芬·斯彭德[1]非常看好他。我认为他是天才，或者说冉冉升起的天才。

我们一起散步，走得很远，边走边谈论诗歌和科学。理查德爱听我热情洋溢地发表对化学和生物学的看法，而我在这些时候一点都不腼腆。我意识到自己爱上了理查德，但不敢承认。我母亲说过，我"令人憎恶"，所以我一直觉得不能公开自己的性取向。然而，不知何故，陷入爱河、爱上理查德这样的人，让我满心欢喜、充满骄傲，真是太美妙了。有一天，我忐忑不安地告诉理查德，我爱他。他拥我入怀，扣住我的双肩，说："我知道。我跟你不一样。但是谢谢你爱我。我也爱你，用我的方式爱你。"我不觉得这是拒绝，我的心也没碎。他的表述善解人意，我们的友谊一如既往，而且因为我放弃了某些痛苦无望的执念，我们的相处更为自在。

我以为我们会是终身好友，或许他也是这么想的。不料，有一天，他心神不宁地来到我的住处。他注意到自己的腹股沟一侧有个肿块，起初不在意，认为它会自行消失，然而肿块越来越大了，他逐渐感到不适。他说，我是医学预科生，能不能帮他看看？他褪下外裤和内裤，我看到他的左侧腹股沟有一个鸡蛋大小的肿块。用手摸，它没有明显移动，而且触感坚硬。我立马想到了癌症。我告诉理查德："你得看病去——可能要做活检，别耽搁。"

---

[1] 斯蒂芬·斯彭德（1909—1995），英国著名诗人。

活检结果表明,这是一个淋巴肉瘤。理查德得知他最多还能活两年。把诊断结果告诉我之后,他就不再同我来往。我是看出他的肿瘤的致命信号的第一人,也许他把我当成了死亡信使或象征。

不过,他下定决心,要好好地过完余下的人生。他同爱尔兰竖琴家兼歌手玛丽·奥哈拉结婚,婚后与她一起去了纽约,十五个月后与世长辞。他的许多最精彩的诗歌都是在生命最后几个月里写的。

牛津大学的学生在入校三年后参加毕业考试。我考完后留下来做研究,第一次发现自己相当孤独,因为几乎所有同届的学生都离开了。

在我获得西奥多·威廉斯奖学金之后,解剖学系有意给我一个研究职位,但我婉拒了,尽管我对杰出的、平易近人的解剖学教授威尔弗里德·勒格罗·克拉克非常钦佩。

勒格罗·克拉克是一位出色的教师,他从进化论的角度阐释人体解剖学的方方面面,还因为揭露皮尔当骗局[①]而声名大噪。我之所以婉拒了他的邀约,是因为我被牛津大学人类营养学副教

---

① 人类学史上著名骗局之一。1912年,在英国皮尔当地区发现了一个类人猿头骨,当时的科学界误以为发现了人类和猿类之间进化缺失的环节,将之命名为"皮尔当人"。1953年,克拉克等人对该头骨进行相对年代测定,发现它是由现代人的头骨和未成年现代猩猩的下颌骨拼凑而成。据推测,造假者是头骨的发现人查尔斯·道森。

授 H. M. 辛克莱的一系列生动的医学史讲座打动了。

我向来热爱历史。即便在醉心化学的童年，我对化学家的生平和个性、新发现或新理论引发的争议和冲突也兴味盎然，我希望了解化学这项人类事业的来龙去脉，而在辛克莱的细细讲述之中，生理学史和生理学家们的思想、个性都显得极为生动。

朋友们，甚至我在王后学院的导师，都试图警告我，劝我不要"行差踏错"。我听说过关于辛克莱的传闻，那传闻语焉不详，只说他是大学里一个有点被孤立的"怪人"。还有人说牛津大学打算关闭他的实验室，这一切我都听过，但我心意不改。

一进入类营养学实验室，我就知道自己错了。

辛克莱知识广博，至少在历史方面像本行走的百科全书。他指导我研究某种我仅仅依稀听说过的疾病，叫作"姜酒中毒性麻痹"，是 1920 至 1933 年美国禁酒期间出现的一种严重神经系统损伤疾病。当时的嗜酒者因为搞不到合法的酒精饮料，就盯上了一种唾手可得、据称可以"调理神经"的补剂，俗名"杰克"。它其实是一种酒精浓度很高的牙买加姜汁提取物。政府觉察到民间对"杰克"的滥用后，就往里面掺了一种怪味物质，三邻甲苯基磷酸酯，或称 TOCP，但酒徒们照喝不误。后果很快显现出来，TOCP 实际上是一种起效缓慢的烈性神经毒药。真相大白时，已经有五万多名美国人遭受了大面积的、通常是不可逆的神经损伤。患者的外部表现鲜明，他们手脚麻痹，步态奇特且辨识度很高，俗称"杰克步"。

TOCP造成神经损伤的机理尚不能确定，虽然有人认为它作用于髓磷脂。此外，辛克莱也说没有已知的解毒剂。他要求我开发出这种疾病的动物模型。听到这里，热爱无脊椎动物的我立即想到了蚯蚓：它们受伤或感到威胁时，巨大的有髓神经纤维能促使它们瞬间蜷缩。这些神经纤维相对来说比较容易研究，而且蚯蚓的来源也不成问题。我还想着，一种动物不够的话，还可以用鸡和青蛙来补充。

一讨论完我的研究课题，辛克莱就躲进了他那书架林立的办公室，拒人于千里之外——不但对我这样，对人类营养实验室的每个人均如此。实验室的其他成员都很资深，乐于独处并自在地扑在自己的工作上。而我正好相反，我是新手，迫切需要建议和指导。我试图找辛克莱沟通，但几次都无功而返。

我的研究从一开始就不顺利。我不知道应该用多大浓度的TOCP、用什么介质来给药、是否应该加点甜味来掩盖其苦味。起初，蚯蚓和青蛙拒绝进食我调制的"TOCP美食"。鸡则来者不拒——那景象一点都不美妙。不过，虽然我的鸡狼吞虎咽、啄食不停、咯咯直叫，我还是慢慢地喜欢上了它们，并因它们的吵闹和活力而感到莫名自豪，欣赏它们的独特行为和性情。几周后，TOCP生效了，鸡腿开始变得虚弱无力。彼时，我认为TOCP可能同神经毒气（它会破坏神经递质乙酰胆碱）相似，于是给半数半瘫痪的鸡服用了抗胆碱能药物作为解药。由于我误判了剂量，它们全死了。与此同时，那些没有摄入解毒剂的母鸡变得越来越虚弱，让我不忍直视。终于，我最喜欢的母鸡——她没有名字，只有编号4304，异常温顺可爱——双腿无力，瘫倒在地，凄鸣连连。我解脱了，我的研究也结束了。我（用氯仿）杀死她为科学献祭，发现她的外周神经髓磷脂和脊髓中的神经轴突受损，跟那些接受尸检的受害者一样。

我还发现，在TOCP的作用下，蚯蚓丧失了瞬间蜷曲反射，但其他运动如常。它们的有髓神经纤维遭到破坏，但无髓神经纤维完好。然而我觉得我的研究整体上是失败的，我无望成为一名研究型科学家。我写了一份绘声绘色、个人情绪相当浓重的研究报告，试图以此从脑海中抹去整段悲惨经历。

我为此感到沮丧，也因所有的朋友都已离校而倍感孤独。我表面平静，内心却如下油锅般煎熬，不知何去何从。体育锻炼貌似是唯一的解脱。每天晚上，我都会去伊希斯河①畔的纤道上长跑。跑了差不多一小时后，我就跳进河里游泳，然后浑身冒着寒气，湿淋淋地跑回我在牛津大学基督堂学院对面的陋室。我狼吞虎咽地吃下一些冷餐（我再也不忍心吃鸡肉了），然后一直写作到深夜。这些题为《睡前小酌》的文章映射出我狂乱且毫无头绪的心态。我想琢磨出某种理念，某种人生秘诀，某个坚持下去的理由。

我在王后学院的导师曾经警告过我不要进辛克莱的实验室。他察觉到了我的状况（我既吃惊又欣慰，我还以为他早已把我抛

---

① 即泰晤士河。

在脑后），并向我父母表达了他的担忧。他们仨断定我应当离开牛津大学，进驻某个友好互助的社区，从早到晚从事艰苦的体力劳动。我父母认为以色列的基布兹[①]符合这个要求。我也同意，虽然我不信教，也不热衷于犹太复国主义。于是我去了海法附近的英哈肖非，那是一个"盎格鲁－撒克逊"集体农场。按规划，我到了之后可以先讲英语，然后需要逐步掌握希伯来语。

我在基布兹度过了1955年的夏天。我有选择权，可以去苗圃干活，也可以养鸡。我见不得鸡，于是选择了苗圃。我们会在黎明前起床，去大食堂吃一顿丰盛的早餐，然后出工。

令我讶异的是，每顿饭都有大碗的碎炒肝，包括早餐。基布兹里没养牛，我们每天要吃掉100磅[②]左右的肝，光是鸡的肝怎么够用？我一问，别人都笑了。原来被我当作肝脏的东西是茄子末，而我在英国从来没吃过茄子。

我同大家的关系都不错，至少都说得上话，但跟谁都不亲近。基布兹里有好多个小家庭，或者说，它是一个超级大家庭，父母们共同照顾所有的孩子。我单身，又不想在以色列定居（我的许多表亲有此打算），所以格格不入。我不擅长闲聊，到基布兹的头两个月，虽然我参加了密集的沉浸式希伯来语课程，但只学会了一点皮毛。不过到了第十周，我突然能听懂了，也能蹦出几句希伯来短语了。无论如何，艰苦的体力劳动和友好体贴的农

[①] 一种高度自治的集体社区，过去主要从事农业生产。
[②] 1磅约合0.45千克。

友们抚平了我的创伤。之前在辛克莱实验室那几个月的孤独和自闭太折磨人了。

我的身体也大大受益。刚到基布兹的时候,我的体重是250磅,脸色苍白,体质欠佳,而三个月后离开基布兹时,我瘦了将近60磅,从某种深层意义上来说,我也因此对身体更有归属感了。

离开基布兹后,我花了几个星期时间周游以色列,去了解这个年轻的、有理想的、陷入困境的国度。每逢逾越节晚餐,在回顾犹太人出埃及的历史时,我们都会说:"明年耶路撒冷见!"而现在,我终于一睹这座所罗门于公元前一千年建造圣殿的城市。然而,此时的耶路撒冷被人为分割,我无法进入旧城。

我还去了以色列的其他地方游历:我中意的海法老港,特拉维夫,还有位于内盖夫的传说中的"所罗门王的矿山"。此前我读过犹太教卡巴拉主义,被它深深吸引——尤其是它的宇宙观,于是我去往萨菲德。从某种意义上说,这是一次朝圣之旅,因为16世纪时,伟大的以撒·卢里亚①曾经在那里生活并传播知识。

此后,我奔赴终极目的地红海。当时,埃拉特的人口只有寥寥数百,放眼望去都是帐篷和棚屋(如今它是一个光彩夺目的海滨城市,酒店星罗棋布,人口达到五万)。我下海浮潜,一进去就是大半天,并且首次体验了当时还相当原始的水肺潜水(几年

---

① 以撒·卢里亚(1534—1572),犹太教拉比,近代犹太秘学创始人。

后，我在加利福尼亚州考出潜水证的时候，水肺潜水已经简单很多了）。

上牛津大学时，我琢磨过要不要学医。彼时彼刻，这个问题再次浮现脑海。我对神经生理学非常感兴趣，但我也喜欢海洋生物学，尤其痴迷于海洋无脊椎动物。也许我可以把它们结合起来，研究无脊椎动物的神经生理学，特别是无脊椎动物中的天才——头足类动物的神经系统和行为？[①]

我有点想在埃拉特待上一辈子，每天游泳、浮潜、水肺潜水，研究海洋生物学和无脊椎动物神经生理学，但我的父母越来越不耐烦。我在以色列已经游手好闲得够久了，已经"痊愈"了，该回到医学界，开始临床工作，在伦敦给人看病了。然而我还有一件事要做——一件在以前不可想象的事。我已经二十二岁了，长得不错，皮肤晒成了小麦色，身材精瘦，还是个处男。

我和埃里克去过阿姆斯特丹几次。我们都很喜欢那里的各个博物馆和阿姆斯特丹音乐厅（我在那里第一次聆听用荷兰语演唱的本杰明·布里顿[②]的歌剧《彼得·格莱姆斯》）。我们喜欢运河

[①] 1949年我参加中学毕业文凭考试时，动物学主考人是伟大的动物学家J.Z.扬。他发现了枪乌贼的巨型神经轴突；几年后，正是对这些巨型轴突的研究使人类第一次真正了解了神经传导的电学和化学原理。扬本人每年夏天都待在那不勒斯研究章鱼的行为和大脑。我在牛津大学的同龄人斯图尔特·萨瑟兰正在他那里工作，我在想自己是否也该加盟。——作者注

[②] 本杰明·布里顿（1913—1976），英国作曲家、指挥家、钢琴家。

两旁高大的台阶式住宅，古老的植物园和美丽的17世纪葡萄牙犹太会堂，点缀着露天咖啡馆的伦勃朗广场，街道上售卖并当场食用的新鲜鲱鱼，以及似乎是这个城市特有的亲切开放的总体氛围。

可现在，刚从红海归来的我决定独自去阿姆斯特丹放纵一番——特别是要去破身。但我该怎么做呢？没有教科书可以参考。或许我需要喝一杯，不，喝上几杯，以抑制我的腼腆、焦虑和大脑额叶。

在火车站附近的瓦姆莫斯大街上有一个非常不错的酒吧，我和埃里克以前经常结伴去那里喝酒。可现在，我独自一人，为了酒后之勇而猛灌荷兰金酒。我一直喝到视线模糊、耳边的声浪时高时低。终于，我站起身来，这才意识到自己已经站不稳，以至于酒保说："打住！打住！"他问我是否需要协助回酒店。我说不需要，我的酒店就在街对面，然后踉跄而出。

我一定是喝断片了，因为第二天早上我醒过来的时候，发现自己睡在别人的床上。怡人的咖啡芳香飘来，收留我的救命恩人随之出现。他身穿睡袍，两手各持一杯咖啡。

他说，昨晚看到我躺在阴沟里醉得人事不省，于是带我回家……

吃早餐的时候，我们聊了更多。我告诉他我对性的恐惧和禁忌，以及在英国同性恋有多危险，会被视为犯罪。他说，阿姆斯特丹跟英国大不相同。成年人之间自愿的同性恋活动被广为接受，没人觉得这样做违法、应受谴责或病态。阿姆斯特丹有许多同性恋者出入的酒吧、咖啡馆和俱乐部，可以去那里交友（gay这个形容词本意为"快乐的"，现在我第一次得知它可以一语双关——"快乐的"或"同性恋的"）。他愿意带我去见识一番，也可以直接告诉我名字和地址，让我自己去。

"你没有必要，"他说着突然严肃起来，"你没有必要把自己灌醉，躺在阴沟里昏死过去。这样做很悲哀——甚至有危险。希望这是你最后一次这样做。"

我如释重负地哭了起来。我心头的包袱，尤其是自责，即便没有完全化解，也至少比以前轻快了许多。

1956年，继在牛津大学学习四年和在以色列、荷兰历练之后，我搬回家乡，开始学医。接下来的三十多个月里，我在内科、外科、骨科、儿科、神经内科、精神病科、皮肤科、传染病科和一些惯用字母缩写指代的科室（GI、GU、ENT、OB/GYN[①]）之间轮转。

令我惊讶（但令我母亲欣慰）的是，我对产科有一种特殊的感觉。当时通常在家分娩（我本人和我所有的兄弟均是在家中呱呱坠地的），接生主要靠助产士，我们这些医科生打下手。我往往在半夜接到电话，医院的接线员会报出名字和地址，有时还会加上一句："快点！"

助产士和我分头骑自行车赶赴产妇家中，一般直奔卧室，偶

[①] 分别指代消化内科、泌尿生殖科、耳鼻喉科、妇产科。

尔去厨房，有时在厨房的桌子上分娩更容易。产妇的丈夫和家人在隔壁房间等候，翘首期待第一声啼哭。这一幕幕人间戏剧让我兴奋。这让我体会到在医院工作不能带来的真实感，也是我们在院外扮演角色、发挥作用的唯一机会。

医学院没有给我们安排过多的讲座或正式教学。病床边的教学就是基本的教学，而床边教学的重中之重是倾听，向病人了解"病史"并通过恰当的询问填补细节。带教医生教导我们，要善用我们的眼睛和耳朵，要多触摸，连气味都不能放过。听心音、叩诊胸部、触诊腹部以及其他形式的身体接触的重要性不亚于听和说，它们有助于建立一种医患之间的深层次的体感连接。医生的手可以成为治疗工具。

我于1958年12月13日取得医师资格，定于次年1月1日去米德尔塞克斯医院担任住培生[①]，当中有几周的空档。我终于当上医生了，为此我非常兴奋，也很惊奇（我从未想到会走到这一步，直至如今，我有时还会梦到自己困在学生时代永远毕不了业）。虽说兴奋，但我也很害怕。我觉得我肯定会搞砸一切，连连出丑，让人觉得我是一个不可救药甚至称得上危险的笨蛋。我想，如果能在去米德尔塞克斯医院之前找个临时实习岗位干上几

[①] 美国的说法是"实习"（internship）；在英国，医学生毕业后进入医院进行为期两年的基础培训，称为"住培生"（houseman），此后才能接受全科或专科医生（registrar）培训，对应美国的"住院医生"（resident）。——作者注

个星期，也许我就会有足够的信心和能力。我设法在伦敦郊外几英里的圣奥尔本斯医院找到了这样一份工作。我母亲在战时曾在那里担任急诊外科医生。

上岗第一个夜班，我在凌晨一点收到呼叫，有位婴儿因支气管炎入院。我匆匆赶到病房，接诊我的第一个病人——四个月大的婴儿，嘴唇周围发青，高烧不下，呼吸急促，有喘鸣音。我们——当班护士和我——救得了他吗？有希望吗？当班护士看出我很害怕，于是大力支持我、指点我。这个男婴的名字叫作迪安·霍普①。说来荒谬，我们迷信地认为这是一个好兆头，好像他的名字能让命运之神眷顾。我们抢救了一整夜。破晓时分，灰白的冬日晨光照进病房，迪安脱离了危险。

1月1日，我开启了在米德尔塞克斯医院的工作。它声名远扬，虽然不如"巴茨"（圣巴塞洛缪医院，它的历史可以追溯到12世纪）那么古老。我二哥戴维曾经是那里的医学生。米德尔塞克斯医院相对较新，成立于1745年。我上班那会儿，医院大楼是一栋20世纪20年代末完工的现代建筑。我大哥马库斯曾经在米德尔塞克斯医院受训，现在我也要追随他的脚步。

我在米德尔塞克斯医院的内科当了六个月的住培生，然后转到神经内科干了六个月。神经内科主任医生是迈克尔·克雷默和

---

① "霍普"英文为 hope，意为"希望"。

罗杰·吉列特,他们是一对杰出但近乎滑稽的矛盾组合。

克雷默和蔼可亲,风流倜傥。他微笑时面孔会稍稍扭曲,略显怪异。我一直不确定这是出于对人世间的习惯性讽刺还是贝尔氏麻痹的后遗症。每当住培生和病人找他,他几乎总是有时间。

相比之下,吉列特拒人于千里之外:他很尖锐、不耐烦、脾气急、爱生气,(我有时觉得)他的内心似乎压抑着一股怒火,随时都可能爆发。我们这些住培生觉得,谁要是有个纽扣没扣好,都可能会撞到他的枪口上。他的眉毛浓黑粗大,一副凶相,令我们这些小字辈望而生畏。吉列特刚当上主任医生不久,年纪还不到四十岁,是当时英国最年轻的顾问医生之一。[①]这一点并没有减少他给人的威压,或许还使他更令人胆寒。二战期间,他曾因英勇超群的表现而荣获十字勋章,并且颇具军人风范。我很害怕吉列特,当他向我发问时,我被吓得呆若木鸡。我后来发现,他手下的许多其他住培生也有类似的反应。

克雷默和吉列特诊察病人的方法截然不同。吉列特让我们一板一眼地跟着程序走:颅神经(绝对不能漏掉)、运动系统、感觉系统等等,不得变换顺序,不得偏离轨道。他绝对不会过早地进行下一步,流露出对诸如某个放大的瞳孔、某处自发性收缩、

[①] 这真的很了不起,虽然我忍不住会想到我母亲二十七岁就当上了顾问医生。——作者注

某个腹壁反射的消失的特别关注①。对他来说，诊察过程就像遵循某种算法，必须有条不紊。

吉列特的首要身份是科学家，一位受过专业培训的神经生理学家，研究才是他的心头好，同病人（或住培生）打交道貌似不得已而为之。我后来才发现，他和他的研究生在一起的时候就像换了个人——和蔼可亲、乐于助人。他真正的兴趣，他的热情，在于对周围神经病和肌肉的神经支配的电学研究。那时候，他正走在成为这个领域的世界权威的道路上。

相比之下，克雷默的直觉非常敏锐。我记得有一次，我们刚踏入病房，他就对一位新入院的病人做出了诊断。他望着30码开外的病人，兴奋地抓着我的胳膊，在我耳边低声说："颈静脉孔综合征！"这是一种极为罕见的综合征。他居然能一眼看出病房那头的病人得了这个病，实在令我震惊。

克雷默和吉列特让我想到了帕斯卡②在《思想录》开篇对直觉和分析的比较。克雷默以直觉见长。他对任何事物都能一目了然，收入眼底的往往比诉之于口的多。吉列特以分析为主，他一次观察一个现象，但会洞悉每一个现象的生理前因或后果。

克雷默善解人意，长于换位思考。他似乎能读懂病人的思

---

① 我们楼上神经外科病房的主任医生瓦伦丁·洛格喜欢问住培生有没有看出他脸上"不对劲"的地方。我们这才觉察他的眼睛有点怪：一个瞳孔比另一个大好多。我们有各种各样的猜测，但洛格从来没有给出过正确答案。——作者注
② 布莱士·帕斯卡（1623—1662），法国数学家、物理学家、哲学家、散文家。

想，凭直觉就知道他们的种种恐惧和希望。他像戏剧导演观察演员一样观察病人的动作和姿态。他写过一篇论文——是我最喜欢的一篇，题为《坐、站、走》。这表明他在进行神经系统检查之前，甚至在病人开口之前，就已经观察到、了解到很多东西。

在星期五下午出门诊时，克雷默虽然要看差不多三十个号，但对每一位病人都全神贯注、体贴入微。他深受病人的爱戴，他们赞颂他的医者仁心，声称只要看到他病情就会减轻。

克雷默关心麾下住培生的生活，常常主动介入，即使他们转岗了也一如既往。他建议我前往美国，还为我做了推荐。二十五年后，他读到我写的《单腿站立》，特意给我写了一封很有见地的信。①

我和吉列特的联系比较少，因为我们俩（我个人觉得）都很

---

①克雷默写道：

"同事请我去他们病房会诊一个令他们百思不得其解的心脏病患者。该患者患有心房颤动，因为大面积血栓脱落引起栓塞导致左侧半身不遂。晚上他经常从床上摔下来，而心脏科医生找不到原因，所以让我来看看。

"我问他晚上发生了什么。他很坦率地说，每当夜里醒来，他发现床上会莫名其妙地多出一条冰凉、多毛的死人腿来，他实在想不通也受不了，就用他的好胳膊好腿把它推下床，结果整个人都跟着掉了下去。

"他是一个对瘫痪肢体完全失去知觉的上佳例证。但有趣的是，他记不得自己的瘫腿在不在床上，因为他满心满脑都是那条多出来的晦气腿。"

我在写《错把妻子当帽子》的时候，描述过一个类似的病例（"跌下床的男人"），当时也引用了克雷默信中的这段话。——作者注

腼腆。但他在1973年《睡人》出版后给我写信，邀请我去伦敦大学学院神经病学研究所[1]拜访他。我觉得他没有以前那么可怕了，他的思想与情感都充满温暖，对此我从未怀疑过。第二年，他再次邀请我去他那里，放映关于《睡人》一书提及的病人的纪录片。

令我难过的是，吉列特后来因癌症去世，当时他年纪还不大，工作也极富成效；乐群擅言、"退休"多年照样看病不误的克雷默则因中风而失语。他俩以截然不同的方式影响了我，令我受益匪浅：克雷默教会我多观察、多借助直觉，吉列特则教会我多多思考现象背后的生理机制。五十多年过去了，每当回忆起他们，我心中都会油然升起深厚的敬爱和感激之情。

作为医学预科生，我在牛津大学主攻解剖学和生理学，但这些知识到了真正行医的时候远远不够。接待病人，聆听他们自述病情，试图代入（或至少想象）他们的经历和困境，对他们感到担忧，为他们负责，这一切对我来说都是全新的体验。病人有血有肉、有感情，他们的身体出了毛病，有时还必须有所抉择，这些往往令人痛苦。这里涉及的不仅仅是诊断和治疗，还可能有更严峻的问题——生活质量的问题，某些情况下甚至需要考虑活下去是否值得。

---

[1] 原文为 Queen Square，可以简单翻译为地名"女王广场"，但鉴于前文提到吉列特的科研声誉，译者查证了他的神经病学论著，发现他当时供职于此处。

关于这一点，我在米德尔塞克斯医院当住培生期间有过刻骨铭心的体会。一位和我一样爱好游泳的名叫乔书亚的年轻人由于腿部不明原因的奇特疼痛而住进病房。做了一些血液化验之后，我们有了初步诊断，不过确诊尚需进一步检查。在此之前，乔书亚可以回家过周末。那个星期六晚上，他和一群年轻人开派对玩得很开心。在场的某个医科生问乔书亚为什么会住院。他说他不知道，但医院给他开了一些药。他把药瓶拿给问他的人看，后者看到标签上写着"6MP"（6-巯基嘌呤），脱口而出："天哪，你一定是得了急性白血病。"

周末过后，乔书亚回来住院，满心绝望。他问医生，确诊了吗？治疗方法是什么？结果会怎样？骨髓检查证实他的确得了急性白血病。他得知，虽然药物治疗可能会为他多争取一些时间，但病情无法逆转，他最多还有一年。

我们的病房在二楼。那天下午，我看到乔书亚跨出了阳台栏杆。我冲过去把他拉回来，尽我所能地劝说他，希望他相信即使得了这个病，人生仍然值得继续。乔书亚不情不愿地——做决定的时刻已经过去了——回到了病房。

那种奇特的疼痛很快加剧了，还扩散到了他的双臂、躯干和双腿。显然，这都是白血病侵入脊髓，影响感觉神经造成的。止痛药无济于事，虽然给他口服和注射鸦片制剂的强度越来越大，最后连海洛因都用上了。他开始在痛苦中日夜嘶喊。到了这个程度，医生只能让他吸食笑气。他从麻醉中一清醒过来，又开始嘶喊。

"你不应该把我拉回来，"他对我说，"但我猜你必须这样做。"几天后，他痛苦不堪地死去。

在20世纪50年代的伦敦，出柜或者公然进行同性恋活动并非易事，也不安全。同性恋活动一旦被发现，当事人可能会受到严厉的惩罚，被监禁，或者像艾伦·麦席森·图灵[①]那样，被强制注射雌激素处以化学阉割。公众态度总体来说同法律一致，对同性恋大加谴责。同性恋者之间交往不易。伦敦有一些同性恋俱乐部和同性恋酒馆，但它们经常被警察监视和搜查。到处都有卧底线人，在公园和公厕里特别多。他们训练有素，知道怎么引诱那些警惕性不高、天真无知的人，把他们推向毁灭的深渊。

只要有可能，我就去阿姆斯特丹等"开放"城市，但我不敢在伦敦寻找性伴侣。更何况，我还住在家里，生活在我父母警惕的目光下。

然而到了1959年，我在米德尔塞克斯医院的内科和神经内科当住培生，只需沿着夏洛特街走，穿过牛津街，就到了苏荷广场。再往前一点，沿着弗里思街走，就到了老康普顿街，那里什么都租得到、买得到。在科尔曼商店，我可以买到我最喜欢的哈瓦那雪茄。一支玻利瓦尔"鱼雷"能抽一整晚。每逢特别的、值

[①] 艾伦·麦席森·图灵（1912—1954），英国数学家、逻辑学家，被称为"计算机科学之父"。

得庆祝的场合，我会大方地给自己买上一支。那里有家熟食店出售一种罂粟籽蛋糕，其湿润甘美的口感我此生再难遇到。还有一家小小的书报糖果店，橱窗里贴着性爱广告。广告的图文非常隐晦——如果不这样就有风险，但一切都在不言中。

其中一张广告是某位年轻男子留的。他说他喜欢摩托车和摩托车装备。他留了一个名字，真假且不论，叫"巴德"，还有一个电话号码。我不敢逗留，更不敢抄写电话号码，但我当时过目不忘。此前我从来没有应征过任何广告，也没想过，但鉴于我已经禁欲了将近一年——我从前一年12月起就没有去过阿姆斯特丹，我决定给这个神秘的"巴德"打电话。

我们在电话里小心翼翼地聊天，主要内容是我们的摩托车。巴德有一台庞大的500毫升排量的分离式车把BSA"金星"，而我有一辆600毫升排量的诺顿"主宰者"。我们约好在一家摩友咖啡馆见面，然后一起上路驰骋。想来凭摩托车和行头——皮夹克、皮裤、皮靴和皮手套，我们应该能认出对方。

我们见上了面，相互握手，欣赏对方的摩托车，然后在伦敦南部环行。我在伦敦西北部出生和长大，对伦敦南部不熟，所以由巴德带路。我觉得他很帅，身穿黑色皮衣，胯下摩托车好比骏马，俨然一位公路骑士。

我们回到他位于帕特尼的公寓吃晚饭。公寓里空荡荡的，只有寥寥几本书，但摩托车杂志和摩托车装备很多。墙上贴满了摩托车和摩托车手的照片，还有（这是我没有想到的）一些巴德拍摄的美丽的水下照片。除了摩托车，他的另一个爱好是水肺潜水。我是1956年在红海时开始接触水肺潜水的,这下我们多了一个共同爱好(在20世纪50年代相当不寻常)。巴德有很多潜水装备,那时候还没有湿式潜水服和氯丁橡胶,只有厚重的橡胶干式潜水服。

我们喝了一瓶啤酒,然后,很突然地,巴德说:"我们上床吧。"

我们无意深交。我对巴德本人、他的工作甚至他的姓氏都一无所知,而他对我也所知甚少,但我们(凭直觉、准确无误地)知道我们想要什么、如何取悦自己和彼此。

无须赘言,我们很尽兴,希望还有下一次。我当时正要去伯明翰担任为期六个月的外科住培生,不过这个问题很容易解决。每逢星期六,我要骑摩托车飞驰回伦敦,在我父母家过夜,但我可以早点到,先和巴德共度下午时光,第二天早上我们可以一起去骑车。我喜欢在清新凉爽的星期天和他一起骑行,尤其喜欢停好我自己的车,坐到巴德后面跟他共骑。我们紧紧地贴在一起,有时甚至感觉融为一体。

那时候,我不知道接下来的人生路会怎么走。我的住培生涯将在1960年6月结束,届时我可能被征召入伍(因为上学和住培,我一直没有应召)。

反复思考未来的那段时间,我什么也没说,但到了6月,我给巴德写了一封信,告诉他我将于7月9日生日那天离开英国去加拿大,也许再也不回来了。我觉得这对他不会有太大影响,我们是车友和床伴,仅此而已。我们从来没有相互吐露过爱意。可是巴德给我回了一封充满情谊和感伤的信。他写道，他悲痛欲绝，收到我的信的时候泣不成声。我大为震撼，这才意识到他爱上我了，然而来不及了，我已经伤了他的心。

离巢

小时候，因为读过费尼莫尔·库柏①的小说，看过牛仔电影，我觉得美国和加拿大很浪漫。约翰·缪尔②的著作和安塞尔·亚当斯③的摄影所呈现的美国西部崎岖广袤的空间让人联想到开放、自由和轻松，这些正是二战后尚处于复苏期的英国所匮乏的。

　　因为学医，我推迟了服兵役。住培期一结束，我必须入伍。我不太喜欢当兵（我的哥哥马库斯倒是挺喜欢的。他因为通晓阿拉伯语，曾被派驻突尼斯、昔兰尼加④等北非地区），此前选择了一个替代方案，报好了名，希望届时为殖民地的公职机构效力，去新几内亚当三年医生。然而，殖民地公职机构的规模不断缩小，就在我完成医学学业前夕取消了医疗岗位。我原定8月入伍，

---

① 费尼莫尔·库柏（1789—1851），美国小说家，最著名的作品为以荒野猎人纳蒂·班波为主要人物的《最后一个莫希干人》。
② 约翰·缪尔（1838—1914），美国著名自然主义者和环保主义者。
③ 安塞尔·亚当斯（1902—1984），美国著名摄影师，以其宏伟的黑白照片著称，将美国西部的沙漠、山脉和森林展现在公众眼前。他的人像摄影也很出名。
④ 昔兰尼加，利比亚地名。

而再过几个月,义务兵役制也走到了尽头。

既不能在殖民地公职机构谋得诱人的异国职位,又赶上了英国义务兵役制度的末班车,我很生气。这也是我决定离开英国的原因之一。尽管如此,我觉得我在某种意义上有服役的道德责任。在这些自相矛盾的感情的驱使下,我一到加拿大就自愿报名加入加拿大皇家空军(我被奥登①的一行诗迷住了,他写到飞行员"身裹皮夹克朗声大笑"②)。在加拿大这个英联邦国家服兵役相当于在英国服役。如果我以后回到英国,这一点很要紧。

我哥哥马库斯在十年前移居澳大利亚,他的动机于我心有戚戚焉。20世纪50年代,大量高素质男女离开英国(即所谓的人才外流),因为无论执业还是在高校任教,这里都是僧多粥少,(我在伦敦实习神经内科的时候耳闻目睹)才华横溢、成就突出的人才长年仰人鼻息,从未得到过自主权,体会过责任感。我心想,美国的医疗体系比英国的体量大得多,也没有那么僵化,会有我施展拳脚的空间。此外,我和马库斯有同感,伦敦姓萨克斯的医生实在太多了——我母亲、我父亲、我哥哥戴维、一个叔叔和三个嫡亲堂兄妹,都在伦敦拥挤的医学界争夺空间。

7月9日二十七岁生日那天,我飞往蒙特利尔。我在那里待了几天,住在亲戚家里,拜访了蒙特利尔神经病学研究所,还联系了加拿大皇家空军。我告诉后者我想当飞行员,但经过一些测

---

① 威斯坦·休·奥登(1907—1973),英国著名诗人,后加入美国籍。
② 来自奥登1932年诗作《飞行员的字母表》("The Airman's Alphabet"),该诗被收入诗集《雄辩家》(*The Orators*)。

试和面试之后,他们说,以我的生理学背景,做研究最适合我。一位非常高阶的官员泰勒博士对我进行了详细的面试,还邀请我共度周末,以便进行评估。临别时他说:"你显然很有天分,我们很愿意招你入伍,但我不确定你的动机。要不你先去旅行三个月,好好考虑考虑。如果到时你还想来,联系我。"

他的话让我松了一口气。我突然间如释重负,了无牵挂,决定好好利用这三个月的"假期"。

我动身横穿加拿大,像以往旅行时一样记日记。其间我给父母写的信都言简意赅,直到抵达温哥华岛,我才有机会给他们写一封长信,详细介绍我的旅行情况。

为了让我父母身临其境地体会卡尔加里的野性西部气息,我在写信的时候放飞了想象力。我不知道卡尔加里是不是真的像我描绘的那样具有异国风情:

卡尔加里一年一度的牛仔节刚刚落幕。满大街散坐着无所事事的牛仔。他们身穿牛仔裤和鹿皮装,压低帽子遮住脸,偷得浮生半日闲。不过,卡尔加里本身就有三十万居民。它是一个新兴的繁荣城市。随着石油的发现,勘探者、投资者和工程师纷至沓来。旧日的西部生活已经被炼油厂、工厂、办公室和摩天大楼淹没……这里还有大量的铀矿、金矿、银矿和贱金属矿。小酒馆里,一小包一小包的金粉在转手。男人们表面看上去脸庞黝黑、工装肮脏不堪,实则腰缠万贯。

笔锋一转,我又回到了旅行的乐趣:

我乘坐加拿大太平洋铁路公司的观光列车前往班夫,兴奋地在火车的"穹顶"全景天窗下漫步。从一望无际的平坦大草原到云杉覆盖的落基山脉山麓,火车一路行来一路缓缓爬升。渐渐地,空气凉爽起来,自然风光画面中的线条由横变竖。小丘引出小山,小山融入群山,海拔越来越高,地势越来越崎岖。蒸汽机车喘着粗气穿行在谷底,白雪皑皑的山脉向外、向高处延展。空气清澈,我们可以看到百里之外的山峰,而近处的山脉似乎就在我们的头顶直插云霄。

从班夫出发,我深入加拿大落基山脉的腹地。我为此记了特别详细的日记,后来改写成一篇名为《加拿大:按下暂停键,1960》的短文。

加拿大:按下暂停键,1960

这下我走远了!不到两周,我已经走了将近3000英里。

当下万籁俱寂,我一生中从未置身于如此静谧的环境之中。很快我将再次启程,也许永远不会停步。

我躺在一片高山草甸上,这里海拔超过8000英尺[①]。昨天,我和三位来自卡尔加里的研究植物学的女士一起在我们的小屋附

[①] 1英尺=0.3048米。

近漫步。她们瘦削但坚韧，有如神话中的亚马孙女战士。从她们口中我得知了许多花草的名字。

草甸上最多的是山仙女木。它们正在结籽，好似巨大的蒲公英花头。在清晨阳光的照耀下，它们一朵朵身姿轻盈，熠熠生辉。火焰草，从淡淡的奶油色到浓浓的朱红色都有。还有金杯藤、金莲花、缬草和虎耳草；畸形马先蒿和臭飞蓬（这两种植物虽然名字难听，但其实最可爱）；很少结果的北极覆盆子和草莓；三叶草莓的叶子的中心接住了一滴泛着光的露珠；心形的山金车花、布袋兰、委陵菜和楼斗菜；冰川百合和高山婆婆纳。有些岩石上覆盖着绚丽的地衣，从远处望去就像一大堆宝石一样耀眼。还有些岩石上长满了多肉长生草，手指按压下去就会挑逗地迸出汁液。

这里海拔很高，长不出参天大树。丛生林木很多——柳树和刺柏、越橘和水牛果，但在林线以上只有落叶松，它们有着洁白的树干和长满茸毛的针叶。

这里有囊地鼠、喜鹊、松鼠和花栗鼠，有时在岩石阴面会发现一只土拨鼠。我还看到了鹊、莺、鹧鸪和鸫鸟。熊很多，黑色和棕色的都有，但灰熊罕见。麋鹿和驼鹿出没于海拔较低的草场。我曾经看到一片巨大的阴影在太阳下掠过，立即认出那是一头落基山鹰。

再往上去——生物次第消失，过眼之处一片灰暗，直到苔藓和地衣再次成为造物的主宰。

昨天我跟教授还有他的家人同行。"老马歇尔"也在，教授叫他"老兄"，两人看起来也像亲兄弟，但其实只是同事和朋友。我们骑马来到一片辽阔的山地高原，积云在我们脚下翻卷。

"人类的斧凿没有改变这里！"教授喊道，"最多拓宽了山羊走出来的小道。"远离人烟、独处旷野，这种感觉我以前不曾体会，也无法诉诸言语。我们一言不发地骑着马，因为此时开口说话才叫荒唐。这里似乎是世界之巅。后来我们下山，让马蹄小心翼翼地踏在灌木丛中，直至来到一连串冰川湖边。这些湖的名字很奇特——斯芬克斯湖、圣甲虫湖和埃及湖。我无视他们的警告，剥掉汗湿的衣服，跳进清澈的埃及湖，翻过身来仰面漂浮。湖的一边是法老山，巨大的象形文字在其古老的脸庞上龙飞凤舞，其他的山却都还没有名字——或者以后也不会有。

回程，我们路过一个巨大的冰川盆地，其间遍布光滑的冰碛石。

"想想看！"教授喊道，"这个巨大的盆地一度被冰填满，深度达300英尺。我们和我们的孩子死后，种子将在淤泥中发芽，一片年轻的森林将在这些石头上摇曳。在你面前上演的是地质大戏中的一幕，过去和未来都隐含于你所看到的当下。一幕戏，一代人，人类所有的记忆。"

我瞥了一眼教授。他站在那里，700英尺高的岩壁和冰墙映衬着他小小的身形。他戴着破帽子、穿着旧裤子，貌似可笑，却气势十足。人们能看到冰川和山洪的威力，然而同前来勘探和洞悉它们的这只骄傲的蜉蝣相比，那样的力量不值一提。

与教授同行十分美妙。从纯粹实践的层面上来看，他教我认识冰斗和不同种类的冰碛石；解读驼鹿和熊的踪迹以及豪猪肆虐后的狼藉；仔细勘察地形，辨别出沼泽或危险地带；在脑海中牢记地标，避免以后迷路；学会看云，知晓险恶的荚状云预示着狂风暴雨。但从知识的广度来说，他非常渊博，或许无所不知。他谈到过法律、社会学和经济学，谈到过政治、商业和广告，还有医学、心理学和数学。

我从未见过哪个人像他那样深入地探究周遭环境的每一个方面——无论是物质环境、社会环境还是人类环境；不过，他对自己的思想和动机有一种嘲弄性的洞察力。正因为此，他的言语中肯而别具一格。

就在前一天晚上，我结识了教授，向他倾诉我逃离家庭和祖国的来龙去脉，也表达了对是否继续从医的犹豫。

"我的既定职业，"我痛苦地感叹道，"是别人替我定的。现在，我只想漂泊和写作。我打算去当一年伐木工人。"

"得了吧！"教授不耐烦地说，"你这样做是浪费时间。去看看美国的医学院和大学吧。美国适合你。那里没有人会摆布你。如果你优秀，你就会成功。如果你滥竽充数，他们很快就会识破。

"赶紧去旅行——如果你有时间的话。不过旅行要讲究方法，按我的方法来。无论去哪里，我都会关注并通过阅读了解那个地方的历史和地理情况。我把那里的人放在时空的社会框架里，从这些方面来理解他们。比如说，如果你去大草原却不了解拓荒者的传奇故事、法律和宗教在不同时期的影响、经济问题、通信的困难，以及接二连三发现矿藏的涟漪效应，你就是在浪费时间。

"伐木营就算了。去加利福尼亚吧。看看那里的红杉树。看看那里的传教士。看看约塞米蒂①。去一次帕洛马山天文台②——对聪明人来说那是一种至高无上的体验。我和哈勃③聊过，发现他法律知识渊博。你知道吗？他本来是律师，然后转行研究星空。还有，去旧金山吧！它是世界上最有意思的十二个城市之一。你会目睹巨大的反差——朱门酒肉臭，路有冻死骨。但你随时随地都会发现美，总能兴致盎然。

"我已经纵横穿越美国一百多次，什么都见识过了。只要告诉我你想要什么，我就能告诉你去哪儿最合适。来，你说。"

"我钱花光了！"

"你要多少钱，我借给你。等你想起来的时候再还我。"

彼时，教授才认识我一个小时。

教授和马歇尔热爱落基山脉，每年夏天都会到访，已经连续来了二十年。从埃及湖返程途中，他们带我离开小路，深入森林，走到一个半埋在地下的低矮黑暗的小屋前。教授给我上了一堂简短但发人深省的课：

---

① 即约塞米蒂国家公园。
② 位于加利福尼亚州圣地亚哥东北部的帕洛马山山顶，1928年建成，曾连续28年保有世界最大口径望远镜。许多天文理论在此得到验证，如宇宙膨胀。
③ 埃德温·哈勃（1889—1953），美国著名天文学家，提供宇宙膨胀实例证据的第一人。

"这是比尔·佩托住过的小屋。除了我们,世界上只有三个人知道这个地点。根据官方说法,它已经毁于大火。佩托居无定所,不愿同人来往。他是一位伟大的猎人和野生动植物观察者,也是无数私生子的父亲。有一个湖和一座山以他的名字命名。1926年,他得了某种慢性病,最终无法自理。他骑马下山去了班夫,人人都听说过这位充满野性的传奇人物,但谁都没有见过他的真容。他很快就在那里去世了。"

我朝那间阴暗腐坏的小屋迈了几步。在歪斜的门上,我认出一行模糊的字迹:一小时后回来。进到屋里,我看到他的炊具、陈年的腌制品、他的矿物标本(他经营一个小型滑石矿)、他的支离破碎的日记本和1890至1926年的《伦敦新闻画报》。命运在某个时间点挥剑斩下,割出一片人生截面。我想到了玛丽·赛勒斯特号[1]。此时此刻,夜幕降临,我已经在这片宽阔的草甸上躺了一整天,嚼着一叶草,望着山峦和天空。我一直在思考,一本笔记本快写完了。

在家里,在这样一个夏天的夜晚,夕阳会照亮蜀葵和立在后院草坪上的板球门柱。今天是星期五,这意味着我母亲将点燃安息日的蜡烛,边点火边喃喃祈祷,我从来不知道祷文是什么。我父亲将戴上一顶小帽,举起酒杯,赞美上帝的多产。

一阵轻风吹来,终于打破长日寂静,花草迎风摇摆。我该起

---

[1] 美国商船,1872年11月7日离开纽约前往热那亚,从此音讯全无。当年12月4日,该船在亚速尔群岛附近被人发现,船况良好,个人物品齐全,但人去船空。该船常被认作鬼船的原型。

身离开了,我要再次上路。我是不是向自己许诺过,不久就到加利福尼亚?

我已经坐过飞机和火车,于是决定搭便车完成西行之旅——结果几乎立刻应征投入扑火大业。在给父母的信中,我写道:

不列颠哥伦比亚省已经三十多天没有下雨了,森林大火到处肆虐(你们大概已经读到过新闻)。这里在实施某种管制,林业委员会可以征召他们认为合适的任何人。我很高兴能有这样的经历,和其他莫名其妙被征召的人一起在森林里待上一天,拖着水喉来回奔走,希望能有所贡献。然而,他们只让我扑一次火。事后,我们在冒烟的余烬旁边共饮啤酒,我感到一种真正的兄弟情谊、一种征服大火的自豪。

每年这个时候,不列颠哥伦比亚省似乎中了魔咒。即使在正午,天空也是低沉的暗紫色,因为地面上火点星罗棋布,浓烟弥漫。空气中有一种可怕的令人窒息的炙热和寂静。人们动作迟缓,就像乏味的慢动作电影里的角色那样,但其实大家都知道事态有多紧急。所有教堂的会众都在祈祷下雨,天知道私底下什么人在举行什么奇怪的仪式。每天晚上都有闪电在某处劈下,珍贵林木如干柴遇烈火般被熊熊点燃。有时会爆发起因不明的火情,堪比人体某个命运多舛的部位的多灶性恶性肿瘤。

我不想再次应征扑火——虽然有意思,但干一天足矣,于是乘坐灰狗巴士行进600英里去往温哥华。

到了温哥华，我坐船去了温哥华岛，在夸利库姆海滩的一个小旅馆安顿下来（我喜欢夸利库姆这个名字，因为它让我想到19世纪的生物化学家图迪休姆①和秋水仙②）。我在这里休整了几天，给我的父母写了一封八千字长信，汇报一路经历：

太平洋的海水是热的（约为75华氏度③），我对冰川湖记忆犹新，于是雀跃不已。我今天和这里的一位眼科医生去钓鱼，他叫诺思，在伦敦圣玛丽医院和国立医院④工作过，目前在维多利亚市执业。他说温哥华岛是"被神遗忘在人间的一小块仙境"，我认为他言之有理。这里有森林、山脉、溪流、湖泊和海洋……顺便提一句，我钓到了六条鲑鱼。我们只需要甩下钓线，它们就会咬钩，一咬再咬。这些美丽的鱼儿肉味甘甜，银鳞闪烁，我明天要拿它们当早餐。

"再过两三天我就南下去加利福尼亚，"我补充说明道，"可能坐灰狗巴士，因为我听说他们对搭车的人特别不友好，有时候一见面就开枪。"

---

① 约翰·图迪休姆（1829—1901），德国医生。
② 夸利库姆（Qualicum）、图迪休姆（Thudichum）和秋水仙（colchicum）的英文拼写最后几个字母相似。
③ 约为23.9摄氏度。
④ 全称国立神经病学和神经外科医院，位于伦敦女王广场。

在一个星期六的晚上,我到达旧金山,当即就有在伦敦认识的朋友请我去吃饭。第二天早上,他们开车接上我,越过金门大桥,沿着塔玛佩斯山松涛阵阵的盘山公路向上攀升,去膜拜穆尔红杉森林大教堂般的静谧。站在高大的红杉树下,敬畏使我失语。就在那一刻,我决定要留在旧金山度过余生,尽情享受它的美妙。

我有数不清的事情要做:我得申请绿卡;在拿到绿卡前的那几个月里,我得找一份工作,找一家愿意非正式地、无偿雇用我的医院;我想把留在英国的所有东西都运过来——衣服、书籍、文件,以及(尤其是)我忠实的诺顿摩托车;我需要各种文件;我还缺钱。

此前给父母写信,我写得诗情画意,但现在我必须清醒务实。在我那封厚重的发自夸利库姆海滩的信件最后,我向双亲致谢:

如果我留在加拿大,我会有相当优渥的薪资和充足的休息时间。我应该能够存下钱来,甚至能够偿还这二十七年来你们花在我身上的部分费用。至于你们给我的其他无形无价的东西,我只能通过以下方式来报答你们:我会活得尽量快乐、有用,我会同你们保持联系,有机会的时候回家看望你们。

现在,才过了一周,一切都变了。我已经离开加拿大,把加拿大皇家空军抛在脑后，不再打算返回英国。我再次写信给我的父母——小心翼翼、心怀歉疚，但又毅然决然——告诉他们我的决定。在我想来，他们一定会很生气、对我的决定大加谴责；毕竟，我脑袋一拍就离开了英国（或许还没说实话）、抛弃了他们、抛弃了所有朋友和除他们外的家人、抛弃了英国，不是吗？

他们的回复不失风度，但也表达了对我们从此天各一方的伤感。五十年后，我重读这封信，心潮澎湃。我母亲很少谈及个人感受，但她在这封信里动了感情。

我亲爱的奥利弗：

非常感谢你多次来信，还给我们寄了明信片。我一一仔细读过——我对你的文学造诣感到自豪，为你的快乐假期感到高兴，但一想到你我久别，我又感到非常悲痛和难过。当年你出生的时候，人人都祝贺我们，说我们有了四个儿子，该是多么幸福的一家子！你们现在都去了哪里？我感到孤独和失落。家里空荡荡的，我从这个房间走到那个房间，惆怅涌上心头。

1960年8月13日

我父亲则笔调一转："我们已经相当习惯变得空旷的梅佩斯伯里居所。"然而，他又添了一个附言：

上面我写到，我们已经相当习惯变得空旷的房子，但这当然是一个半真半假的说法。不言而喻，我们一直都非常想念你。我们想念你在家里叽叽喳喳,扫荡冰箱和食品橱,弹钢琴,在自己房间里赤身裸体地举重,想念你在午夜时分驾着你的诺顿摩托车不期而至。这些和所有关于你的活力的回忆将永远与我们同在。每当视线扫过这所空荡荡的大宅,我们心如刀绞,不胜失落。尽管如此,我们意识到你们必须在这个世界上走出自己的路,最终的决定必须由你们自己来做。

我父亲写到"空旷的房子",我母亲则写到"你们现在都去了哪里""家里空荡荡的"。

但其实家里并非全然空旷,还有一个人始终住在那里,那就是我的三哥迈克尔。从某种意义上说,迈克尔从很小的时候起就跟我们其余三兄弟"不一样"。他不愿意跟外人接触,没有朋友,似乎全然沉浸于自己的世界。

我们的大哥马库斯从小就喜欢各种语言,在十六岁的时候就会说六七种语言。戴维痴迷音乐,他本可以成为一名职业音乐人。而我热衷于科学。可我们谁都不知道迈克尔钟情什么。我们只知道,他非常聪明,手不释卷,记忆力惊人,貌似是通过书本而不是"现实"来了解世界。我母亲的大姐安妮姨妈在耶路撒冷的一所学校当了四十年校长。她特别看重迈克尔,把所有藏书都留给了他,尽管她最后一次见到他是在1939年,当时他只有十一岁。

二战伊始,迈克尔和我一起被疏散到英国中部地区的布雷菲尔德寄宿学校,在那里过了十八个月。这是一所可怕的学校,校长是个虐待狂,他生活中的主要乐趣似乎在于抽打小男生的屁股[①](迈克尔就是在那段时间里背下了全本的《尼古拉斯·尼克尔贝》和《大卫·科波菲尔》[②],虽然他从来没有明确地把我们的学校比作多西伯义斯学堂,也没有把我们的校长比作狄更斯笔下残忍的克里克尔先生)。

1941年,十三岁的迈克尔转学去了另一所寄宿学校——克利夫顿学院。在那里,他受到了无情的欺凌。我在《钨舅舅》一书中描写过迈克尔的第一次精神病发作:

和我们住在一起的伦尼姨妈看见迈克尔裸着上半身从浴室出来。"你们看他背上!"她对我父母说,"全是乌青和鞭痕!如果他的身体受了这么大的折磨,"她继而发问,"那么他的心灵会怎样?"我父母似乎大吃一惊,说他们没有注意到任何不妥,还以为迈克尔很喜欢学校,没有任何问题,一切都"很好"。

此后不久,迈克尔十五岁时,精神失常。他感到一个魔幻而恶意的世界正在包围他。他相信自己是"有受鞭笞癖的上帝的宠儿"。他说他受到"虐待狂上帝"的特别关注。与此同时,他还表现出弥赛亚式幻想或妄想——他之所以受折磨或责罚,是因为他是(或者可能是)弥赛亚,是我们期待已久的救世主。他在幸福和痛苦之间挣扎,在幻想和现实之间徘徊,觉得自己快要疯了

---

① 我的《钨舅舅》一书对该校及其对我们的影响有较为细致的描写。——作者注
② 均为狄更斯小说名。

（或许已经疯了）。他无法入睡，不得休息，躁动不已，在屋子里来回踱步，跺脚，瞪眼，陷入幻觉，大声叫喊。

我开始怕他，也为他害怕。对他来说，噩梦正在变成现实。迈克尔以后会怎样？类似的事情会不会发生在我身上？正是在这段时间，我在家里建起了科学实验室，眼不见为净，耳不听为清，把迈克尔的疯狂隔离在门外。倒不是说我对迈克尔的状态无动于衷，我对他怀有强烈的同情，他经历的事，我半懂不懂，但我必须保持距离、创造属于我自己的科学世界，这样才不会陷入他那个混乱、癫狂又令人不能自拔的世界。

我的父母悲痛欲绝。震惊、怜悯、惊恐之余，他们困惑不解。迈克尔的症状已经有学名——"精神分裂症"，但为什么这个病偏偏在迈克尔这么小的时候就挑中他？是因为在克利夫顿学院发生的霸凌吗？是他的基因有问题吗？他似乎从来都不是一个正常的孩子，向来显得笨拙、焦虑，或许在精神病发作之前就已经"分裂"。还是因为——这个猜测最令我父母痛苦——父母对他的教养有问题？无论是什么原因，先天还是后天，不良化学机制还是不良教养，医学肯定可以帮他好起来。十六岁时，迈克尔被送入一家精神病院，接受了十二次胰岛素休克"治疗"。这种疗法，具体来说，就是先把他的血糖降到很低，让他失去知觉，然后给他输葡萄糖液，让他清醒过来。这是1944年的精神分裂症一线治疗方法。如有必要，后续还可以采用电休克治疗或脑叶切除术。八年后，镇静剂才研制成功。

不知道是胰岛素诱导的昏迷起作用了，还是病程自然而然地走到了终点，迈克尔在三个月后出院回家。他不再是精神病患者，但他深受打击，认为自己可能永远无望过上正常生活。住院期间，他阅读了尤金·布洛伊勒[1]的著作《精神分裂症中的早发性痴呆型》。

马库斯和戴维当年上的是位于汉普斯特德的一所走读制学校，离我们家只有几分钟的步行路程。现在，迈克尔高高兴兴地步他们的后尘。从表面上看，他并没有因为精神病而改变；我父母情愿将之视为一个"医学"问题，而病人可以完全康复。迈克尔的看法截然不同；他觉得精神病擦亮了他的眼睛，让他看到了他之前不曾在意的事情，尤其是工人阶级所遭受的蹂躏和剥削。他开始阅读一份名为《每日工人报》的共产党党报，还光顾位于红狮广场的一家共产党书店。他如饥似渴地阅读马克思和恩格斯的著作，认为他们即使不是弥赛亚，也是一个新的世界里时代的先知。

迈克尔十七岁那年，马库斯和戴维已经从医学院毕业。迈克尔不想当医生，而且已经受够了上学。他想工作——工人难道不是社会中坚吗？我父亲的一个病人在伦敦有一家大型会计公司，他说很乐意让迈克尔去那里当会计学徒，或者给他任何他想要的别的岗位。迈克尔对工作有相当明确的要求：他想当一名信使，

---

[1] 尤金·布洛伊勒（1857—1939），瑞士精神病学家。他命名了"精神分裂症"。

专门递送那些因为太重要或太紧急而不能托付给邮局的信件或包裹。在这个岗位上，他一丝不苟。他坚持要把信件或包裹交给指定收件人，其他人都不行。他喜欢在伦敦四处走动。如果天气好的话，他会在公园的长椅上边吃午餐边读《每日工人报》。有一次他告诉我，他所递送的看似平淡无奇的信件可能有隐晦的、秘密的含义，显然只有指定的收件人才明白，所以不能把它们托付给其他人。迈克尔说，虽然他看起来不过是一个普普通通的信使，传递看上去普普通通的信件，但其实并非如此。他从未对他人说过这些话——他知道别人听了之后会觉得奇怪，甚至觉得他疯了。而且在他心目中，我们的父母、他的两个哥哥和整个医学界都决意贬低或"医学化"他的一切想法和行为，特别是那些带有神秘主义色彩的想法和行为，把它们看作精神病的前兆。但我是他的小弟弟，才十二岁，还不会"医学化"，善解人意，即使我不能完全理解他的话，也愿意聆听。

每隔一段时间，他就会再次罹患严重的精神病和妄想症。他的病在20世纪40年代和50年代初频频发作，当时我还没上大学。有时候，发作之前会有预兆：他不会说"我需要帮助"，但会通过一种夸张的方式来表达，比如在他的心理医生（从第一次精神病发作开始，他一直在看心理医生）的办公室里把一个靠垫或者烟灰缸砸到地上。他的意思是（而我们也明白），"我快控制不住自己了——送我进医院"。

也有些时候，他的病毫无征兆地发作了，突然之间他就暴躁起来，又是叫喊又是跺脚，还会出现幻觉。有一次，他把我母亲漂亮的落地式大摆钟举起来砸到了墙上。每逢这种时刻，父母和我都会被他吓坏，而且深感尴尬——要是迈克尔在楼上咆哮、嘶吼、横冲直撞，我们哪能邀请朋友、亲戚、同事或者其他任何人来家里？我父母都在家看诊，他们的病人又会怎么想？马库斯和戴维也不愿意请他们的朋友来这个有时像疯人院一般的房子。我们羞于见人，对迈克尔的病情守口如瓶，倍感煎熬。

每当我离开伦敦去外地过周末或者度假，我都如释重负——除了放假本身，我还能暂时摆脱迈克尔，远离他这个有时令人难以忍受的存在。不过，还有一些时候，他的甜美天性、深情和幽默感再次闪亮登场。在场的人都会意识到，即使他在胡言乱语，但真正的迈克尔，那个理智而温和的人，就藏在精神分裂的外壳之下。

1951年，我母亲得知我是同性恋者后曾经说过："我要是没有生下你就好了。"虽然我当时不一定明白，但现在想来，她的话里既有指责，也有痛苦——身为人母的痛苦。她觉得精神分裂症已经夺走了她的一个儿子，唯恐同性恋又会夺走另一个儿子。同性恋这种"病症"被时人认为是一种耻辱，会留下污名，毁掉人的一生。小时候，我是她最喜欢的儿子，她管我叫"小太阳""小羊羔"，而现在我是"那些人之一"——她已经因为迈克尔患上精神分裂症而心力交瘁，我的性向无疑是雪上加霜。

1953年前后，迈克尔和数以百万计的其他精神分裂症患者的命运有所改变，第一款镇静剂氯丙嗪（它在英国叫作氯普麻，在美国叫托拉嗪）上市了。这是好是坏，我也说不上来。该药可以抑制甚至有望预防幻觉和妄想，即精神分裂症的"阳性症状"，但病人为之付出的代价也许很惨重。1956年，我在以色列和荷兰逗留数月之后回到伦敦，第一次目睹药物对迈克尔的影响，大为震惊。他的腰都直不起来了，步履蹒跚。

"这可是严重的帕金森病症状！"我对父母说。

"是的，"他们说，"但是服用氯丙嗪之后，他整个人平静多了，已经一年没发病了。"然而，我很想知道迈克尔本人的感受。帕金森病的症状让他感到痛苦——他以前爱走路，走起来大步流星，而药物的精神影响令他更为不安。

他还在当信使，但不再觉得这份工作有神秘感，反而觉得深度和意义双双缺失。以前，他感知世界时自觉敏锐而清晰；现在，一切都显得"昏暗沉闷"。他总结说："这就像被人温柔地杀死。"[1]

如果氯丙嗪剂量减少，迈克尔的帕金森病症状就会缓解，更重要的是，他会感到更有活力，会重新获得一些神秘的感知——然而几周后，他的精神病又会大爆发。

1957年，我自己也上了医学院，对大脑和思维感兴趣。我打电话给迈克尔的精神科医生，希望能跟他见面。N医生正派敏感，

---

[1] 几年后，我在布朗克斯州立医院工作，看到数百名精神病人在服用大剂量氯丙嗪或者当时新上市的丁酰苯类药物——例如氟哌啶醇——后出现严重运动障碍，也听到他们抱怨脑袋昏昏沉沉。——作者注

将近十四年前，迈克尔从第一次精神病发作开始就去见他了。在N医生接触过的病人中，许多服用氯丙嗪的人也出现了新的、与药物有关的问题，令他不安。当时他正在试验滴定法测量，希望找到一个刚好够用但又不过火的药物剂量。他承认没有抱太大希望。

我猜想，精神病人大脑中主管对意义、重要性和意向性的感知（或投射）的系统，支撑惊奇感和神秘感的系统，以及欣赏艺术和科学之美的系统或许失去了平衡，导致病人情感强烈、对现实的认知发生扭曲、精神世界超负荷。这些系统似乎已经丧失中间地带，所以任何滴定测量或抑制它们的尝试，都会让病人从病理上的高度紧张状态转化到一个非常沉闷、类似精神死亡的状态。

迈克尔缺乏社交技能和日常生活能力（他连给自己泡杯茶都泡不好）。他需要一种社会的、"存在主义"的治疗。镇静剂对精神分裂症的"阴性"症状——行为退缩、情感淡漠等——几乎不起作用。这些慢性的阴性症状暗中为害，比阳性症状更容易让病人衰弱，对病人生活的破坏性更强。问题的关键在于，单纯的药物治疗是不够的，我们还需要能让患者过上有意义的、愉快的生活的整体解决方案——支持系统、社会关系、自我尊重和被他人尊重，缺一不可。迈克尔的问题不是纯粹的"医学"问题。

当年在伦敦上医学院的时候，我本可以，也应该给迈克尔更多的爱和支持。我本可以和他一起去餐馆、看电影、观剧、听音乐会（他从不独自前往）；我本可以和他一起去海边或乡下。但我没做到。六十年过去了,我一想到这一点——我是个糟糕的弟弟,在他迫切需要关注的时候不见踪影——仍然羞愧不已。

我不知道如果我当年更主动些,迈克尔会如何回应。他严格把控和限制自己的生活,不喜欢任何偏离。

服用镇静剂之后,他的生活不像之前那么大起大落,但在我看来却越过越差、越来越局促。他不再阅读《每日工人报》,不再去红狮广场的书店。他一度有过某种集体归属感,与他人分享马克思主义的观点,但现在,随着热情的冷却,他日渐感到孤独和寂寞。我父亲希望我们的犹太会堂可以为迈克尔提供道德和宗教支持,让他有一种社群归属感。迈克尔在青年时期就相当虔诚——成年礼之后,他每天穿的衣服下摆四角都有繸子,他每天都随身携带经文匣,一有时间就去犹太会堂。可他热情不再。他对犹太会堂失去了兴趣,而随着犹太社区的萎缩——伦敦越来越多的犹太人要么移居海外,要么与非犹太人同化通婚,犹太会堂也对他失去了兴趣。

迈克尔曾经博览群书、手不释卷——安妮姨妈不是把她所有的藏书都留给他了吗?这股劲头没了。他几乎完全不读书,只偶尔瞄几眼报纸。

我认为,尽管服用了镇静剂,或者正因为服用了镇静剂,他不断沉沦,陷入无望和冷漠。1960 年,R.D. 莱恩[①]的杰出著作

[①] 隆纳·大卫·莱恩(1927—1989),英国著名精神病学家、存在主义心理学家。

《分裂的自我》问世后，迈克尔一度重拾希望。这位医生兼精神病学家认为精神分裂症不是一种疾病，而是一种完整的甚至令人艳羡的存在模式。迈克尔有时称我们其他人，也即非精神分裂症患者"腐朽的正常人"（一句短短的评价暗含澎湃的怒意），但他很快就厌倦了莱恩，把后者的理念称为"浪漫主义"，认为这人傻乎乎的，还有点危险。

我出于种种原因在二十七岁生日那天离开英国，而其中一个原因就是为了远离我那悲惨的、无望的、没有得到适当医治的哥哥。但也许，在另一种意义上，迈克尔也驱动我在病人身上以我自己的方式探索精神分裂症以及相关的大脑思维障碍。

旧金山

我来到了旧金山，一个我魂牵梦萦多年的城市，但我没有绿卡，所以不能合法就业或者赚取任何金钱。我一直与迈克尔·克雷默保持联系。他是我在米德尔塞克斯医院的神经内科主任医生（我不想服兵役，他完全赞成，他说"现在当兵纯属浪费时间"）。得知我想去旧金山，他建议我去找他的同事，锡安山医院的神经外科医生格兰特·莱文和伯特·范斯坦。他们是立体定向手术的先驱。这种技术将针头直接、安全地插入原先无法触及的微小大脑区域。①

克雷默已经给莱文和范斯坦写信推荐过我，因此见面后，他们同意非正式地雇用我。他们提议让我帮忙做病人的术前术后评估。鉴于我没有绿卡，他们不能给我发工资，但他们时不时会塞给我二十美元的纸币。二十美元在当时是一大笔钱，普通汽车旅

---

① 据研究，如果在大脑某些部位（通过注射酒精或冷冻）诱发一些小病变，不但不会伤害病人，还可以断开病人某个过度活跃的、导致许多帕金森病症状的脑回路。1967年左旋多巴问世后，这种立体定向手术几乎无人问津。但现在，它获得了新生，用于植入电极，对大脑其他部位进行深部电刺激。——作者注

馆一晚的房费约为三美元，而一些停车计时器仍然接受分币。

莱文和范斯坦说，他们会在几周内为我在医院里找一个房间住。但在这之前，因为没什么钱，我住进了基督教青年会（YMCA）。我听说在内河码头那里有一个大型的基督教青年会旅舍，就在轮渡大厦对面。它看起来旧旧的，有点破败，但很舒适，里面的人很友好。我住进了六楼的一个小房间。

晚上 11 点左右，有人轻轻敲门。我说："请进。"房门没锁，一名青年男子探进头来，看到我后惊叫一声："对不起，我走错房间了。"

"别那么肯定，"我答道，不敢相信自己竟能说出这样的话来，"进来再说吧。"他犹豫了一会儿，然后走进来，随手锁上了门。这就是我在基督教青年会旅舍生活的开端——这里的房门不断开开关关。据我观察，某些邻居一个晚上可能会接待五位访客。我有一种奇特的、前所未有的自由感：这里不是伦敦，不是欧洲，这里是新世界，而我——在一定范围内——可以为所欲为。

几天后，锡安山医院说有空房间了，我就搬进了医院——但并不妨碍我继续回到基督教青年会旅舍恣意行乐。

接下来的八个月，我为莱文和范斯坦效力。我在锡安山医院的正式实习要到翌年 7 月才开始。

莱文和范斯坦迥然不同——格兰特·莱文不慌不忙、审时度势，而范斯坦热情洋溢——但完美互补，就像我在伦敦时的神经内科主任医生克雷默和吉列特（以及我在伯明翰伊丽莎白女王医院时的外科主任德本纳姆和布鲁克斯）那样。

我从小就对这种搭档关系很着迷。醉心于化学的那段时间，我读过基尔霍夫和本生的故事，知道他们相互合作，结合两种截然不同的思维方式，为光谱学的发明做出了不可或缺的贡献[1]。上牛津大学的时候，我饶有兴致地阅读了詹姆斯·沃森和弗朗西斯·克里克关于DNA的著名论文[2]，还了解到这两个人之间的巨大差异。在锡安山医院实习期间，繁杂辛劳之余，我读到过另一对貌似格格不入的研究者的事迹——戴维·休伯尔和托斯坦·维厄瑟尔正在大胆开创视觉生理学[3]，令人大为震撼。

除了两人的助理和护士，莱文和范斯坦的科室还雇用了一名工程师和一名物理学家——加上我一共十个人。生理学家本杰明·利贝特[4]经常来访。[5]

有一位病人给我的印象特别深。我在1960年11月写给父母

---

[1] 1859年，这两位德国化学家合作设计了世界上第一台光谱仪，创建了光谱分析法。
[2] 1953年，两人合作确定DNA的双螺旋分子结构模型，并因此于1962年获得诺贝尔生理学或医学奖。
[3] 两人合作研究人脑视觉机理，也即大脑解释眼睛发出的脉冲信息密码的能力，并因此于1981年获得诺贝尔生理学或医学奖。
[4] 本杰明·利贝特（1916—2007），美国生理学家，人类意识领域的开拓者。
[5] 利贝特在锡安山医院进行的一组实验表明，如果研究人员要求受试者握拳或者做出其他自主动作，后者的大脑会比有意识的行动决策提前近半秒钟录得"决定"迹象。虽然受试者认为他们有意识地、自愿地做了一个动作，但他们的大脑做出的决定貌似大大早于他们的决定。实验结果一出，举世震惊。——作者注

的信中提到了他：

> 你们还记得萨默塞特·毛姆写过一篇故事吗？里面有个男人对一个岛民女孩始乱终弃，结果被她施了咒语，打嗝不止，最后丧命。[①]我们病房里有一位得了脑炎后综合征的咖啡大亨，术后一连六天都在打嗝。我们采用了所有的常规治疗措施，还尝试了一些旁门偏方，全都无济于事。我担心他也会丧命，除非我们阻断他的膈神经或者另辟蹊径。我建议请一个好的催眠师来。不知道这是否可行？你们有没有遇到过类似的严重情况？

同事们对我的建议持怀疑态度（我自己也不确定），但考虑到其他方法都没有奏效，莱文和范斯坦同意找一位催眠治疗师试试。令我们惊讶的是，这位催眠治疗师真的让病人"睡过去"了，还给了他一个指令："我一打响指，你就醒来，不再打嗝。"

病人醒过来，打嗝停了，此后没有复发。

我在加拿大时写过日记，但一到旧金山就辍笔了，直到再次上路时才恢复。不过，我一直不曾中断给父母写信，事无巨细，一一向他们道来。1961年2月，我在信中写道，在加州大学旧金山分校的一次会议上，我见到了我的两位偶像奥尔德斯·赫

[①] 指毛姆的短篇小说《铁行轮船公司》(*P. & O.*)。

胥黎[1]和阿瑟·库斯勒[2]：

奥尔德斯·赫胥黎在晚宴后发表了关于教育的精彩演讲。我以前从未见过他，他看上去又高又瘦，面色苍白，令我惊讶。他现在几乎不能视物，鹅卵石般的眼睛眨个不停，还不时握拳放到眼前（这让我很费解，但现在想来，他大概寄希望于针孔视觉）。他的长发就像僵尸那样飘在背后。他的皮肤暗沉松弛，极其勉强地覆盖在瘦骨嶙峋的脸部轮廓之上。他身体前倾，神情专注，有点像维萨里[3]的人体骨架在沉思。然而，他的头脑和以前一样敏锐，再加上他的风趣、热情、好记性和好口才，让听众不止一次为之倾倒……最后，阿瑟·库斯勒就创作过程发表演讲。他的分析很精彩，然而他的发言技巧太过欠缺，导致一半听众离席。顺便说一句，库斯勒长得有点像凯泽，也有点像世界上所有的希伯来语教师，说起话来也和他们一样（凯泽是我们的希伯来语老师，从我很小的时候起就是全家的熟人）。美国人不长皱纹，库斯勒的脸上却沟壑纵横，那些沟壑细说着痛苦和智慧，在那场人人面孔光洁的盛会上，几乎有失体统。

---

[1] 奥尔德斯·赫胥黎（1894—1963），英国作家，其最著名的作品为《美丽新世界》。
[2] 阿瑟·库斯勒（1905—1983），匈牙利裔英国作家，其最著名的作品为《中午的黑暗》。
[3] 安德烈·维萨里（1514—1564），比利时著名医生、近代人体解剖学创始人。

我那和蔼可亲、慷慨大方的老板格兰特·莱文为神经外科所有员工购买了门票,让我们去参加一个名为"心灵的控制"的学术会议。他还经常分发旧金山的音乐会、戏剧演出和其他文化活动的门票。这些盛情款待让我越来越喜欢这个城市。在给父母的信中,我描述了自己观看的一场由皮埃尔·蒙多①执棒指挥的旧金山交响乐团音乐会:

他在台上指挥(我觉得他老是比乐队慢一拍),曲目包括柏辽兹②的《幻想交响曲》(行刑场景总让我想起普朗克③那部阴森恐怖的歌剧);《狄尔的恶作剧》④;德彪西的《游戏》(非常棒,说它是斯特拉文斯基的早期作品也能让人信服)和凯鲁比尼⑤的一些不知所谓的作品。蒙多本人快九十岁了,有着美妙的梨形身材,走起路来摇摇晃晃,留着一副有点像爱因斯坦的忧郁的法式小胡子。观众们为他疯狂,我想部分是出于安抚(六十年前他们嘘过他),部分是因为他们虚荣、自认为高人一等,喜欢极尽溢美之辞,把年高等同于卓越。不过,我承认,想到他这近九十年来经历的无数次排练和首演、那些毁灭性的失败、那些绚烂的成功,还有在他大脑中翻滚而过的无数音符,

---

① 皮埃尔·蒙特(1875—1964),法国指挥家。
② 艾克托尔·路易·柏辽兹(1803—1869),法国作曲家、指挥家。
③ 弗朗西斯·普朗克(1899—1963),法国钢琴家、作曲家。
④ 全名为《狄尔·艾伦施皮格尔的恶作剧》,查尔斯·施特劳斯作。
⑤ 路易吉·凯鲁比尼(1760—1842),意大利作曲家。

还挺让人激动的。

我在同一封信中提到去蒙特利参加节奏音乐节时的奇遇：

我跟东道主的初次见面颇为怪异。他们说，"他在这里"。然后把我领到卫生间。那里有一个类似基督的人物，胡子因为痛苦而向上翘着，他在开足热水的淋浴龙头下紧紧抱住屁股。毫无疑问，对他来说，刚从摩托车上下来的我，一身闪亮漆黑皮衣，同样新奇而令人惊恐。肛周脓肿令他痛苦不堪。我找来一根缝帆布用的粗针，点燃火柴消过毒，割开脓肿。脓液喷涌而出，他一声大吼，然后安静下来：他晕倒了。等他醒过来，感觉好多了。我展现了实用技能，拿出高明的外科医生的手段，纾解了一位艺术家的痛苦，并因此体会到一种前所未有的快乐。当天晚些时候，在一个放浪形骸的"垮掉的一代"的聚会上，数位戴眼镜的年轻女人站起来，朗诵了关于她们身体之美的诗歌。

在英国，人们一开口就分出了三六九等（工人阶级、中产阶级、上流社会等等）；不同阶层的人互不来往，即使在一起也局促不安——这种制度虽然不是公开的，但就像印度的种姓制度一样僵化，阶层之间的鸿沟不可逾越。在我想象中，美国是一个无阶级的社会，任何人，无论出身、肤色、宗教、受教育程度或职业，都可以平等交往。在美国，教授可以和卡车司机交谈，无须顾虑阶层隔阂。

在 20 世纪 50 年代，我骑着摩托车漫游英国各地，曾经尝到过这种民主的滋味，堪称惊鸿一瞥。即使在刻板的英国，摩托车似乎也能让见到它的人越过阶级障碍，敞开胸怀，友好交往。有人会说："这车真不错。"然后我们就能聊上。摩友之间非常友好，我们在路上擦身而过的时候会挥手致意，在咖啡馆相遇的时候很快就能谈天说地。我们组成了整体社会中的某种浪漫的、无阶级差别的小社会。

在发现把我的摩托车从英国运过来毫无意义之后，我决定买一辆新的——诺顿阿特拉斯，一台可以在沙漠或山间小道上驾驶的攀爬式越野摩托车。我可以把它停放在医院内庭里。

我遇到了一群摩友，意气相投。每到星期天早上，我们就在城里集合，穿过金门大桥，进入一条散发着桉树气味的窄路，盘旋开到塔玛佩斯山顶，然后沿着高高的山脊俯冲而下，太平洋就在我们的左侧。之后，我们一起在斯廷森海滩吃早午餐（偶尔去博德加湾，它不久后就因为希区柯克的电影《群鸟》而声名大噪）。清晨骑行，气流扑面，风声呼啸，让人充满活力，这种感觉只有摩托车手才体会得到。每当想起那些清晨，我心中甜蜜不已。但凡桉树的气味飘过，我的脑海里就会勾起对那一幅幅画面的怀念。

平日里，我通常在旧金山市内独自骑行。不过有一次，我主动接近了一个团体——跟我们那帮光顾斯廷森海滩的沉静体面的摩友截然不同，他们大声喧哗，无拘无束，坐在摩托车上又是喝罐装啤酒又是抽烟。我骑到近处才看清他们夹克上的地狱天使[①]标志，掉头已经晚了，所以我停到他们旁边，向他们打招呼说："你们好。"我的胆量和英国口音引起了他们的兴趣，当得知我是一名医生时，这种兴趣愈发浓厚。我当即就被接纳，没有经历任何通过仪式。我为人随和，不对他人品头论足，还是个医生——偶尔有骑手受伤时他们还会来咨询我。我没有参加他们的骑行活动或其他活动。我们之间彬彬有礼、出乎意料的关系——对我、对他们来说都出乎意料——在我一年后离开旧金山时便在平静中烟消云散。

如果说，从我离开英国到我开始在锡安山医院正式实习的十二个月里充满了冒险、意外和兴奋，那么我在锡安山医院当实习医生——在内科、外科、儿科等科室分别轮转数周——的经历则平淡无奇，也很令人沮丧，因为这一切我在英国都已经见识过了。我觉得再实习一遍纯属向官僚主义低头、虚度光阴。但所有的来自美国以外的医科毕业生，不管他们以前接受过什么培训，都必须实习两年。

不过，实习也有好处：我可以在我心爱的旧金山免费多待一年，食宿都由医院提供。我的实习医生伙伴来自美国各地，他们的情况各不相同，而且往往才华出众——锡安山医院声誉卓著，

[①] 美国摩托车帮会，1948年成立于加州圣贝纳迪诺，其标志外形为一个长着翅膀的骷髅头。

（加上在旧金山停留一年的机会）对刚获得执业资格的医生们有强烈的吸引力——有数百人申请来锡安山实习，医院也因此而优中选优。

我和卡罗尔·伯内特关系特别好。她是一位才华出众的黑人女性，来自纽约，精通多种语言。有一次，我们俩被同时指派参与一场复杂的开腹手术。在现场，我们能做的不过是握住牵开器，以及把器械递给主刀的外科医生。后者从不向我们示教，除了偶尔呵斥（"镊子，快！""握紧牵开器！"）之外，对我们视而不见。他们彼此之间倒是交流甚多，有一次他们突然转说意第绪语，发表了一些关于手术室里来了黑人实习医生这件事的糟糕的侮辱性言论。卡罗尔竖起耳朵，用流利的意第绪语回击了他们。两名外科医生的脸都红了，手术也做不下去了。

"你们从来没听黑人姑娘说过意第绪语吗？"卡罗尔不失欢快地"补了一刀"。我觉得两位外科医生都快拿不住手里的器械了。他们尴尬地向卡罗尔道歉，并且不遗余力地在我们余下的外科轮转期间对她特别关照（我们好想知道，这一插曲——以及他们后来对卡罗尔这个人的深入了解和尊重——是否会对他们产生持久的影响）。

大多数周末，只要不值班，我就会骑着摩托车去探索北加州。我对加州早期的淘金历史很着迷，对49号公路和去"母矿脉"时途经的一个名叫科珀罗波利斯的废弃小镇有特殊的感情。

有时我沿着海岸公路（1号公路）北行，穿过加州最北端的红杉林到尤里卡，然后骑到俄勒冈州的火山口湖（当时的我一口气骑700英里不在话下）。这一年，虽则实习工作单调乏味，但我发现了约塞米蒂和死亡谷的神奇，还首次到访了拉斯维加斯。当年没有空气污染，人们在50英里外就能望见赌城，它就像沙漠中熠熠生辉的海市蜃楼。

一方面，我在旧金山结交了新朋友，享受了这里的城市生活，每逢周末频频出游；但另一方面，我的神经病学培训却差点被搁置，幸好莱文和范斯坦时时邀请我参加各种学术会议，还让我继续为他们的病人看诊。

记得是在1958年，我的老朋友乔纳森·米勒给了我一本当时刚刚出版的汤姆·冈恩[①]的诗集——《运动感》。他说："你一定要见见汤姆，他是你喜欢的那种人。"我如饥似渴地读完了这本诗集，并且下定决心，如果我真的去了加州，我做的第一件事就是去找汤姆·冈恩。

初抵旧金山时，我打听过汤姆的情况，得知他正好去了英国，在剑桥大学担任研究员。不过几个月后，他回来了，我在一个聚会上见到了他。我当时二十七岁，他三十岁左右。我们年纪相差不大，但他的成熟和自信扑面而来，他知道自己是谁、有什

[①] 汤姆·冈恩（1929—2004），英国"运动派"诗人，后移居美国。

么天赋、在做什么。那时候，他已经出版了两本著作，而我从未发表过任何东西。我视汤姆为老师和导师（但很难说他是我的榜样，因为我们的写作模式大不相同）。与他相比，我觉得自己就像一个胎儿一样还没有成形。初次见面，出于紧张，我对他说虽然我非常欣赏他的诗歌，但有一首诗让我感到不安。那首诗的名字叫《殴打者》，以施虐、受虐为主题。他流露出尴尬的神情，含蓄地责备我："你不能把诗和诗人混为一谈。"[1]

不知何故——我记不得所有细节了——我们交上了朋友。几个星期后，我开始登门拜访他。当时汤姆住在榛子街975号。旧金山人都知道（但我不知道），那条街道上有一个30度角的斜坡。我骑着诺顿攀爬式越野摩托车，沿着榛子街飞驰，在斜坡处突然像跳台滑雪运动员一样飞到半空。幸运的是，我的摩托车稳稳落地，但我很惊慌，因为这搞不好就是一场惨剧。我按下汤姆的门铃时，心还在怦怦直跳。

他请我进门，给了我一瓶啤酒，问我为什么这么急于见到他。我说，很简单，他的许多诗歌让我内心萌动。汤姆不置可否。他问，哪些诗？为什么？我说自己读到的他的第一首诗是《勇往直前》[2]。我说，作为一名摩托车手，我立即对这首诗产生了

---

[1] 有意思的是，汤姆1994年出版的《诗集》收录了《运动感》中的作品，但不包括这一首。——作者注
[2] 该诗以摩托车手为主题。

共鸣，就像多年前对 T.E. 劳伦斯①的抒情短篇《路》②产生共鸣一样。我还喜欢他那首题为"漂泊的摩托车手对其死亡的预见"的诗，因为我相信我也会像劳伦斯一样死在摩托车上。

我不太清楚汤姆在那时的我身上看到了什么，但我能看到，在他身上，个人的热情、和蔼与知识分子的严谨、正直融为一体。即使在那时，汤姆的措辞已经非常优雅严谨、精辟透彻；而我则言语散漫、感性外露。他不会迂回，也不会骗人，但我觉得他的直率中也总有某种柔情如影随形。

汤姆有时会给我看他的新诗手稿。我喜欢其中蕴含的能量——他用最严格的、最受控的诗歌形式为不羁的能量和激情套上辔头。在他的新诗中，我最喜欢的或许是《狼孩的寓言》（"在打网球和喝茶时/在温柔的草坪上，他不是我们的同类/而是以一种可悲的两面性玩弄我们"）。我也察觉到自己身上存在某种两面性，因为在白天和黑夜，我需要两个不同的自我。白天，我是身穿白大褂、和蔼可亲的奥利弗·萨克斯医生；但到了黑夜，我就会脱掉白大褂，换上摩托车皮衣，悄悄地像狼一样潜出医院，在街上漫无目的地骑行，或者挑战塔玛佩斯山的曲折弯道，然后沿着月光下的山路奔向斯廷森海滩或博德加湾。我的中间名是"沃尔夫"（Wolf），也就是"狼"，我的两面性可谓命中注定；汤姆和我的摩友们叫我"狼"，而我的医生朋友们则称我为"奥利弗"。

---

① 托马斯·爱德华·劳伦斯（1888—1935），也称"阿拉伯的劳伦斯"。
② 出自劳伦斯基于他本人一战后加入英国皇家空军的经历的作品《铸造》（*The Mint*）。

1961年10月，汤姆送我一本他的新书，书名为《我的悲伤船长》。他在扉页上写道："给狼孩（字面意思！），祝一切顺利。以爱之名，汤姆。"

1961年2月，我写信给父母，说我已经拿到了绿卡，现在是一个货真价实的移民——一个"有居住权的外国人"，并宣布我打算入籍美国。我不需要为此放弃英国国籍。①

我还提到，我很快就会参加美国职业医生资格考试——这是对外国医学毕业生的一场相当全面的考试，考查他们的基础科学和医学知识是否真正达标。

此前，我曾于1月写信给我父母，说我正在考虑"利用资格考试和正式实习开始之间的空档进行一次横跨美国的宏大旅行，借道加拿大甚至绕道阿拉斯加回到加州：行程总计约9000英里。这应该是一个独特的机会，可以好好看看这个国家、参观一下其他大学"。

而现在，资格考试考完了，更合适出行的摩托车也到手了——我拿原来那辆诺顿阿特拉斯换了一辆二手的宝马R69，我准备出发了。因为正式实习开始的时间有所提前，我只好从环美游线路里去掉阿拉斯加。我再次写信给父母：

---

① 我真心实意打算这么做，可惜五十多年过去了，我仍然不是美国公民。我在澳大利亚的哥哥也是如此。他1950年就去那里定居，但五十年后才获得澳大利亚公民身份。——作者注

我在地图上画了一条大红线：从拉斯维加斯、死亡谷、大峡谷、阿尔伯克基、卡尔斯巴德岩洞、新奥尔良、伯明翰、亚特兰大、蓝岭公路到华盛顿特区、费城、纽约、波士顿。北上穿过新英格兰地区到蒙特利尔，绕道去魁北克省。多伦多、尼亚加拉瀑布、布法罗、芝加哥、密尔沃基、双子城，然后往北到冰川国家公园和沃特顿湖国家公园，南下去黄石公园、熊湖、盐湖城。回到旧金山。8000英里。五十天。四百美元。前提是我途中能够成功避免：中暑、冻伤、监禁、地震、食物中毒和机械故障。啊，这应该是我一生中最美好的时光！下一封来信会在旅途中写好，请静候。

汤姆得知我的旅行计划后，建议我记日记——详细描绘我的经历，标题可以叫《遭遇美国》，然后把日记寄给他。我在路上走了两个月，写满了几个笔记本，逐一寄给汤姆。他似乎很喜欢我对风土人情的描述和对情景的素描小品，认为我有观察的天赋，不过他有时会指责我的"挖苦和搞笑"。

我给其中一篇日记起名为《旅途快乐》。

旅途快乐（1961）

在新奥尔良以北几英里的地方，我的摩托车坏了。我把车推到一个荒废的紧急停车带上，动手修车。我仰面躺在车下，突然感到地面抖了一抖，就像远处发生了地震。震感越来越强，噪声越来越大，先是咯咯声，然后是隆隆声，最后一阵轰鸣。终于，气压制动器发出尖锐刺耳的刹车声，有人兴高采烈地按起了喇叭。我抬头一看，顿时呆若木鸡，我生平所见过的最庞大的卡车近在眼前，堪比公路上的利维坦。司机从高高的驾驶室窗口伸出头来，粗鲁地冲我大喊，好似对上帝不敬的约拿[①]。

"要帮忙吗？"

"车坏了！"我答道，"大概是连杆开裂了。"

"惨了！"他愉快地说，"要是它断开，能削掉你的腿。拜拜啦。"

他龇牙咧嘴，不知道是同情还是幸灾乐祸。他转动方向盘，大卡车再次轰然上路。

我继续骑行，不久就离开了密西西比河三角洲的沼泽地，旋即进入密西西比州。那里的道路蜿蜒曲折，骑着骑着道路就转了个方向，似乎不急于让人到达目的地。我经过茂密的森林和开阔的牧场，穿过果园和草地，越过数条相交的河流，从农场和村庄的一头进、另一头出。在清晨的阳光下，岁月静好。

然而，进入亚拉巴马州后，摩托车的车况迅速恶化。我凝神聆听引擎发出的每一个声响变化，想搞明白每种噪声的含义，然而无解。我的车快散架了，这一点是肯定的，可我没本事修好

[①] 利维坦是《圣经》中的海怪。约拿是《圣经》中的先知。约拿违背上帝的旨意，不愿警示尼尼微城民：再不悔改，全城将灭亡。他坐船逃离，不料海上起风浪，船快沉了。大家纷纷向自己的神祈祷，结果发现是约拿得罪了上帝，于是将他抛进大海，果然风平浪静。上帝派来的利维坦一口将约拿吞进肚里。

它，只能听天由命。

驶离塔斯卡卢萨5英里后，发动机一阵抖动，继而停转。我踩下离合器，但一个汽缸已经开始冒烟。我翻身下车，把它平放在地上。然后我向路边走去，左手捏着一块干净的白手绢。

金乌西沉，寒风彻骨。车流渐渐稀少。

我几乎已经绝望了，机械性地挥着白手绢。突然，一辆卡车奇迹般地在我身边停了下来。它看起来很眼熟。我眯起眼睛，分辨出它的车牌号：26539，佛罗里达州迈阿密。对，就是它：今天早上为我驻足过的那辆大卡车。

我朝它跑过去，而它的司机也从驾驶室里爬下来，朝摩托车点点头，咧嘴一笑：

"你总算把它给累垮了，是吧？"

一个男孩尾随他从卡车上下来。我们仁一起端详着破摩托车。

"有可能把它拖到伯明翰吗？"

"哪能啊，违法的！"他搔搔下巴上的胡茬，然后会意地眨眨眼，"咱们把它搬进去！"

我们七手八脚、气喘吁吁地把沉重的摩托车托举到车斗里。终于，我们成功地把它固定在家具当中，用绳索拴牢，再用一块粗麻布盖好，以防窥视。

他爬回驾驶室，男孩随后，接着是我。我们依次坐到宽大的座位上。他微微鞠了一躬，给我们做正式介绍：

"这是我的搭档霍华德。你叫什么名字？"

"沃尔夫。"

"我叫你狼仔行吗?"

"随你。你叫什么名字?"

"麦克。我们都是老伙计①,你懂的。不过我才是原装麦克!我手臂上刻着呢。"

接下来几分钟的路程,我们谁都不说话,偷偷打量对方。

麦克差不多三十岁,但也可能再大五岁或者小五岁。他的面目英俊,看上去精力充沛又机敏,鼻子挺直,嘴唇轮廓分明,小胡子修得短短的。说他是英国骑兵军官,别人也会信;他可以在银幕或舞台上扮演浪漫小角色。这些是我的第一印象。

他戴着卡车司机人手一顶的鸭舌帽,帽上有纹章。他的衬衫上印着所属公司的名称:王牌货运有限公司。他的红色臂章上写着"以诚相待,安全至上"。卷起的袖子半掩着他的名字刺青:"麦克"字样与一条盘曲的巨蟒纠缠在一起。

如果不是因为他嘴巴上方有几条横向纹路,我会以为霍华德才十六岁。他的双唇闭不拢,露出不整齐但看起来很有力的黄牙和比常人多得多的牙龈。那双眼珠的蓝色淡到几乎看不出来,就像某种白化动物的眼睛。他身材高大,体格健壮,但是举止笨拙。

过了一会儿,他转过头来,淡蓝的"白化动物眼珠"凝视着我。直勾勾地盯着我的眼睛看了一分钟之后,他拉远视线,打量我的全脸,然后是我可见的身体部位、卡车驾驶室,还有窗外快

---

① 麦克(Mac)作为英文单词有"伙计"的意思。

速后退但一成不变的道路。随着他的视野的扩大,他的专注度逐渐减弱,直到他的神色又变得空洞,不知道在想些什么。我先是感到不安,然后觉得离奇。电光石火之间,我意识到霍华德是位智障者,震惊和同情油然而生。

黑暗中,麦克突然笑了一下:"怎么样,我们这一对不错吧?"

"我拭目以待,"我答道,"你能载我多远?"

"天涯海角,至少能到纽约。我们大概星期二能到,要么星期三。"

他再次沉默。

几英里后,他突然问我:"听说过贝塞麦炼钢法吗?"

"嗯,"我说,"从前在化学课上'炼'过。"

"听说过约翰·亨利吗,那个黑奴打孔人?嗯,他就是这个地方的人。那时候,他们造了一台机器用来把铁钎打进河床。他们说,人力根本没法跟它比。黑奴们要求打赌,推举他们当中最强壮的约翰·亨利来跟机器比赛。他们说他的臂围超过20英寸①。他双手各拿一把槌棒,抢在他们的机器之前打进了一百根钢镐。然后他躺到地上,就那么死掉了。是的,先生!这里就是钢铁城贝塞麦。"

道路两旁遍布废料场、汽车拖吊车、铁路轨道和冶炼厂。空气中回荡着钢铁的铿锵声,仿佛整个贝塞麦市就是一个巨大的锻造车间或者兵工厂。火焰从座座转炉里喷涌而上,蹿出高耸林立的烟囱。

---

① 1英寸等于2.54厘米。

我生平只见过一次被火焰照亮的城市。1940年，七岁的我亲历伦敦大轰炸。

顺利穿越贝塞麦和伯明翰之后，麦克毫无顾忌地谈起了自己。

他以500美元的首付款买下现在开的卡车，余款20 000美元过了一年付清。他的车一次最多可以装载30 000磅货物，哪儿都去：加拿大、美国、墨西哥，只要路好开、有钱挣。他每天工作十个小时，平均能开400英里。连续驾驶超过十小时属于违法，但他经常照开不误。他已经断断续续开了十二年卡车，霍华德当他的"陪驾"才六个月。他说，他今年三十二岁，家住佛罗里达州，有一个妻子和两个孩子，年薪35 000美元。

他十二岁的时候就从学校出逃，因为长相比较老成，找到了一份旅行推销员的工作。十七岁那年，他当上了警察，二十岁时成为一名相当出色的枪械专家。那一年，他卷入一场枪战，险些被一颗近距离迎面射来的子弹击中。此后，他失去了勇气，改行做卡车司机，不过他仍然是佛罗里达州警察部队的荣誉成员，每年会收到一美元象征性薪酬。

他问我："你有没有经历过枪战？""没有。"嗯，作为前警察、现任卡车司机，他经历过的枪战数不胜数。如果我愿意，可以摸摸座位下面，他的"卡车司机好朋友"就在那里；他们在路上都带枪。不过，如果是徒手作战，最好的武器是钢琴的钢丝弦。只要把它套在对手的脖子上，他就无计可施。你轻轻一扯，头就掉下来了，就像切奶酪一样轻松！他的语气中显然带着享受。

他的卡车运过五花八门的东西，从炸药到仙人掌果都有，但是现在已经固定下来专门运家具，不过家具可以是人们家里可能有的任何东西。他的车上载着十七套房子里的所有物品，包括重达700磅的哑铃（某位从佛罗里达州搬走的肌肉男的财产），一架德国制造的三角钢琴（据说是世界上最好的牌子），十台电视机（他们昨晚在卡车休息站搬出来一台插上了电），还有一张运往费城的古董四柱床。如果我愿意，我随时都可以睡在它上面。

讲到四柱床，他的脸上露出怀旧的微笑，开始吹嘘自己的性爱战绩。他似乎随时随地都能猎取芳心，但有四个女人最难忘：在洛杉矶，有个女孩一度藏在卡车里跟他私奔；在弗吉尼亚州，两个老姑娘跟他双飞，此后多年一直为他买衣服、给他钱花；还有墨西哥城的一个花痴，她一个晚上要二十个男人还嫌不够。

他越讲越来劲，自信心爆棚，逐渐化为了一位性爱大师兼故事大王。他是上帝赐给孤独女性的礼物。

就在这段独角戏上演期间，一直恍惚瘫坐的霍华德竖起了耳朵，有了一点生气。麦克看在眼里，先是迁就他，然后调侃他。他说，今晚他要去找一个女孩来驾驶室，把霍华德锁到挂车里。不过，要是哪天晚上霍华德机灵一点，他可能会替他找一个真正的妓女（说这两个字的时候，他拖长了音）。霍华德面红脸热，激动地喘粗气；终于，他愤怒地扑向麦克。

他们在驾驶室里半是发泄怒气半是戏耍地打斗，方向盘左右乱打，庞大的卡车剧烈摇摆，险情迭出。

然而，奚落之余，麦克不忘对霍华德进行非正规教育：

"亚拉巴马州的首府叫什么，霍华德？"

"蒙哥马利，你这狗娘养的！"

"呀，说对了。一个州最大的城市不一定是首府。喏，这些是山核桃树，看——看那边！"

"我才不在乎！"霍华德嘟囔道，但还是伸长了脖子去看。

一小时后，我们把车停在了亚拉巴马州某处荒野的一个卡车休息站，因为麦克拍板说我们应该在这里过夜：站名叫作"旅途快乐"。

我们进去喝咖啡。麦克决定坐下来履行他的友好义务，给我讲起"好玩的故事"来。他有一肚子这样的拙劣故事，比他的亲身经历无趣多了。一俟友好职责履行完毕，他就晃晃悠悠地走向围在点唱机旁边的人群。

每到星期六晚上，卡车司机们总喜欢聚集在点唱机旁边，而且这一天他们会拼命赶路，以便能在卡车休息站过夜。"旅途快乐"的点唱机相当出名，因为它的曲库包含大量的长途运输主题流行歌曲、民谣、公路史诗：野蛮的、粗俗的、忧郁的、惆怅的，不一而足，但都传递一种坚持不懈的能量和韵律、一种特殊的兴奋，反复吟咏不停歇的奔驰和无尽的道路。

卡车司机一般都很孤独。然而，偶尔——比如在一个闷热拥挤的卡车司机咖啡馆里，听着点唱机上响起耳熟能详的歌曲——他们会受到触动，不需要言语或动作就从一盘沉闷的散沙摇身变为一个自豪的社群：他们当中的每一个人都不曾自报家门，都只是过客，但他们知道自己跟周围的人、跟所有在他们之前来过这里的人，以及所有在流行歌曲和民谣中出现过的人，都是一样的。

今晚，麦克和霍华德像其他所有人一样，全身心投入，无比自豪。他们在不知不觉中超越了自己。他们沉浸在一个永恒的遐想里。

午夜时分，麦克猛然回神，拽住霍华德的衣领。"好了好了，小家伙，"他说，"咱们找个地方睡觉吧。要不要先念一下卡车司机的睡前祈祷文？"

他从钱包里掏出一张皱巴巴的卡片递给我。我把它抚平，大声念道：

主啊，请赐予我力量，让我能够跑完这一趟，
为了美元，不是为了好玩。
请保佑我不要爆胎，
发动机不要出故障，什么坏事都不要。
请保佑我公路称重没超载，高速公路顺利开，
要么保佑我，让警察挥挥手放我走。
不要让那些星期天才上路的司机挡我的道，
还有那些女司机，我祈祷。
当我在臭烘烘的驾驶室里醒来时，
保佑我能吃上火腿和鸡蛋。

咖啡要浓,女人要软,
让女服务员可爱点,千万不要一点就爆。
让路况好一点,汽油便宜点,
主啊,在我回程时,给我装个卧铺。
主啊,如果你答应,只要有一点运气,
这该死的老卡车我会一直开下去。

麦克拿起毯子和枕头进了驾驶室,霍华德爬进家具当中的一个角落。我睡在摩托车旁边的一堆麻袋里(之前麦克承诺我的四柱床放在挂车前部,我过不去)。

我闭上眼睛,听觉顿时变得更灵敏了。麦克和霍华德隔着坚固的厢壁互相说着悄悄话。我把耳朵贴在卡车的格子框架上,还能听到其他的声音——说笑声、碰杯声、做爱声——从我们周围的卡车传过来,冲击着我的听觉天线。

我心满意足地躺在黑暗里,就好像身处一个声音博物馆。很快我就睡着了。

星期天是休息日,"旅途快乐"和整个美国没差别。我头顶上有一片透亮的玻璃,鼻孔里有稻草和麻布的味道,还有被我枕在脖子下面的皮夹克的气味。有那么一瞬间,我迷糊了,还以为自己身处某个大谷仓,然后我立马想了起来。

我听到一阵轻柔的流水声。它突然响起,缠绵收尾,末了还来上两段小回旋。有人在对着卡车侧面撒尿——对着我们的卡侧面，我的心头油然升起一种前所未有的独占欲。我急忙钻出麻袋堆，蹑手蹑脚地走到挂车门口。从车轮到地面的一条热气腾腾的痕迹证明有人刚刚犯下罪行，但罪犯已经悄然离开。

我看了一下时间，早上7点。我坐到驾驶室高高的踏板上，在日记本上龙飞凤舞地写了起来。有个人影投在摊开的页面上；我抬头一看，发现他是昨晚我在烟雾缭绕的咖啡馆里隐约看见过的一名卡车司机。他叫约翰，五月花运输公司的金发登徒子，或许就是那个在我们车轮上撒尿的人。我们聊了一会儿，他告诉我，前一天晚上他刚刚离开印第安纳波利斯——我们的下一站：那里在下雪。

几分钟后，另一个卡车司机摇摇晃晃地走了过来。这是一个矮胖子，穿着"佛罗里达纯果乐橙汁公司"的花衬衫，一半的扣子没扣，露出多毛的绵软肚皮。

"老天爷，这里真冷啊，"他抱怨道，"迈阿密昨天90华氏度[①]！"

更多人走过来，聚集在我身边侃起了大山。他们聊到行车路线和行程，山脉、海洋、平原；森林和沙漠；雪、冰雹、雷电和飓风——全都是在同一天经历的。在过去的这个夜晚，在每一个夜晚，形形色色的旅人和稀奇古怪的经历会聚在"旅途快乐"。

我绕到卡车后面，透过半掩的车门看到睡在角落里的霍华德。他的嘴巴张开着，他的眼睛也张开着——没有完全合拢，这让我不安。有那么一会儿我以为他死了。还好，他有呼吸，还在睡梦中扭动了一下身体。

---

① 约为32.2摄氏度。

一小时后,麦克醒来了。他蓬头垢面,衣衫不整,跟跟跄跄地爬下驾驶室,提着一个巨大的格莱斯顿旅行包朝卡车休息站的"宿舍"方向走去。几分钟后,他再次现身,已经梳洗整齐,胡子刮得干干净净,穿得清清爽爽,都可以出席主日礼拜了。

我跟上他,一起去餐厅。

"霍华德怎么办?"我问,"要不要叫醒他?"

"不用。这孩子自己会醒。"

显然,麦克不想让霍华德听见我们的以下对话。

"如果我不管,他能睡一天,"他边吃早饭边嘟囔,"你知道,这孩子挺好的,就是不太聪明。"

他在六个月前遇到霍华德——一个二十三岁的流浪汉,同情心大发。霍华德十年前离家出走,他的父亲——底特律一位知名的银行家——没怎么用心找过他。他四处漂泊,时不时地打个零工。偶尔乞讨,偶尔偷窃,一直没被教会收留,也没蹲过监狱。他曾经短暂地参过军,但很快就因为精神不健全而退伍。

有一天,麦克在路上让他搭车,然后"收养"了他。他现在每次跑长途都带着霍华德,让他见识这个国家的风土人情,教他打包和装箱(也教他如何言行合宜),还定期给他开工资。跑完长途回到佛罗里达,霍华德会和麦克的妻子和家人住在一起。他们拿他当麦克的弟弟看。

喝到第二杯咖啡的时候,麦克英俊的面庞上阴云密布。

"我猜他跟我在一起的时间没多久了。也许再过不多久,我自己都不会开卡车了。"

他解释说，几周前他发生了一桩奇怪的"事故"，无缘无故地失去意识，随后卡车冲进了田里。保险公司支付了赔偿金，但坚持要他去体检。此外，无论体检结果如何，他们都不希望他开车的时候带搭档。

显然，麦克担心他的意识丧失是癫痫引发的，而他的保险公司一定也有同样的怀疑，体检报告一出来，他的驾驶生涯就会终结。他有先见之明，已经在新奥尔良找到了一份上了保险的好工作。

说到这里，霍华德正好走了进来，麦克赶快换了个话题。

早餐后，麦克和霍华德坐在一个废弃的轮胎上，对着一根木头柱子投掷石块。我们漫无边际地谈论了许多事情，消磨卡车司机们慵懒的星期天时光。几个小时过去了，他们觉得腻了，又爬回卡车上睡觉。

我从车斗里拿了几条麻袋，找个地方铺好，躺下晒太阳。我周围都是破玻璃瓶、腊肠肠衣、食物、啤酒罐、腐烂的避孕套，还有一堆不可思议的被撕碎或者拧成一团的纸。瓦砾中不时探出一茎野葱或苜蓿。

每当我四仰八叉，打打瞌睡写写字时，思绪就会转向食物。我身后有一群鸡在尘土中扒拉着寻找食物。我不时地凝视它们，惆怅地叹上一口气，因为麦克早些时候向它们挥舞过他的"卡车司机好朋友"（一把看起来杀伤力挺强的自动枪），说：

"晚上吃鸡！"然后开心地咯咯笑。

每隔一小时左右,我就会站起来活动一下四肢,然后去咖啡馆喝上四杯咖啡,再吃一个黑胡桃冰激凌。到现在,我已经下肚了二十八杯咖啡、七个冰激凌。

我还频频光顾宿舍里的盥洗室。昨晚麦克让我吃辣椒,辣得我腹泻不止。

小小的盥洗室里摆着五台安全套自动售卖机,生动地说明商业压力无孔不入,连最私密的人类活动也不放过。这些美丽的物品(根据包装上热情洋溢的褒奖,它们具有"电子仪器轧制,玻璃纸密封,柔软,敏感,透明"等美好品质)半美元可以买三个,不过已经有人拙劣地修改过标签:一个美女换三个[①]。还有一台被人称为"延长"(Prolong)的机器,售卖某种麻醉药膏,据称有利于"预防过早高潮"。然而,金发登徒子约翰的性知识非常渊博,他说痔疮软膏的效果更好。机器卖的药膏药性太强了——你都意识不到自己有没有高潮。

傍晚的时候,麦克突然宣布我们还要在"旅途快乐"住一晚。他露出扬扬自得、故作神秘的笑容——毫无疑问,他已经安排好苏或内尔今晚来驾驶室约会。在这种神秘气息的影响下,霍华德兴奋得像条狗。但我怀疑(而且麦克也证实了),虽然他一副大无畏的样子,他还从来没有跟女人亲热过。事实上,麦克不时为他介绍女人,但霍华德这个言语的巨人在面对现实时既胆小又笨

[①] 本意是"三个卖一美元",但"美元"(dollar)缺了最后两个字母,变成"娃娃"(doll)。

拙，好事总是在最后关头"落空"。

我继续写作和喝咖啡。偶尔，我走到外面舒展一下身体，好奇地打量在周围卡车驾驶室里打鼾的司机们，比较他们安睡时的神态和姿势。

4点20分，东方晨曦微露。一名卡车司机醒来，走向简易厕所去撒尿。再回到卡车边上时，他检查了一遍货物，攀上驾驶室，砰的一声关上车门。他启动发动机，卡车发出一声轰鸣，蹒跚而去。其他卡车静悄悄的，车上的人照睡不误。

到了5点钟，黎明的曙光仍未出现，取而代之的是细雨霏霏。一只羽毛蓬乱的公鸡打起鸣来，草丛中响起昆虫的鸣叫。

6点钟，咖啡馆里飘着薄煎饼加黄油和培根炒鸡蛋的气味。上夜班的女招待们纷纷告辞，祝我环美之旅好运。白班员工鱼贯而入，看到我还坐在昨天被我占了一整天的那张桌子旁边，她们都笑了。

我现在可以在小咖啡馆里随意出入。她们不再向我收取任何费用。在过去的三十个小时里，我已经喝了七十多杯咖啡，这一成就值得她们做出一点小小让步。

8点钟不到，麦克和霍华德匆匆赶往科尔曼市区，帮五月花运输公司的司机们卸货。他们的节奏突然变了，不说话、不吃早饭，也不洗漱。麦克的格莱斯顿旅行包已经放好，准备下周再拿出来。

我爬进麦克刚刚腾出的驾驶室——他睡觉的余温犹在——盖

上他的旧毯子，不一会儿就睡着了。10点钟，一阵突如其来的大雨打得车顶嘭嘭响。我惊醒过来，麦克和霍华德仍然不见踪影。

12点30分，他们终于出现了。因为在暴雨里卸货，他们此时脚步沉重，全身湿透。

"老天！"麦克说，"累死我了！咱们吃饭去——一个小时后上路。"

这已经是三个小时之前的事情了，而现在我们还在原地！他们一直在抽烟、吹牛、调情，无所事事，就好像他们都会长生不老，万事不必着急。我急不可耐，带着笔记本回到驾驶室。登徒子约翰试图安抚我。

"别急，孩子！如果麦克说星期三到纽约，那就算他在'旅途快乐'待到星期二晚上，他也能赶到。"

逗留了四十个小时之后，这个卡车休息站对我来说已经变得无比熟悉。我认识了很多人——知道他们的喜恶、他们的笑话和怪癖。他们也了解我，或者自以为了解我，宠溺地叫我"医生""教授"。

我认识了所有的卡车——知道它们的载重量和货物、它们的性能和毛病，还有它们的公司标志。

我认识了"旅途快乐"的所有女招待——老板卡罗尔用宝丽来相机给我拍了一张照片。我站在苏和内尔中间，胡子拉碴，被闪光灯照得发愣。她把它贴到照片墙上，所以现在我在她的"万千兄弟大家庭"中占了一席之地，跟她那些在漫长的、横穿全美的卡车运输路线上来来往往的"男朋友"们平起平坐。

"噢，他呀！"未来岁月里，她会对某个看到照片困惑不解的客人说，"那是'医生'。人很好，也许有点怪。他搭麦克和霍华德的车，就是那边照片上的那两个家伙。我经常想，不知道他后来怎么样了。"

肌肉海滩

我最终于1961年6月到达纽约,从一个表亲那里借钱买了一辆全新的摩托车,型号是宝马R60——所有宝马车型中最值得信赖的一款。我再也不想开二手车了,比如之前那辆R69,某个白痴或者罪犯给它装错了活塞,结果我开到亚拉巴马州它就出故障了。

我在纽约待了几天,然后再次屈服于上路的诱惑。我缓慢而随性地骑行数千英里返回加州。路上空空荡荡,在穿越南达科他州和怀俄明州的时候,一连几个小时都看不到人影。新摩托车的噪声很小,我骑得又轻松,仿佛驰骋在魔法梦境。

我体会到了车人合一,因为这台摩托车完美迎合我的本体感觉、我的动作和姿势,几乎就像我身体的外延部分。摩托车和骑手成为一个不可分割的整体,跟骑马差不多。汽车不可能完全做到这一点。

6月底,我回到旧金山,时间刚刚好。我脱下皮夹克,换上白大褂,正式开始在锡安山医院实习。

在漫长的公路旅行中,我饥一顿饱一顿,有什么吃什么,所以体重减轻了,但只要有可能,我也去健身房锻炼,所以,在6月我在纽约骑新摩托车拉风时,身材匀称,体重不到200磅。可一回到旧金山,我决定"增重"(举重界的行话),向一个我认为只要加把劲就触手可及的举重纪录发起冲击。在锡安山医院,增重特别容易,因为这里的咖啡店提供双层奶酪汉堡和超大杯奶昔,而且住院医生和实习医生可以免费吃。我规定自己每晚吃五个双层奶酪汉堡和半打奶昔,同时努力健身,于是我的体重迅速增加,从中量级(198磅以下)进阶到重量级(240磅以下),然后跻身超重级(无上限)。我把这件事告诉了父母——因为我几乎无事不报告,他们有点担心。这让我很惊讶,因为我的父亲的体重一点都不轻,约有250磅。①

20世纪50年代我在伦敦读医科时曾经练过一点举重。我加入了"马卡比"犹太体育俱乐部②。我们会和其他体育俱乐部进行举重比赛,三个比赛项目分别是单臂哑铃、卧推和深蹲。

它们与奥运会三大举重项目——推举、抓举和挺举——截然不同,而在我们的小小健身房里有好几位世界级举重运动员。其中一位名叫班·赫尔夫戈特,曾在1956年奥运会上担任英国举重队队长。我俩成了好朋友(即使是现在,八十多岁高龄的他仍然非常强壮敏捷)。③我尝试过奥运举重,但我太笨手笨脚。尤其

---

① 如果有吃的,我父亲会吃个不停,但如果手边没有食物,他就整天不吃。我也是如此。因为如果没有体内控制,我就要有体外控制。我有固定的饮食习惯,不喜欢偏离。——作者注
② 以公元前2世纪犹太英雄马卡比的名字命名。1895年,马卡比世界联盟成立,它的主要活动是组织马卡比运动会。这项赛事被称为犹太人的奥运会。
③ 考虑到赫尔夫戈特是布痕瓦尔德和特雷津这两大集中营的幸存者,他的成就更显得非凡。——作者注

在我练抓举的时候，周围的人很可能被殃及。他们毫不含糊地告诉我，离奥运会举重台远点，练练力量举重即可。

除了马卡比，我还偶尔去伦敦中央基督教青年会锻炼。那里有一个举重馆，主管是肯·麦克唐纳。他曾在奥运会上代表澳大利亚出战举重比赛。肯是个大块头，下半身尤其粗壮，大腿满是腱子肉。他是一位世界级的深蹲运动员。我很佩服他的蹲举能力，也想练成他那样的大腿以及对深蹲和过头蹲来说至关重要的背部力量。肯喜欢直腿硬拉——如果说有哪一个举重项目的设计目的是导致腰伤，那这个项目逃不掉，因为从理论上讲举重时应该由双腿来承担负荷，但直腿硬拉把所有负荷都集中在腰椎上。我在他的指导下不断进步。后来，肯邀请我和他一起参加一个举重表演比赛——我们两个人交替硬拉。肯举起了700磅，我只能举起525磅，但观众仍然为我鼓掌。我感到了短暂的快乐和自豪，因为尽管我是个新手，但肯打破硬举纪录的时候我与他为伍。我的快乐是短暂的。几天后，我腰部剧痛，几乎无法动弹或呼吸，我怀疑体内有块脊椎骨骨折了。X光检查没有发现任何问题，而疼痛和痉挛几天后就消失了。可是，在接下来的四十年里，我时常背痛发作，痛不欲生（背痛直到我六十五岁时才停止，原因不明，也许是被坐骨神经痛"取代"了）。

我钦佩肯的训练计划。爱屋及乌，我艳羡他为了增重而特别设计的以液体为主的饮食。他来训练时会带着一个容量为半加仑[①]

[①] 英制1加仑约合4.55升。

的瓶子，里面装满了浓稠的混合物，主要是糖蜜和牛奶，辅以各种维生素和酵母。我决定依样画葫芦，但我忽略了一个事实：只要时间足够长，酵母会发酵转化成糖。当我从健身包中取出我的瓶子时，它已经鼓了起来，大事不妙。显然，酵母已经使混合物发酵（我几个小时前就把酵母放进去了），而肯（他后来才告诉我）是在来健身房之前撒的。瓶子里的压力很大，我感到有点害怕，就像我突然发现自己手里拿了一个炸弹一样。我想，如果我缓缓地拧开瓶盖，瓶子里的压力就会慢慢降下来。然而，我才把瓶盖松开一点点，瓶子就炸开了；整整半加仑黏稠的黑色（现在还带点酒味）浆液如同喷泉般飞溅，随后星星点点地落在健身房的地板上。起初，大家都被逗乐了，然后就生气了。我受到严厉警告，从此不得携带除水之外的任何东西入馆。

旧金山中央基督教青年会的举重设施特别棒。第一次去那里，我的目光就被一个总重将近400磅的卧推架吸引。马卡比没有任何会员推得动这样的重量。我环顾四周，现场貌似无人能行，直到一个身材矮小但背脊厚实的男人一拐一拐地——他有点罗圈腿——走进来，像一头白毛大猩猩一样，躺到举重椅上。他先热身，就着卧推杆的重量轻松地推了十几下。随后几组，他增加了重量，接近500磅。我带着宝丽来相机，在他两组动作之间休息时拍了一张照片。后来，我和他聊了起来；他非常和蔼可亲。他告诉我，他的名字叫卡尔·努尔贝里，瑞典裔，一生都是码头工人，现年七十岁。他那惊人的力量是天生的；他唯一的锻炼是在码头上搬运箱子和木桶，常常一肩扛一个，而普通人根本没办法把它们从地上抬起来。

在卡尔事迹的激励下，我决心专攻我已经相当擅长的项目——深蹲，力争举起更大磅重。我在圣拉斐尔的一个小健身房里进行了密集的，甚至可以说是沉迷其中的训练，最后做到每五天做五组555磅深蹲，每组五次。这种和谐感让我很高兴，但健身房其他会员笑死了——"萨克斯和他的555555"。我当时不觉得有什么了不起，直到另一位练举重的会员鼓励我挑战加州深蹲纪录。我很不自信地试了试。开心的是，我真的创造了一个新纪录——深蹲600磅。这是我挺进力量举重界的敲门砖：在这个圈子里，创下一个举重纪录相当于在学术界发表一篇科学论文或出版一本专著。

1962年春天，我在锡安山医院的实习即将结束。从同年7月开始，我将在加州大学洛杉矶分校医院担任住院医生。不过，在此之前，我得回一次伦敦。我已经两年没有见到父母了，此外我母亲在不久前髋关节断裂，所以我很高兴能在她手术后不久与她团聚。母亲非常坚强地应对创伤、手术以及术后几周的疼痛和康复，决心一旦不需要挂拐杖行走就立即恢复看诊。

家里的楼梯螺旋而上，楼梯上铺设的地毯已经陈旧，有的防止地毯滑动的压条松动了，对挂着拐杖的人来说不安全。于是我根据她的需求抱着她上下楼——此前她一直反对我练举重，但现在我的力量让她很高兴。我推迟了返美时间，直到她能自己走楼梯为止。①

在加州大学洛杉矶分校医院，我们住院医生每周都会参加"期刊俱乐部"。我们一起阅读神经病学期刊上发表的最新论文并进行讨论。我有时会惹恼其他实习医生，因为我说我们还应该讨论19世纪前辈们的著作，把我们在病人身上看到的东西与他们的观察和想法联系起来。他们认为这太老掉牙了，我们的时间有限，而且我们有比考虑这些"过时"的问题更好的事情要做。这种态度隐约反映在我们阅读的许多期刊论文中：它们很少引用五年前的文献，仿佛神经病学没有历史。

我为此沮丧，因为我思考问题喜欢细数前因后果。年少时我痴迷化学，如饥似渴地阅读有关化学史、化学思想的演变以及我最喜欢的化学家的生平的书籍。对我来说，化学有一个历史和人性的维度。

我的兴趣从化学转移到生物学后，我仍然勤读不辍。当然，彼时我倾心达尔文，不仅读了《物种起源》和《人类的由来》，还读了《小猎犬号航海记》，更是读了他所有的植物学著作，就连《珊瑚礁的结构与分布》和《腐殖土产生与蚯蚓的作用》也没放过。我最喜欢他的自传。

---

① 不幸的是，她的髋关节断裂部位不良，破坏了股骨头的血液供应，导致所谓的缺血性坏死，最后塌陷，引发持续的强烈疼痛。尽管我的母亲非常坚忍，继续为病人看诊，但是这种痛苦而充实的生活让她苍老了许多。当我于1965年重返伦敦时，她看上去比三年前老了十岁。——作者注

埃里克·科恩同我气味相投。他起初有意从事动物学研究，但最终放弃，转而做起了古籍买卖，专攻达尔文学说和19世纪科学文献。他对达尔文及其所处时代的洞悉无人能及，世界各地的书商和学者都向他咨询。他还是斯蒂芬·杰·古尔德[1]的好朋友。埃里克甚至受邀——旁人无法胜任——在达尔文故居复原达尔文本人的图书室。

我不收藏图书，买书或者文献是为了阅读，而非展示。所以埃里克把品相不好的古籍留给我，缺封面少扉页的那种——没有收藏家想要，但我买得起。我的兴趣转移到神经病学后，埃里克为我收购到了高尔斯[2]的《1888年手稿》、沙可[3]的演讲稿以及一大批知名度较低但文笔优美、让我深受启发的19世纪文献。其中许多对我本人后来的著述至关重要。

我刚开始在加州大学洛杉矶分校医院上班就发现了一个很有意思的病例。人在入睡期间突发肌痉挛并不罕见，但这位年轻女病人的肌阵挛比常人严重，某种频率的闪烁光线会导致她的身体突然抽搐，偶尔还会有完全型癫痫发作。该疾病在她的家族中已经绵延了五代。我与同事克里斯·赫尔曼和玛丽·简·阿圭勒合

---

[1] 斯蒂芬·杰·古尔德（1941—2002），美国著名进化论科学家、古生物学家、科学史学家和科学散文作家。
[2] 威廉·理查德·高尔斯（1845—1915），英国神经病学家。
[3] 让-马丁·沙可（1825—1893），法国神经病学家，现代神经病学奠基人。

作，就此病例写下我生平第一篇论文（发表在《神经病学》杂志上）。此外，出于对肌阵挛和可能引发此病的条件及环境的兴趣，我专门写了一本小书，书名为《肌阵挛》。

1963年，因在肌阵挛方面的杰出研究而闻名的神经病学家查尔斯·勒特雷尔到访加州大学洛杉矶分校医院。我告诉他，我对这个领域感兴趣，还写了一本小书，请他给我提意见。他欣然同意，我就把手稿交给他，没有留副本。一个星期过去了。又一个星期又过去了。到了第六个星期，我忍不住写信给勒特雷尔博士，却得知他已经去世了。我大吃一惊。我写了一封慰问信给勒特雷尔夫人，倾诉我对她丈夫的研究的景仰，但我认为在这个时候要求归还手稿很不得体。此后我不曾追问，我的手稿也始终未被归还。我不知道它是否还留存于世间，说不定它已经被扔掉了，但也许它仍然静静地躺在某个被遗忘的抽屉里。

1964年，我在加州大学洛杉矶分校医院的神经病学门诊部接诊了一个令人费解的年轻病人，名叫弗兰克·C.。他从十九岁开始头部和四肢不停抽搐，随着时间推移逐渐加重；近来，严重的全身抽搐影响了他的睡眠。他试过使用镇静剂，但抽搐依旧。弗兰克不得不借酒浇愁。他说，他父亲在二十岁刚出头时的情况跟他一模一样，后来得了抑郁症，还酗酒，在三十七岁时自杀。弗兰克正好也是三十七岁，他说他完全可以体会到父亲的感受，他担心自己也会走上不归路。

六个月前，他曾经来医院看过病，当时医生们多有猜测——亨廷顿病、脑炎后帕金森综合征、肝豆状核变性等——但无法确诊。弗兰克和他的怪病成了一个难解之谜。我一度凝视着他的脑袋想："里面发生了什么？我能看见就好了。"

弗兰克离开门诊部半小时后，一名护士冲进来说："萨克斯医生，您的病人刚刚遇害了——被一辆卡车撞了，当场死亡。"我们立即进行尸检。两个小时后，弗兰克的大脑到了我手上。我很难过，而且很内疚。我想看看他的大脑里面，这个愿望是不是触发了他的致命事故。我还忍不住想，他是不是已经决定结束一切，所以故意走到卡车前面？

他的大脑大小正常，表面无任何严重异常。然而，几天后，我把一些大脑切片放到显微镜下时，震惊地发现大脑的黑质、苍白球和丘脑底核——均为大脑中调节运动的区域——存在严重肿胀弯曲的神经轴突、苍白的球形病变以及铁沉积引起的铁锈色色素沉着，大脑其他区域则没有。

我从未见过如此巨大的、仅限于神经轴突或脱落的轴突碎片的肿胀，亨廷顿病或我遇到过的任何其他疾病均无此等表征。但我见过这种轴突肿胀的照片，它们用于说明两位德国病理学家哈勒沃登和施帕茨于1922年描述的一种罕见病——该病始于青年时期，病人起初行动异常，但随着病情的发展会出现广泛的神经系统症状和痴呆，最终死亡。哈勒沃登和施帕茨在五姐妹身上观察到这种致命的疾病。尸检发现，她们的大脑中有轴突肿胀和脱落的轴突肿块，也有苍白球和黑质区域的褐变。

因此，弗兰克可能患有哈勒沃登－施帕茨病。他的悲剧性死亡让我们在病情早期阶段就看到了这种疾病的神经病学机理。

如果我的判断是对的，那么我们就有了一个比先前任何关于哈勒沃登－施帕茨病的记录更能体现该病初始和根本性变化的病例，此时病程晚期才有的次要特征均未显现。我被这种奇特的病理现象所吸引，它似乎只针对神经轴突，不影响神经细胞体和轴突髓磷脂。

就在一年前，我读到过哥伦比亚大学的神经病理学家戴维·考恩和埃德温·奥姆斯特德的一篇论文。该文描述了一种婴儿原发性轴突疾病：它最早在婴儿两岁时发作，患者通常在七岁时就会死亡。但哈勒沃登－施帕茨病的轴突异常局限于大脑中小而关键的区域。而在婴儿神经轴突萎缩症（考恩和奥姆斯特德对其的命名）中，轴突肿胀和碎片广泛分布。

我想知道有没有轴突萎缩症的动物模型。一个偶然的机会让我得知，我校神经病理系的两位研究人员正在构建这种模型。[①]其中一位名叫斯特林·卡彭特的同事用饮食中缺乏维生素 E 的大鼠做实验。这些可怜的大鼠无法控制后肢和尾巴，因为这些部位的知觉传导被脊髓感觉束和脑神经核中的轴突损伤阻断——这种轴突损伤的分布与哈勒沃登－施帕茨病的情况完全不同，但或许

[①] 当然，这其实并非全然巧合。1963 年发表的一篇论文描述了与大鼠维生素 E 缺乏相关的轴突变化，1964 年的另一篇论文描述了注射过 IDPN 的小鼠出现的类似轴突变化。新发现必须由其他实验室复制，而这正是我在加州大学洛杉矶分校医院的两位同事在做的事情。——作者注

可以部分揭示其中的致病机制。

加州大学洛杉矶分校医院的另一位同事安东尼·维里蒂正在研究一种急性神经系统综合征。给实验室动物注射一种有毒的氮化合物——亚氨基二丙腈（IDPN）——可能诱导该症。[1]注射后，小鼠会极度兴奋，不停地转圈或倒行，并伴有不自主的抽搐动作，眼睛凸出，阴茎异常勃起。它们也有严重的轴突病变，不过出现在大脑的觉醒系统中。

这种应激多动的小鼠有时候被称为"华尔兹小鼠"，但这个高雅的术语掩盖了症状的严重性。兴奋的小鼠尖声呼喝，发出"吱吱"的尖叫，打破了神经病理学科一贯的安静。IDPN中毒的小鼠与因缺乏维生素E而后肢无力的小鼠有很大的不同，也与人类哈勒沃登－施帕茨病和婴儿神经轴突萎缩症大相径庭，但它们似乎都有一个共同的病理特征：局限于神经细胞轴突的严重损伤。

人类和动物罹患的截然不同的综合征似乎源自相同类型的轴突萎缩，尽管萎缩在神经系统出现的区域相异。我们能否从中得到启示？

搬到洛杉矶之后，我再也没法在每个星期天早上跟摩友们一起骑行去斯廷森海滩，于是变回孤独骑手。我会在周末单独

---

[1] IDPN和其他相关化合物不但能使哺乳动物过度兴奋和多动，对鱼类、蚱蜢甚至原生动物，也有同样作用。——作者注

进行长途骑行。星期五一下班,我就给我的马儿备好鞍——我有时会把我的摩托车当成马,然后出发去大峡谷,单程500英里,但全都在66号公路上。我彻夜骑行,身体俯在油箱上;这辆摩托车只有30马力,但如果我压低身体,时速可以超过100英里,而我可以一口气开上好多个小时。在摩托车头灯——或者满月的月光(如果有的话)——的照耀下,银色的道路不断消失在我的前轮下。我不时出现奇特的认知反转和幻觉。有时我觉得自己正在地球表面上刻下一条线,有时又觉得自己悬浮在地表之上一动不动,而整个地球在我脚下静静地旋转。我唯一停靠的地方是加油站,因为要在那儿加满油,活动一下腿脚,跟加油站工作人员说几句话。如果我一路全速骑行,就能赶上大峡谷的日出。

我有时会在离大峡谷有一段距离的小汽车旅馆停车,在那里睡上一觉,但通常我会睡在室外,在睡袋里。露宿有风险——除了熊、土狼或昆虫,还可能有别的。一天晚上,我在连接洛杉矶和旧金山的33号沙漠公路上行驶,途中停车,摸黑儿在一块似乎是由美丽柔软的苔藓组成的天然"床铺"上展开睡袋。我呼吸着清新的沙漠空气,睡得很香,可到了早上,我察觉到自己整晚都睡在一大堆真菌孢子上,整晚都在吸入它们。它们是球孢子菌,一种原产于加州中央山谷的臭名昭著的真菌,可能引发一系列疾病,从轻微的呼吸道疾病到所谓的山谷热,偶尔还有致命的肺炎或脑膜炎。我做了这种真菌的皮试,结果是阳性,但幸运的是,我没有任何症状。

整个周末,我都在大峡谷里徒步,有时去橡树溪峡谷,那里的地貌红紫相间,令人惊叹。有时我会去一个叫"杰罗姆"的鬼城(它多年后才被开发成旅游景点)。有一次,我参观了怀亚特·厄普①——美国老西部最著名的浪漫人物之———的坟墓。

星期天晚上,我骑摩托车返回洛杉矶。年轻时体力毕竟恢复得快,星期一早上8点,我准时出席神经内科病房查房,精神抖擞,几乎看不出在周末刚刚骑行了1000英里。

有些人对摩托车和摩托车骑手有反感——这种恐惧或非理性的憎恨甚至会刺激他们采取行动。相比欧洲,这样的人或许在美国更多一些。

我第一次经历此种恶意是在1963年。当时我正沿着洛杉矶日落大道悠闲地骑行,享受好天气——那是一个和煦的春日——完全没惹到别人。我从后视镜里看到一辆车,示意司机超车。他加快了速度,但开到与我平行的位置时,又突然转向我,逼得我骑出一条弧线以避免相撞。我没有想到司机是故意的,我以为他不是喝醉了就是车技太烂。那辆车超过我之后放慢了速度。我也放慢了速度,直到司机示意我超车。就在我超车的当口,他猛地冲向路中间,我差点被他从侧面撞上。这一次,他的意图很明显。

我从来没有寻衅打架过。别人先动手,我才会还击。可这第

---

① 怀亚特·厄普(1848—1929),美国传奇西部警长。1881年10月26日,厄普三兄弟及一名好友与几名拦路抢劫的牛仔发生枪战,怀亚特击毙两名牛仔,从此声名大噪。他的故事是西部电影的开端。

二次堪称蓄意谋杀的攻击激怒了我，我决心报复。我一直跟在这辆车后面，拉开100码以上的距离，保持在司机的视线范围之外。我打算一旦他在路口停车等绿灯就冲到他前面去。在韦斯特伍德大道口，交通灯变红。我无声无息地——我的摩托车几乎没有噪声——从司机一侧开上去，打算在与车平行时砸破一扇车窗或者划花车身。没想到司机一侧的车窗开着。我看到之后，伸拳进窗，抓住他的鼻子，使劲一拧；他大叫一声。我松开手，他满脸是血。他吓得呆坐在那儿没有反击。我继续前行，并觉得自己一点都不过分，毕竟他想要我的命。

第二次发生这样的事情的时候，我正沿着鲜有人迹的沙漠公路——33号公路——前往旧金山；彼时道路空旷，车流稀少，我心旷神怡，将摩托车速度放慢到70英里。一辆轿车出现在我的后视镜里，时速（据我目测）接近90英里。这位司机完全可以利用空旷的路面超车，但他（就像洛杉矶那位司机一样）试图把我挤下公路。他成功了，我被逼到了为紧急情况和故障车辆预留的软路肩上。我好不容易才把摩托车扶起来，扬起了无数尘土，然后重新回到公路上。攻击我的那辆车已经开出去几百码。我的主要反应是愤怒而非恐惧。我从行李架上一把抓起一个独脚架（当时我非常热衷风景摄影，出行时总是带着相机、三脚架、独脚架等，通通绑在摩托车上）。我把它高举过头，一圈又一圈地挥舞着，就像《奇爱博士》①最后一幕中骑在炸弹上的疯狂上校那样。

---

① 美国著名导演斯坦利·库布里克于1964年执导的影片。

我看上去一定很反常——而且很危险，因为那辆汽车开始加速。我也把油门踩到底，逐渐赶超它。司机放弃直线行驶，一会儿加速一会儿减速，要么从空旷的道路一侧开到另一侧，试图甩开我。这一切都没有奏效。于是他突然拐进科林加小镇上的一条支路——大错特错，因为在我的追赶下，他从支路开到小路，小路又连小路，形同迷宫，最后被我堵在一个死胡同里。我从摩托车上一跃而下（我体重260磅哟），挥舞着独脚架，冲向汽车。车里坐着两对十几岁的情侣，每个人都惊恐万分。当我看到这些人的年纪和他们脸上流露的无助恐惧时，我的拳头松开了，独脚架掉到地上。

我耸耸肩，拾起独脚架，走回到摩托车旁边，示意他们开走。我想，在我们刚才那场愚蠢的、可能致命的决斗中，我们五个人都经历了一生中最大的惊吓，感受到了死亡的临近。

每当骑摩托车漫游加州，我总是随身携带尼康F相机和各种镜头。我特别喜欢微距镜头，因为它能拍花和树皮、地衣和苔藓的特写。我还有一台林哈夫4×5座机，配一个坚固的三脚架。我把这些都装在睡袋里，以避免颠簸。

我小时候就体验过洗印照片的魔力。那时，我的小小化学实验室装有遮光窗帘，可以作为暗室使用。在加州大学洛杉矶分校医院，我重拾这个爱好。神经病理学科有一个设备精良的暗房，我喜欢晃动显影盘，看着图像一点一点显现。风景摄影是我的最爱，我的周末摩托车之旅有时会受到《亚利桑那公路》杂志的影响——安塞尔·亚当斯、艾略特·波特[1]等人拍摄的精彩相片是我的学习目标。

我在洛杉矶威尼斯街区的肌肉海滩附近找到了一套公寓，就在圣莫尼卡以南。肌肉海滩有许多大人物出没，包括参加过奥运会举重比赛的戴夫·阿什曼和戴夫·谢泼德。戴夫·阿什曼是警察，他的谦虚和清醒在那个充斥着养生迷、类固醇服用者、酒鬼和自吹自擂者的世界里显得格格不入（我那时候虽然服用过许多其他药物，但从来没有碰过类固醇）。有人告诉我，他的前蹲举无人能及。前蹲举比后蹲举更难、更不好把握，因为你得把杠铃举到胸前，而不是横在肩上，此外你还得保持平衡和直立。一个星期天下午，我来到威尼斯海滩的户外举重区。戴夫看了我这个新面孔一眼，向我挑战，让我跟他比前蹲举。我不能拒绝，因为一旦这么做，我就成了旁人眼里的弱鸡或懦夫。我说："行！"我本想回答得掷地有声、自信满满，不想嗓音听上去极度嘶哑。我和他轮流举，层层加码，直到500磅。他从500磅升到550磅的时候，我以为自己完蛋了。令我惊讶的是——我以前几乎没练过前蹲举——我也举起来了。戴夫说这是他的极限，但我虚荣心作祟，冲动地要求试举575磅。我做到了——只是感到双眼外鼓，非常担心我的头部血压。此后，我被肌肉海滩接纳，还荣膺"深

---

[1] 艾略特·波特（1901—1990），美国摄影师，以拍摄自然色彩照片闻名。

蹲医生"的绰号。

　　肌肉海滩上还有许多其他强壮的人。麦克·巴彻勒是一家我们常去的酒吧的老板，有一双我所见过的最大、最有力气的手。他是世界上无可争议的掰手腕冠军，据说能徒手掰弯一枚银币，虽然我从未见识过。身躯庞大的查克·阿伦斯和史蒂夫·梅尔贾尼安在肌肉海滩享有半神一般的地位，在一定程度上与这里的其他常客格格不入。查克可以单手推举375磅的哑铃，而史蒂夫发明了一种新的举重方式——上斜卧推。他俩的体重均将近300磅，手臂和胸部壮得惊人。两人形影不离，把他们共用的大众甲壳虫车塞得满满当当。

　　尽管查克的块头已经非常大，但他还想变得更大。有一天，我在加州大学洛杉矶分校医院神经病理学科上班，他不告而来，堵住了我的门。他说，他一直对人类生长激素好奇——希望我指点一下脑垂体的位置。我周围都是保存在福尔马林溶液里的大脑，就从玻璃瓶里拿了一个出来，给查克看大脑下侧豌豆大小的脑垂体。查克说："原来在这里。"他满意地离开了。但我感到很不安：他在想什么呢？我是不是不应该给他看脑垂体？我浮想联翩，说不定他会闯进神经病理学实验室，直奔大脑——一点福尔马林液吓不倒他——然后把脑垂体像摘黑莓一样拔出来。我还有更令人毛骨悚然的想象：他犯下一连串诡异的谋杀罪行，打碎受害者的头颅，撕开大脑，吞食脑垂体。

　　还有参加过奥运会链球比赛的哈尔·康诺利，我经常在肌肉海滩健身房看到他。哈尔的一只手臂几乎全瘫，以"小费手"

姿势①无力地垂在身侧。作为神经科医生，我立刻意识到这是产瘫，也即分娩性臂丛神经损伤；分娩过程中，胎儿有时呈横位，只能牵拉一侧手臂施行牵引术，而牵引可能损伤臂丛神经，导致瘫痪。不过，虽然哈尔的一侧手臂用不上力，但他的另一侧手臂举世无双。他的运动能力生动说明了意志和后天努力的力量，我不由想起有时在加州大学洛杉矶分校医院看到的情况——手臂无力的脑瘫患者学会用脚写字或下棋。

我在肌肉海滩上拍照，竭力捕捉形形色色的人物和他们的活动场所；我希望写一本关于肌肉海滩的书——描述20世纪60年代初的肌肉海滩这一奇特的世界，描写那里的人物和地点、场景和事件，而照片可以做插图。

我能写出这样一本书、一部文字描述和人物特写与照片交织的蒙太奇吗？我不知道。当我离开加州大学洛杉矶分校医院时，我把所有我在1962至1965年间拍摄的照片，连同我的素描和笔记，装在一个大箱子里寄往纽约。这个箱子从此下落不明；似乎没人知道它在加州大学洛杉矶分校医院的遭遇，而洛杉矶和纽约的邮局也不曾给我答案。就这样，我丢失了我这三年在肌肉海滩周边拍摄的几乎所有照片，只有十几张照片神奇幸存。我寄希望于那个箱子依然在这个世界上的某处，而且它有一天会出现在我眼前。

---

① 患者肩膀无法外展及外转，手肘无法弯曲，手腕、手指亦无法伸直，呈现出像服务员要小费一样的姿势。

吉姆·汉密尔顿是肌肉海滩举重爱好者当中的一员，但他与众不同。他有着蓬松的卷发和浓密卷曲的大胡子。他的脸上除了鼻尖和那双充满笑意的深邃眼睛之外，几乎全被遮住。他是威尼斯海滩最好的卧推运动员之一，虎背熊腰，肚子像福斯塔夫[①]；他有一条腿偏短，而且遍布手术疤痕，走路时一瘸一拐的。他说自己曾经出过一次摩托车事故，造成多处复合骨折，在医院里住了一年多。当时他十八岁，刚从高中毕业。那是一段非常艰难、孤独、充满痛苦的日子。他之所以能支撑下来，是因为突然发现自己有非凡的数学天赋，这让他和旁人都大吃一惊。他之前不喜欢上学，也没有表现出数学天赋，但那段日子里他唯一的要求是给他看数学和博弈理论方面的书籍。在漫长的十八个月里，他的身体无法活动——为了修复断肢，他经历了十几次手术——但精神活动非常丰富，徜徉于数学王国，越钻研越精进，心也越来越自由。

高中毕业时，吉姆根本不知道未来会从事什么。然而出院后，因为数学能力出众，他在兰德公司找到一份工作，担任计算机程序员。他在肌肉海滩的朋友和酒友鲜有人了解他的数学才华。

吉姆居无定所。我查过我们在20世纪60年代的通信，发现他的明信片落款都是各种汽车旅馆，有在圣莫尼卡的、凡奈斯

[①] 莎士比亚历史剧《亨利四世》和喜剧《温莎的风流娘儿们》中的角色，肥胖、贪吃、爱酒。

的、威尼斯的、布伦特伍德的、韦斯特伍德的和好莱坞的,还有其他十几个地方的。我不知道他在驾照上填了什么地址,可能是他童年时期在盐湖城的地址。他来自一个有名望的摩门教家庭,是杨百翰[①]的后裔。

吉姆轻而易举地就能从一家汽车旅馆搬到另一家汽车旅馆,或者干脆睡在车里,因为他把为数不多的财物——主要是衣服和书——放在兰德公司,有时就在办公室过夜。他为兰德公司的超级计算机设计了各种国际象棋程序,并通过与它们下棋来测试它们(和他自己)。他特别喜欢在服用迷幻药之后下棋,他觉得这会让他的棋局更加不可预测、棋路更有灵气。

除了在肌肉海滩有一个朋友圈,吉姆还和其他数学家多有往来。他就像著名的匈牙利数学家保罗·厄多斯一样,动辄半夜拜访这些数学界的朋友,花几个小时进行头脑风暴,然后睡在他们的沙发上直到天亮。

在我俩认识之前,吉姆偶尔会去拉斯维加斯度周末,观察那里的21点赌局。此后他设计出一种策略,让玩家逐步、稳定地赢钱。他从兰德公司请了三个月的假,在拉斯维加斯的一个酒店房间安顿下来,但凡不睡觉就玩21点。他耐心地一步一步积累,挣到了十万余美元,这笔钱在20世纪50年代末相当可观。然而,恰逢此时,两位"大块头先生"上门拜访。他们说

[①] 杨百翰(1801—1877),摩门教第二任会长,带领会众迁徙到今天的犹他州。

注意到他一直在稳稳地赢钱——他一定掌握了某种"窍门",但现在到了他离开拉斯维加斯的时候了。吉姆表示同意,当天就走人。

吉姆当时开着一辆巨大的、肮脏的、曾经是白色的敞篷车,车里到处都是空牛奶盒和其他垃圾。他每天开车时都要喝一加仑或更多的牛奶,然后把空牛奶盒往身后一扔。他和我在肌肉海滩的人群中互相吸引。我喜欢听吉姆谈他自己的特殊爱好——数理逻辑、博弈理论和计算机游戏,而他能让我滔滔不绝地讲自己的兴趣和爱好。我后来在托潘加峡谷租了一栋小房子,他和他的女朋友凯西经常来访。

作为一名神经病学家,我出于专业兴趣关注大脑与心灵的状态,尤其是那些被药物诱导或改变的状态。20世纪60年代初,关于精神药物及其对大脑神经递质的影响的新知识正在迅速积累,而我渴望亲身体验。我想这样的体验可能有助于理解我的一些病人的经历。

我在肌肉海滩的一些朋友劝我试用"安坦"。我只知道它是一种抗帕金森病的药物。"只要吃二十片就够了,"他们说,"你还有部分自控力。你会发现这是一种非常不同的体验。"于是,一个星期天的早晨,正如我在《幻觉》一书中描述的那样:

我数出二十片药,喝一口水把它们吞下肚,然后等待药效发挥……我口干舌燥,瞳孔放大,看不清文字,但仅此而已。药物没有对我产生任何精神上的影响——这一点最令我失望。我还期待着会发生点什么,虽然也说不出具体是什么。

我在厨房烧水泡茶,忽然听到有人在敲我的前门。是我的朋友吉姆和凯西,他们经常会在星期天早上过来。"进来吧,门没关。"我喊道。他们在客厅落座。我问:"你们想吃什么样的鸡蛋?"吉姆说,他喜欢荷包蛋只煎一面;凯西喜欢两面煎,但要流心。我一边和他们聊天,一边给他们煎火腿和鸡蛋——厨房和客厅之间有一扇低矮的双开自由门,所以不影响我们听彼此说话。五分钟后,我喊道:"都做好了!"我把他们的火腿煎蛋放在托盘上,走进客厅——发现那里空无一人。吉姆不在,凯西不在,没有他们来过的迹象。我吓了一大跳,差点把托盘摔了。

此前我没有想到,吉姆和凯西的声音,还有他们的"在场",全都不真实,均为幻觉。我们进行了一次友好的、平常的谈话,和往常没有两样。他们的声音如常,在我推门进客厅发现那里空无一人之前,我丝毫没有觉察到,我们的整场谈话,至少他俩贡献的部分,全是我的大脑凭空想象出来的。

我不仅感到震惊,而且相当害怕。如果是服用麦角酰二乙胺(LSD)等药物,我能知道发生了什么。服药后世界看上去不一样,我的感觉也不一样,那样的体验具有特殊、极端体验的全部特征。可是,我与吉姆和凯西的"对话"没有任何特殊之处,它完全是司空见惯的,根本没法跟幻觉联系起来。我想到了精神分裂症患者跟他们"听到"的声音的对话，但典型情况下，精神分裂症患者听到的是嘲笑或指责，而不是关于火腿、煎蛋和天气的探讨。

"小心点，奥利弗，"我对自己说，"要对自己负责，不要让这种情况再次发生。"我陷入沉思，慢悠悠地吃完了我那份火腿煎蛋（以及吉姆和凯西的），然后决定去海滩，找真正的吉姆和凯西以及所有其他朋友，游游泳，享受悠闲的午后时光。

吉姆是我的南加州生活中非常重要的一部分——我们每周会见面两到三次。后来我搬去纽约，非常想念他。1970年后，他对计算机游戏（包括战争游戏）的兴趣扩展到计算机动画在科幻电影和卡通影片中的运用，为此他留在了洛杉矶。

1972年，吉姆来纽约看我。他的状态很好，很快活，对未来充满期待，虽然还不清楚未来会留在加州还是去南美洲（他曾经在巴拉圭待过几年，非常开心，还买了一个牧场）。

他说自己已经两年滴酒不沾，这让我特别高兴，因为他有一个危险的习惯——时不时地豪饮一场，而据我所知，上一次豪饮让他得了胰腺炎。

离开纽约后，他打算前往盐湖城看望家人。过了三天，凯西打电话告诉我吉姆死了：他又一次豪饮，胰腺炎再度发作，这一次还引发了胰腺坏死和弥漫性腹膜炎。他当时只有三十五岁。①

1963年的一天，我在威尼斯海滩附近徒手冲浪。当时浪很大，海里又没有别人，可我正处于力量（和自大）的巅峰期，自认为这没什么。海浪把我抛起来掷下去，很有趣，但接着一个巨浪卷来，那浪比我的头顶高出很多。我试图钻进浪里，结果被它打了一个四脚朝天，无助地翻滚。我都没有意识到这个浪头把我带出了多远，直到发现海岸近在眼前。在太平洋沿岸，被浪头打到岸上是造成颈部骨折的常见原因。我只来得及伸出右臂。撞击使我的手臂向后撕裂，肩膀脱臼，但我的脖子没断。因为一只手臂废了，我没办法迅速爬开，逃离紧随第一个浪头而来的第二个巨浪。就在危急关头，一双强有力的臂膀抓住我，把我拉到了安全地带。那是切特·约顿，一个非常强壮的年轻健美运动员。我稳稳地站在了沙滩上，肱骨错位突出，疼痛难忍。切特和他的几个举重伙伴立马抓住我——两个人箍住我的腰，两个人拽我的胳膊——直到我的肩关节"咔嗒"一声复位。切特后来赢得了"宇宙先生"健美比赛的冠军，七十岁的时候仍然肌肉发达；要不是

---

① 我曾经设想过在吉姆身后发表一些他的数学研究成果，就像F.P.拉姆齐的遗著《数学的基础》（拉姆齐二十六岁就英年早逝）那样。然而吉姆基本上是一个有问题就当场解决的人：他会在信封背面潦草地写下一个方程式、一个公式或者简单地画一个逻辑图，然后把它揉成一团，要么就扔掉。——作者注

他在1963年把我从水中拉出来，这世上就没有我了。[①]肩关节一复位，肩痛就消失了，胳膊和胸口却痛了起来。我骑上摩托车，疾驰到加州大学洛杉矶分校医院的急诊室。他们发现我的一只手臂骨折了，还断了几根肋骨。

偶尔有几个周末，我在加州大学洛杉矶分校医院值班。还有一些周末，我去比弗利山庄的医院兼职，捞一点外快贴补我的微薄收入。有一次，我在那里遇到了来做小手术的梅·韦斯特[②]。我没有认出她的脸，因为我脸盲。但我认出了她的声音——怎么可能听不出来呢？我们聊得很开心。告别时，她邀请我去她在马利布的豪宅。她喜欢有年轻的肌肉男环绕在旁。遗憾的是，我一直没有应邀前去。

有一次，我的身体力量在神经科病房里派上了用场。当时我们正在为一个不幸患上球孢子菌脑膜炎并出现脑积水的病人测试

[①] 我应该理智一点，不去外海，因为那里高耸过头的"恶浪"特别危险，而且这些夺命怪浪可能突然袭来，即使在看似平静的海面上也不例外。我后来经历过两起有点相似的事件。一次是在长岛的西安普敦海滩：我左边的腿后肌群被撕裂了一大半，全靠我的另一位朋友，我的老朋友鲍勃·沃瑟曼把我拉到安全地带；另一次，我傻傻地在哥斯达黎加太平洋沿岸的外海上仰泳，很幸运地活了下来。我现在惧怕冲浪，早就另选了湖泊和水流缓慢的河流作为我中意的游泳场所。不过，我仍然喜欢浮潜和水肺潜水，那可是1956年我在红海的平静水域中学会的。——作者注
[②] 梅·韦斯特（1893—1980），美国演员、歌手、编剧，被称为"银幕妖女"。

视野。测试过程中，他突然翻起白眼，即将昏迷。这是"脑疝"。该术语过于温和，不足以体现病情的凶猛。在这种情况下，由于病人颅内压过高，小脑扁桃体和脑干被推入位于颅底的枕骨大孔中。脑疝可以在几秒钟内致人死亡。我不假思索地抓住病人，让他头下脚上，他的小脑扁桃体和脑干退回到颅内，我自认为把他从死神手中抢了回来。

病房里另有一位病人双目失明，全身瘫痪。她得了一种罕见病，叫作视神经脊髓炎，或称德维克氏病，药石无医。她得知我开摩托车，又住在托潘加峡谷，就告诉我她临终前最后的愿望，那愿望很特别：请我载她骑摩托车，在托潘加峡谷环路上开几圈。一个星期日，我和三位举重伙伴来到医院，成功地"劫走"病人，把她牢牢地绑在我的摩托车后座上，如她所愿，去托潘加峡谷兜风，一路骑得很慢。返回病房后，院方大为恼火，我以为自己会被当场解雇，但我的同事和这位病人都为我说情。我受到严重警告，但没有被解雇。总体来说，我让神经病学科丢脸，但也为它增过光——我是唯一发表过论文的住院医生。我想正因为此，我才好几次幸免于难。

如今，我有时会想，为什么我当年在举重方面如此不遗余力呢？我觉得自己的动机不同寻常。那时候的我虽然不像健美广告里的弱鸡那样体重只有98磅，但我胆小、不自信、缺乏安全感、性格柔顺。通过举重，我变强壮了——非常强壮，但我发现这对我的性格毫无帮助，因为它还是老样子。而且，举重和许多过度行为一样有代价。因为练蹲举，我的四头肌不得不一次又一次超越自然极限，于是很容易受伤。1974年，我的一条四头肌肌腱断裂，1984年又断了另一条。它们和我当年狂练蹲举不无关系。1984年住院那会儿，我腿上打着长长的石膏，不免自怨自艾。戴夫·谢泼德来看我了，强壮的戴夫，他是当年我出没肌肉海滩的时候交到的朋友。他步履蹒跚、一脸痛苦地走进我的病房。他的两个髋关节都得了非常严重的关节炎，正在等待全髋关节置换手术。我们相互打量，两个人的身体都因为举重而半残。

"咱俩可真傻呀。"戴夫说。我点头同意。

第一眼看到他在旧金山中央基督教青年会健身的时候，我就喜欢上他了；那是1961年初。我喜欢他的名字：梅尔（Mel），在希腊语里是"蜂蜜"或"甜蜜"的意思。得知他的名字后，一连串甜蜜的词语在我脑海中闪过——"酿蜜""产蜜的""如蜜般的""食蜜的"……

"梅尔是个好名字，"我说，"我叫奥利弗。"

他的身材结实健美，肩膀和大腿强壮，奶白色的皮肤光滑无瑕。他告诉我，他只有十九岁。他在海军服役——他所在的美国海军战舰"诺顿海峡号"驻扎在旧金山——一有时间就来青年会健身。当时我也在努力健身，争取突破蹲举纪录。我们有时会在健身房碰上。

健身淋浴后，我骑着摩托车送梅尔回军队。他穿了一件柔软的棕色鹿皮夹克——他说这头鹿是他在家乡明尼苏达州猎杀的——我把一直放在摩托车上的备用防撞头盔递给他。我认为我俩很般配,且因为他坐在我身后、紧紧抱住我的腰而感到一丝兴奋。他说,这是他第一次坐摩托车。

我们享受了一年的彼此陪伴——也就是我在锡安山医院实习的那一年。我们会在周末一起骑摩托车,去露营,在池塘和湖泊里游泳,有时还会一起摔跤。对我来说,摔跤能擦出情欲的火花,或许梅尔也有同感。我们两人头抵着头,身体贴着身体,虽然没有明确的性爱元素,旁观者也不会认为我们除了练习摔跤还想做别的什么事,但的确有点色情。我们俩都为自己轮廓分明的腹肌感到自豪,会时不时地做些仰卧起坐,一次一百个或更多。梅尔会跨坐在我身上,我每做一个仰卧起坐,他就笑嘻嘻地朝我的肚子打一拳。我也会"礼尚往来"。

这样的玩闹激发我的性欲,我想他也一样。梅尔总爱说"我们来摔跤吧"或者"我们来练腹肌",尽管这不是有意的性行为。我们可以从卷腹练习或摔跤中获得快感,一举两得,只要我们谁都不更进一步。

我能感觉到梅尔的脆弱,他在潜意识里害怕与另一个男人的性接触,但我也感觉到他对我的感情有别于常人,我大胆地认为,这份感情有望克服他的恐惧。我意识到自己必须非常温柔地循序渐进。

我们的田园牧歌式的、在某种意义上天真无邪的蜜月期持续了一年。我们活在当下,很少想到未来。但随着1962年夏天的临近，我们不得不打算一番。

梅尔即将从海军退伍，他想上大学——他高中毕业后就直接参军了。而我已经决定搬家到洛杉矶，在加州大学洛杉矶分校医院当实习医生。于是我们在加州威尼斯合租了一套公寓，靠近威尼斯海滩和肌肉海滩健身房，方便健身。我帮梅尔填写了圣塔莫尼卡学院的申请表格，还给他买了一辆二手的宝马摩托车，跟我那辆同款。他不愿意接受我的礼物、花我的钱，在离我们公寓不远的一家地毯厂找了一份工作。

我们的公寓很小，是个带小厨房的一室户。梅尔和我各有一张床。公寓的其他地方摆满了书和我多年来不断积累的日记及论文，梅尔的个人物品很少。

每天早晨我们都过得很愉快：我们一起喝咖啡、吃早餐，然后各自去上班——梅尔去地毯厂，我去加州大学洛杉矶分校医院。下班后，我们会去肌肉海滩健身房，然后去海滩上的希德咖啡馆，跟其他肌肉男一起消磨时光。每周，我们一起看一次电影，梅尔独自出门骑几次摩托车。

长夜难熬。我发现自己很难集中精力，而且对梅尔的存在非常敏感，几乎是超乎寻常的敏感，总能闻到他那让我欲罢不能的气息。梅尔喜欢按摩，他会赤身裸体趴在床上，要我给他按摩背部。我会穿着健身短裤跨坐在他身上，把油——牛蹄油，我们用它来保持摩托车皮革的柔软度——倒在他背上，慢慢地按摩他那匀称强健的背部肌肉。他心满意足，身体放松，任我揉捏；我也很开心；事实上，我每每箭在弦上将发不发。这样好——

聊胜于无，我们可以假装若无其事。但有一次，我失控了。我感到他的身体突然僵硬了。他一言不发地去冲了一个澡。

之后，他一整个晚上不肯搭理我；很明显，我越线了。（我突然想到了我母亲说过的话，还发觉梅尔的名字如果全部大写的话，正好是我母亲全名——穆里尔·埃尔茜·兰多——的首字母缩写。）

第二天早上，梅尔生硬地说："我必须搬出去自己住。"我什么也没说，差点哭出来。他告诉我，几周前的一个晚上，他骑摩托车时遇到了一位年轻女子——实际上并不年轻，她的几个孩子都十几岁了。对方邀请他去她家住，为了我们俩的友谊，他推掉了。但现在，他觉得必须离开我。不过，他还是希望我们可以继续做"好朋友"。

我没有见过她，但我觉得她抢走了梅尔。我想起十年前的理查德，我是不是注定要爱上"正常"的男人？

梅尔搬走后，我感到极度的孤独，觉得自己被抛弃了。我转向毒品寻求慰藉。我在托潘加峡谷租了一栋小屋。它相当偏远，位于一条泥土小路的尽头。我决心不再和任何人同住。[①]

事实上，此后梅尔和我保持了十五年的联系，不过，我们平

[①] 几年后，托潘加峡谷成为音乐家、艺术家和各类嬉皮士的圣地，但在20世纪60年代初我租房的时候，那里人烟相对稀少，非常安静。像我的小屋那样的建造在泥土路旁边的房子甚至没有近邻，我不得不请人开卡车给我送水，每次1500加仑，储存在一个水箱里。——作者注

淡如水的交往之下暗流涌动——也许对梅尔来说更是如此，因为他为自己的性向不安，而且渴望与我身体接触。而就性而言，我已经放弃了对他的幻想和希望。

我们的最后一次见面同样暧昧。1978年，我去旧金山，梅尔特意从俄勒冈州赶来。他一反常态地紧张，坚持要和我一起去公共浴室。我从来没有去过公共浴室；旧金山的同性恋浴室不符合我的口味。脱衣服的时候，我看到梅尔从前乳白无瑕的皮肤布满了褐色的奶咖色的斑块。他说："没错，这是神经纤维瘤病。"然后他又补充了一句："我哥哥也有这种病。我想应该给你看看。"我抱着梅尔，哭了起来。我想起理查德·塞利格给我看他的淋巴肉瘤——我所爱的男人是否注定要得可怕的疾病？离开浴室时，我们相互道别，很正式地握了握手。此后我们再也没有见面，也没有通信。

在我和梅尔的"蜜月期"，我曾梦想我们会共度一生，甚至幸福到老；当时我只有二十八岁。现在我已经将近八十岁了，正试图回忆过往，写一本类似于自传的东西。我想起了梅尔，想起了我们刚在一起时那些热情奔放、天真烂漫的日子。不知道他后来怎样了，还在世吗（神经纤维瘤病，又称冯·雷克林豪森病，对病患的影响不定）？要是他能读到我上面写的东西，会不会对年少时热情又懵懂的我们多一些宽容？

理查德·塞利格温柔的拒绝（"我跟你不一样。但是谢谢你爱我。我也爱你，用我的方式爱你"）没有让我感到受挫或者心碎，但梅尔近乎厌恶的拒绝对我影响极深，让我失去（在我看来）对真正的爱情生活的所有希望，驱使我关闭心扉，自甘堕落，从药物助长的幻想和快乐中寻求满足。

我在旧金山的那两年过着周末和工作日截然不同的两面生活，不过于人于己都无害。每到周末，我就脱下实习医生的白大褂，换上皮夹克，骑上摩托车，呼啸而去。可现在，我沉沦于一种更黑暗、更危险的两面生活。从星期一到星期五，我全身心地投入加州大学洛杉矶分校医院的病人身上。但在那些不骑车出游的周末，我沉迷于幻觉之旅——服用大麻、牵牛花籽或者迷幻药。我秘而不宣，从不跟人一起服用毒品，而且守口如瓶。

有一天，一个朋友给了我一支"特别"的大麻；他没有说特别在哪里。我紧张地吸了一口，接着又吸了一口，然后就停不下来，直到全部抽完。之所以停不下来，是因为它的效果远非纯大麻可比——它那强烈的感官刺激堪比高潮。我问朋友这里面掺了什么，他告诉我是安非他明。

我不知道药物成瘾在多大程度上是"先天设定的"，又在多大程度上取决于环境或精神状态。我只知道，自从那晚抽了一支掺了安非他明的大麻后，我的瘾头持续了整整四年。在安非他明的作用下，我无法入睡、顾不上好好吃饭。相比大脑快乐中枢接收到的刺激，一切均属次要。

就在我对安非他明欲罢不能——我很快就从简易版的掺了安非他明的大麻转向口服或静脉注射甲基苯丙胺——的那段时间，

我读到了詹姆斯·奥尔兹①的大鼠实验。他在大鼠的大脑奖励中枢（伏隔核和其他深层皮质下结构）里植入了电极。大鼠们按下一个控制杆就可以刺激奖励中枢。大鼠们会不停地按，直到精疲力竭而死。我一旦服用了安非他明，就像奥尔兹的大鼠一样没法停下来。我服用的剂量越来越大，心率和血压都飙到了致命的高度。在这种状态下，人会贪得无厌，多大的剂量都嫌不够。安非他明带来的心醉神迷是无意识的、完满的——我不需要任何其他东西，也不需要任何人的协助，就能获得"至高无上"的快感——虽然完满，但彻底空虚。所有其他的动机、目标、兴趣、欲望，都消逝在心醉神迷的空虚中。

　　我很少考虑这对我的身体，或许还有大脑，有什么影响。我知道在肌肉海滩和威尼斯海滩的常客中，有人死于大剂量的安非他明，而我很幸运，既没有得心脏病也没有中风。我半梦半醒地玩着死亡游戏。

　　星期一早上，我回到工作岗位，体虚腿软，几近昏睡。但我认为，没人觉察出我刚刚从周末的神游太虚中回来，一度沦落到通电大鼠的境地。要是有人问我周末都做了些什么，我会说我"出门"了——至于有多远、怎么"出"的门，他们大概没有猜想过。

---

① 詹姆斯·奥尔兹（1922—1976），美国心理学家，其最著名的成就是发现了大脑奖励中枢。

彼时，我已经在神经病学期刊上发表过几篇论文，但我希望更上一层楼——在即将举行的美国神经病学学会（AAN）年会上进行学术展示。

在我们神经病学科优秀的摄影师汤姆·多兰——一位和我一样热衷于海洋生物学和无脊椎动物的朋友——的帮助下，我从西方风景摄影转向神经病理学大脑内部景观的拍摄。我们竭尽全力，希望拍出最好的照片来呈现显微镜下看到的哈勒沃登–施帕茨病患者、维生素E缺乏症大鼠和亚氨基二丙腈中毒小鼠的巨大肿胀的轴突。我们将这些照片制成大型柯达克罗姆幻灯片，给每张都配了说明文字，还专门打造了一个自带灯光的放映柜，从背后照亮这些幻灯片。我们花了几个月的时间制作展柜，然后将其打包运到1965年在克利夫兰举行的AAN春季会议的会场布置好。如我所愿，我们的展示很受欢迎。通常内敛沉默的我把参会者吸引到展板前，阐述我们发现的这三种轴突萎缩症的特殊魅力和有趣之处。它们在临床和构造上如此不同，但在单个轴突和细胞的层面上却如此相似。

这个展示是我向美国神经病学界做的自我介绍："我在这里，看看我能做什么。"就像四年前我在加州创下深蹲纪录、向肌肉海滩举重界自我介绍一样。

我曾经担心，我会在1965年6月结束住院医生生涯后失业。然而，这次轴突萎缩症展示为我带来了美国各地的工作邀约，包括来自纽约市的两个特别珍贵的工作机会——一个邀约来自哥伦比亚大学的考恩和奥姆斯特德，另一个来自阿尔伯特·爱因斯坦医学院的著名神经病理学家罗伯特·特里[1]。1964年，特里曾经到访加州大学洛杉矶分校医院，介绍他对阿尔茨海默病的最新电子显微镜研究结果，其前沿性令我着迷；当时，我对神经系统退行性疾病特别感兴趣，无论是发生在青年时期的哈勒沃登－施帕茨病，还是发生在老年时期的阿尔茨海默病等。

我或许有望留在加州大学洛杉矶分校医院，继续住在托潘加峡谷的小房子里。但我觉得自己应当向前看，具体地说，就是想去纽约。我觉得我在加州过于如鱼得水，对轻松、庸俗的生活越来越上瘾，更不用说毒瘾越来越深了。我觉得我应该去一个艰苦而真实的地方、一个我可以专心工作的地方。也许我可以在那里发现或者创造一个真正的身份认同，发出属于我自己的声音。尽管我对轴突萎缩症——考恩和奥姆斯特德的专长——感兴趣，但我想做别的事情，想找到一种方法将神经病理学和神经化学紧密结合起来。爱因斯坦医学院新成立不久，特别提供了神经病理学和神经化学的跨学科研究资金——绍尔·科里近乎天才地把这两个学科结合在了一起。因此，我接受了爱因斯坦医学院的邀约。[2]

---

[1] 罗伯特·特里（1924—2017），美国神经病理学家。
[2] 科里具有远见卓识，在"神经科学"这个将分支学科联合起来的术语出现的数年之前，就已经预见了它的兴起。我和他素未谋面，因为他在1963年（45岁）不幸英年早逝。但他留下丰厚的遗产，促成了爱因斯坦医学院所有跟"神经"挂钩的实验室（以及临床神经病学科室）之间的密切互动——这种互动一直持续到今天。——作者注

在加州大学洛杉矶分校医院的三年里，我努力工作、尽情玩耍，从来没有度过假。每隔一段时间，我就会去找我的主任，令人敬畏的（但很和蔼的）奥古斯塔斯·罗斯，说我想请几天假，可他总是回答："每天对你来说都是在放假，萨克斯。"然后我就被吓得放弃了这个念头。

不过，我的周末骑行还在继续。我经常骑摩托车到死亡谷，有时去安沙波利哥沙漠州立公园，我热爱沙漠。偶尔，我也会骑车南下去墨西哥的下加利福尼亚州，感受那里截然不同的文化，尽管恩森纳达以南的道路非常崎岖。在我离开加州大学洛杉矶分校医院前往纽约时，我的摩托车已经累计行驶了 10 万多英里。到了 1965 年，道路开始变得拥挤，特别是在东部地区，我再也无法享受骑摩托车、在路上生活的乐趣，失去了我在加利福尼亚曾经有过的那种自由和快乐。

我有时会想，既然当时真正吸引我的是美国西部，尤其是西南地区，为什么我在纽约一待就是五十多年？现在，我在纽约有太多牵挂——我的病人、我的学生、我的朋友和我的心理分析师，但它从来没有像加州那样打动过我。我怀疑我之所以思念加州，不仅是因为对这个地方有感情，而且是因为我怀念青春，怀念那个截然不同的时代，怀念爱情，还有能够脱口而出"未来就在眼前"的年华。

遥不可及

1965年9月，我搬到纽约，在阿尔伯特·爱因斯坦医学院担任神经化学和神经病理学研究员。我仍然希冀成为一名真正的科学家、一名实验室科学家，虽然在牛津大学的研究烂尾之后，我应该心生警惕，避免重蹈覆辙。但我宁愿掩耳盗铃，还想再试一次。

我抵达纽约的时候，急脾气的罗伯特·特里——那位曾经来加州大学洛杉矶分校医院演讲、用他精妙的对阿尔茨海默病的电子显微镜研究让我着迷的神经病理学家——正好在休学术年假。在他离开期间，神经病理学系由伊万·赫尔佐克代管。这位匈牙利移民性情平和，对他那位情绪变幻莫测的同事有着令人难以想象的耐心。

到了1966年，我服用的安非他明剂量已经非常大。我变得——精神错乱？躁狂？百无禁忌？还是身体机能增强？我都不知道该用什么字眼来形容我自己，但我的嗅觉以及往常并不突出的想象力和记忆力都有了显著提高。

我们每个星期二都会有一次教学测验，伊万会拿出罕见的神经病病症的病理学显微照片，让我们识别。我一般表现都很差，但有一个星期二，伊万展示了一些照片，说："这是一种罕见的病症——我不指望你们能认出来。"

我脱口而出："小胶质细胞瘤！"其他人大吃一惊，齐齐看向我。平时我都是一言不发的。

"没错，"我接着往下说，"全世界的文献里仅有六例记载。"然后我一一阐述病例的细节。伊万目不转睛地盯着我。

"你怎么知道的？"他问。

"噢，偶然看到的。"我回答，但其实我和他一样惊愕。我不知道我自己怎么能够，或者说在什么情况下能够如此迅速和无意识地吸收这些知识。这一切都源自安非他明那奇特的机能增强作用。

当住院医生的时候，我对一类罕见的、通常是家族性的疾病特别感兴趣。它们被统称为脂沉积症，症状表现为异常脂肪积累在脑细胞中。我得知这些脂质也可以在肠道壁神经细胞中沉积，兴奋不已。因为这样一来，我们就有望在症状出现之前，对直肠而非大脑进行活检，从而诊断出这种疾病——这种方式造成的创伤会小很多（我曾在《英国外科杂志》上看到过这方面的原始报告）。我们只需要找到一个脂质膨胀的神经元就可以做出诊断。我想知道的是，其他疾病——例如阿尔茨海默病——是否也会导致肠道神经元发生变化，是否能通过这种方式进行早期诊断。

我开发了，或者说改造了，一种技术，用于"清理"直肠壁，使其几近透明，并用亚甲基蓝对神经细胞进行染色；这样一来，我们可以在低倍显微镜下看到几十个神经细胞，提高了发现异常情况的概率。看着这些玻片，我说服了我和我的主任伊万，我们可以看到直肠神经细胞的变化——那些神经纤维缠结和路易氏小体似乎是阿尔茨海默病和帕金森病的特征。我以为我们的发现非常重要，这将是一个突破，一种价值无可估量的诊断技术。1967年，我们提交了一份论文摘要，希望在即将举行的美国神经病学学会年会上宣读论文。

不幸的是，我们的研究进展不顺。我们已有的直肠活检标本为数不多，还需要更多，但我们搞不到。

我们的研究无以为继。伊万和我思考再三——我们是否应当撤回我们的初步论文摘要？最终我们决定不撤，因为我们认为其他人会继续检验这个问题，我们只需拭目以待。拭目以待的结果是：这个我一度以为能让我在神经病理学界声名大噪的"发现"被证明是个伪命题。

我在格林尼治村租了一套公寓。除非积雪过膝，否则我都会骑摩托车去布朗克斯区上班。我没有挂包，但车后面有一个结实的架子，我可以用结实的松紧带把我需要的东西固定在上面。

我的神经化学研究课题是提取髓磷脂。这种脂肪材料包裹着较大的神经纤维，使后者能够更为迅速地传导神经冲动。当时有许多未决问题：如果无脊椎动物的髓磷脂能被提取出来，它的结构或成分是否与脊椎动物的髓磷脂不同？我选择了蚯蚓作为我的实验动物。我一直都很喜欢它们，而且它们有巨大的、由髓磷脂包裹的、传导迅速的神经纤维，在受到威胁时可以进行突然的、剧烈的运动（正是由于这个原因，我才在十年前选择了蚯蚓来研究 TOCP 的脱髓磷脂作用）。

我在医学院的花园里对蚯蚓们进行了一次名副其实的种族灭绝：我需要成千上万的蚯蚓来提取可观的髓磷脂样本。我感觉自己就像玛丽·居里，为了获得十分之一克的纯镭而加工成吨的沥青铀矿。我的手艺日渐精湛，一刀就能把神经索和脑神经节剖离。我把这些东西捣碎，做成富含髓磷脂的浓稠液体，以备分馏和离心。

我在实验室笔记本上认真做了记录。这是一个绿色的大本子，我有时把它带回家，方便晚上思考。事实证明，这是一个致命的错误。一天早上，我睡过了头，急着去上班，没有把摩托车架上的松紧带固定好。骑到布朗克斯区高速公路上的时候，这本记录了九个月详细实验数据的珍贵笔记本挣脱松散的束缚，从摩托车上飞了出去。我把摩托车停到路边，眼睁睁地看着笔记本被呼啸而过的车流一页一页地肢解。我想冲过去把它捡回来，但我试了两三次，实在胆战心惊，因为车流太密集，车速太快。我只能无奈地旁观它被撕成碎片。

到达实验室后，我自我安慰，至少髓磷脂还在；我可以分析它、在电子显微镜下观察它，然后重新生成部分丢失的数据。在接下来的几周里，我好好工作，小有成就，重新开始感到乐观。

虽然其间发生了一些意外，例如在神经病理学实验室里过分旋转显微镜的油浸镜，结果压破了几块玻片，而玻片上的样本没有备份。

更令我的上司们看不惯的是，我吃的汉堡到处掉屑，不但弄脏了我的实验工作台，还掉进了一台用于提炼髓磷脂样品的离心机。

然后，不可逆转的终极打击来了：髓磷脂不见了。我莫名其妙——也许我一不小心把它扫进了垃圾桶。无论如何，这个花了我十个月时间提取的微小样本再也没有找到过。

系里召开了一次会议：无人否认我的才能，但也没有人能否认我的缺点。我的上司们以一种亲切但坚定的口吻对我说："萨克斯，你在实验室里是个风险因素。你还是去看诊吧——危害会小点。"这就是我不光彩的临床生涯的开端。[1]

天使粉——多么甜蜜诱人的名字啊！当然，这个名字也具有欺骗性，因为它的效果可远非甜蜜。在20世纪60年代，我什么毒品都敢用，来者不拒。一位朋友洞悉我贪得无厌的危险好奇

---

[1] 也许我从未真正期望在研究上取得成功。在1960年给我父母的一封信中，我写到自己正在考虑要不要在加州大学洛杉矶分校医院从事生理学研究："我大概性情太多变、太懒散、太笨拙，甚至太不诚实，没法成为一个好的研究人员。我唯一真正喜欢的事情是谈话、阅读和写作。"

我还引用了刚刚收到的来自乔纳森·米勒的一封信。他这样评论他自己、埃里克和我："我和韦尔斯一样，被前景迷住了，又因为前景而不能动弹。我们仨唯一能够表现灵活优雅的地方在于思想和文字。我们对科学的热爱完全是文学性的。"——作者注

心,邀请我参加一个在东村某个顶楼举办的天使粉"派对"。

我到得有点晚,派对已经开始了。门一打开,我的眼前是一个极其超现实的疯狂场景。相比之下,"疯帽匠"的茶会①就是理智和得体的象征。参加派对的十几个人,个个面红耳赤,有的眼睛充血,有的步履蹒跚。有个男的一边尖叫一边在家具上跳来跳去,他大概认为自己是一头黑猩猩。另一个人正在为他旁边的人"梳理毛发",捏起想象中在后者手臂上爬的小虫子。还有一个人在地板上排便后用食指拨弄着乱涂乱画。两名客人一动不动,看上去像患有紧张性精神症。还有一位客人边做鬼脸边胡言乱语,听上去像精神分裂症患者的"呓语"。我打电话给紧急服务机构,然后所有的聚会者都被送往贝尔维尤医院;其中一些人不得不住院数周。我非常庆幸自己去得晚,没有服用天使粉。

后来,我在布朗克斯州立医院担任神经科医生,其间接诊过一些因为服用天使粉(苯环己哌啶,简称PCP)而诱发类似精神分裂症症状的病人,有时会持续几个月之久。有些人还会癫痫发作。此外,我发现其中许多人在服用天使粉之后,脑电图高度异常可长达一年。我的一个病人在和女友一起服用PCP时,杀害了后者,但事后一点都不记得。(多年后,我在《错把妻子当帽子》一书中记叙了这一非常复杂和悲惨的事件,以及同样复杂和悲惨

---

①《爱丽丝漫游奇境记》中的场景。

的遗祸。）

PCP问世于20世纪50年代，起初作为麻醉剂，但由于其可怕的副作用，到1965年已不再用于医疗。大多数致幻剂主要作用于血清素，而血清素是大脑众多神经递质中的一种。然而，PCP和氯胺酮属于另一个类型，它们损害神经递质谷氨酰胺，远比其他致幻剂更危险、更持久。众所周知，PCP不但会在大鼠大脑中诱发化学变化，还可能导致结构性病变。[1]

1965年的夏天对我来说是一个特别难熬、特别危险的时期，因为从加州大学洛杉矶分校医院住院医生涯结束到前往爱因斯坦医学院就职之前，我有三个月无所事事。

我卖掉备受信赖的宝马R60，去欧洲待了几周。在慕尼黑，我去宝马工厂买了一辆不太张扬的新摩托车，型号是R50。骑上它，我直奔慕尼黑附近的贡岑豪森小村庄，拜访我的一些先祖的墓地；这些先祖中有的担任拉比，并且改姓"贡岑豪森"。

然后我去了阿姆斯特丹。它一直是我最喜欢的欧洲城市，十年前我在那里接受了性洗礼，第一次体会了同性恋生活。此前几次去阿姆斯特丹的时候，我结交过一些人。这一次，我在某个晚宴上认识了一位年轻的德国戏剧导演，叫卡尔。他衣着优雅，口

---

[1] 你可能以为，消遣性吸食天使粉仅限于20世纪60年代。但我查看了美国缉毒局公布的最新数字，发现就在2010年还有超过五万名年轻的成年人和高中生在服用PCP后被送进急诊室。——作者注

齿伶俐，谈论起贝托尔特·布莱希特①来才思敏捷、知识渊博。他曾执导过布莱希特的许多剧本。我认为他很有魅力，受过良好的教育，但没有感觉到他在性方面有什么特别的吸引力，回到伦敦后也没有想过他。

因此，当几周后收到他寄来的明信片，建议我们在巴黎见面时，我很惊讶。（我母亲看到明信片，问我是谁寄来的。她可能有点怀疑。我说，"一个老朋友"，然后我们谁都没再继续说下去。）

这个邀请激起了我的兴趣，于是我骑着新摩托车走陆路，然后又搭渡轮去了巴黎。卡尔已经找好了一个舒适的酒店客房，里面有一张宽大的双人床。我们在巴黎过了一个长周末，不在观光就在做爱。我私藏了一些安非他明，在我们上床之前吞服了大约二十片。药效发作后，我感到之前没有的兴奋和欲望，做起爱来癫狂不已。我的热情久久不褪，令卡尔感到讶异，他问我怎么了。安非他明，我说。我还拿药瓶给他看。他很好奇，就吃了一颗，效果让他惊喜，于是又吃了一颗，然后又一颗。很快，他也像我一样被这东西弄得难以自禁，就好比用上了伍迪·艾伦的"性高潮发生器"②。我不知道过了多少个小时我们才精疲力竭地分开。小憩之后，下一轮做爱又开始了。

---

① 贝托尔特·布莱希特（1898—1956），德国戏剧家、诗人。
② 出自1973年伍迪·艾伦的科幻喜剧《傻瓜大闹科学城》（*Sleeper*，直译为"沉睡者"，与下一章节标题"觉醒"和萨克斯的另一部作品《睡人》呼应）。影片故事发生在2173年，当时人类的性交由机器代劳。一个远程控制装置可以控制放置在脊椎上的电极触发电击，从而引发瞬间性高潮。

鉴于当时的情况和安非他明的作用，我们像两只发情的动物般翻滚或许并不出奇。但我没有想到的是，这种经历会让我们彼此相爱。

10月回到纽约后，我给卡尔写了一封又一封狂热的情书，他的回复也同样狂热。我们都把对方理想化了，我们畅想未来共度漫长的、充满爱意与创造力的生活——卡尔作为一个艺术家实现自我，我则收获科研硕果。

但后来，我们的感情开始消退。我们扪心自问，鉴于安非他明的巨大催情作用，我们的共同体验是否真实？这个问题特别令我羞愧——坠入爱河本应是一件高洁的事，怎么可以跌落到纯粹的生理层面？

11月，我们在怀疑和肯定之间摇摆不定，心情从一个极端猛然振荡到另一个极端。到了12月，我们不再相爱，并且（虽然不后悔也不否认那突如其来的爱）无意继续通信。在我给他的最后一封信中，我写道："我记得那种亢奋的快乐，它猛烈、非理性……现在完全消失了。"

三年后，我收到卡尔的信，得知他将要搬来纽约。那时候我已经戒毒，很好奇我们再聚首会怎样。

他在河边的克里斯托弗大街租了一个小公寓。我一进门就闻到空气中弥漫着恶臭和浓重的烟味。当年优雅动人的卡尔居然胡子拉碴，蓬头垢面，一点都不讲究个人卫生。地板上放着一张脏兮兮的床垫，床垫上方的架子上堆着药盒。公寓里一本书都没有，根本看不出来他过去作为一名读者和导演的生活痕迹。他似乎对任何知识或文化都不感兴趣。他成了一个毒贩子,除了毒品和致幻剂如何拯救世界,不愿意讨论任何其他话题。他双眼浑浊、神情狂热。我既困惑又震惊。我在三年前遇到的那个优秀的、有天赋的、有文化的人怎么了?

我觉得恐怖,其中还有一部分是内疚。让卡尔接触毒品的人不就是我吗?我是不是在某种程度上应该对这个曾经高尚之人的沦落负责?此后我没有再见到卡尔。20世纪80年代,我听说他得了艾滋病,回到德国等待死亡的召唤。

我在加州大学洛杉矶分校医院当住院医生时,在锡安山医院时期的朋友卡罗尔·伯内特回到纽约担任儿科住院医生。我搬到纽约后,我们"再续前缘"。我们经常会在星期天早上去巴尼·格林格拉斯①("鲟鱼之王")吃熏鱼早午餐。卡罗尔在纽约上西区长大。小时候每逢星期天,她就会来这家食品店暨餐厅吃饭,周围的犹太人食客用意第绪语唠嗑,她听得久了,也慢慢学会说一口流利、地道的意第绪语。

1965年11月,我每天服用大剂量的安非他明,到了晚上因为无法入睡,又服用大剂量的水合氯醛催眠。有一天,我坐在一家咖啡馆里,突然产生了最为狂乱的幻觉。我在《幻觉》一书中有过描述:

---

① 纽约上西区著名犹太特色食品店暨餐厅,成立于1908年。

我正在搅拌咖啡，它突然变成绿色，然后又变成了紫色。我抬头一看，吓了一跳，只见一位正在收银台付账的顾客长出一个巨大的长鼻头，就像一头象海豹。我恐慌不已，把一张五美元的纸币扔在桌子上，跑出店门，过马路，跳上一辆公共汽车。可车上的乘客似乎个个脑门光洁如同巨蛋，双眼硕大闪亮宛如昆虫的复眼——还会突然抽动，强化了他们的可怕和陌生感。我意识到这是我大脑里产生的幻觉，但我无法阻止。面对周围的虫眼怪物，我必须至少保持表面镇静，不能惊慌、尖叫或紧张。

等我下了公共汽车，周围的建筑物都在左摇右摆，犹如风中的旗帜。我给卡罗尔打电话。

"卡罗尔，"电话一接通我劈头就说，"我想跟你告别。我疯了，精神错乱，脑子坏了。今天早上开始的，而且越来越糟糕了。"

"奥利弗！"她说，"你服了什么药物？"

"什么都没服，"我答道，"所以我吓坏了。"卡罗尔想了想，又问："你停了什么药物？"

"有道理！"我说，"我本来服用大剂量的水合氯醛，但是昨晚停药了。"

"奥利弗，你这个笨蛋！老是把事情做过头！"卡罗尔说，"你把自己搞出震颤性谵妄了！"

在我神志不清的四天里，一波又一波的幻觉和妄想不断威胁着要吞噬我。卡罗尔一直陪伴在我身边，照护我，支持我，她是我混乱破碎世界中的定海神针。

我第二次惊慌失措地给她打电话是在三年后。那天晚上，我开始感到有点头晕，头重脚轻，而且无缘无故地兴奋不已。我无法入睡，眼睁睁地看着自己皮肤上的小斑点变色，震惊万分。我当时的女房东是一位勇敢而又迷人的老太太，与硬皮病抗争了多年。这种疾病非常罕见，会使皮肤逐渐硬化和萎缩，导致肢体变形，有时不得不截肢。玛丽患此病已超过五十年。她自豪地告诉我，她是医学界已知存活时间最长的病例。半夜里，我的皮肤局部似乎改变了质地，硬得像蜡。我的脑海中闪过一个念头：我也得了硬皮病，"急性硬皮病"。事实上，我从来没有听说过这种病。一般而言，硬皮病是所有疾病中进程最缓慢的。然而，凡事总有第一例，我想我也会让业界吃惊，因为我是世界上第一例急性硬皮病患者。

我打电话给卡罗尔，她拿着黑色医生包来见我。看了我一眼——我发着高烧，身上长满水泡——之后，她说："奥利弗，你这个白痴，你这是在出水痘。"

"你最近触诊过带状疱疹病人吗？"她问。是的，我告诉她。就在十四天前，我在贝丝·亚伯拉罕医院为一个得了带状疱疹的老朋友检查过。"经验出真知，"卡罗尔说，"除了课本知识，你现在有了切实体会，带状疱疹和水痘源自同一种病毒。"

聪明、机智、慷慨的卡罗尔，从未被自己罹患的幼年型糖尿病打倒过，坚持不懈地同医学界对妇女和非裔群体的偏见做斗争。她后来成为西奈山医院的院长。多年来，她在确保女性医生和少数族裔医生受到尊重和平等对待方面发挥了关键作用。她永远不会忘记发生在锡安山医院外科手术室的那一幕。

　　我到纽约上班后，吸毒加剧。部分原因是我与卡尔的爱情不再，再有就是我的研究进展不顺利，后悔选择了科研道路。到了1965年12月，我已经养成请病假的习惯，常常接连几天缺勤。我不断地服用安非他明，进食很少，消瘦得厉害——三个月里瘦了将近80磅，以至于不敢直视镜子里憔悴的脸。

　　新年前夜，我在安非他明诱发的心醉神迷中骤然清醒。我对自己说："奥利弗，除非你找人帮助，否则你将看不到另一个新年。必须有人干预。"我觉得在我成瘾和自我毁灭的背后有非常深刻的心理问题。如果这些问题得不到解决，那么我还是会故态复萌，迟早会把自己搞死。

　　心理分析师奥古丝塔·博纳尔是我父母的朋友。一年多以前，我还在洛杉矶的时候，她曾建议我去见一位名叫西摩·伯德的心理医生。我很不情愿地去了。他问我："那么，什么风把你吹来了，萨克斯医生？"我冷冷地说："问博纳尔医生吧——她介绍我来的。"

　　我不仅抵触看心理医生，而且大部分时间都因为吸毒而精神恍惚。服用安非他明后，一个人可能会变得口若悬河，一切都似乎奇迹般地高速掠过，但旋即烟消云散，不留任何痕迹。

　　1966年初的情况则全然不同。我主动在纽约找了一位心理分析师，心知自己如果不寻求外人帮助便时日无多。起初，我对圣戈尔德医生持怀疑态度，因为他太年轻了。我想，一个没比我大多少的人能有什么生活经验、知识和治疗能力？但是，很快我就意识到这位医生才干超群、品性过人。他能穿透我的防线而不被我的花言巧语所迷惑。他认为我有耐力经受透彻的心理分析以及因移情产生的强烈但意味不明的情感，并从中受益。

然而，圣戈尔德从一开始就坚称，只有我放弃毒品，治疗才会有效。他说，只要我吸毒，我的心理就"遥不可及"；如果我不戒毒，他不会再见我。伯德医生可能也有这样的想法，但他一直不曾诉之于口，而圣戈尔德每次见我都会强调这一点。我被"遥不可及"的说法吓坏了，更害怕失去圣戈尔德的帮助。当时我还没有完全戒断安非他明，有时还处于半精神病状态。鉴于我哥哥迈克尔患有精神分裂症，我问圣戈尔德我是不是也患了同样的病。

"没有。"他回答。

那么，我得的仅仅是"神经症"吗？

"不是。"他回答。

我不再追问。我们不再讨论这个话题。一晃四十九年过去了，这旧事一直没有重提。

1966年是严峻的一年，因为我在努力戒毒——也因为我的研究毫无进展，而且我意识到它一直会毫无进展，我不适合当研究型科学家。

我觉得我会继续在毒品中寻求满足，除非我的工作能带来满足感——最好还能发挥我的创造力。对我来说，找到有意义的工作至关重要，而这份工作就是给人看病。

1966年10月，我开始从事临床工作，从那以后，自我感觉就好多了。我对病人很感兴趣，也关心他们。我开始体会到自己的临床和治疗能力。最重要的是，我能做主，能担责，这与当住院医生时截然不同。我减少了对药物的依赖，看心理医生时更能敞开心扉。

1967年2月，我又一次体验了吸毒的快感，也可以说是狂躁症发作。这一次很反常，有别于我之前吸毒后的兴奋。我突然醒悟，我有能力而且应该做一件事情：写一本有价值的关于偏头痛的书，或许此后还可以写别的。这并非一种朦胧的可能性，而是我在药物带来的兴奋中对未来的神经病学工作和写作形成的非常清晰的愿景，我的目标极其明确。直到今天，我还在践行它。

我再也没有服用过安非他明——尽管有时极度渴望（大脑因药物或酒精成瘾而产生的变化不可逆转，故态复萌的可能性和诱惑永远不会消失）。这样一来，我就不再"遥不可及"，心理分析得以进展。

事实上，我认为心理分析不止一次救了我的命。1966年那会儿，我的朋友们认为我活不到三十五岁。但多亏心理治疗、好友相伴、临床工作和写作带来的满足感，以及最重要的运气，我已经出人意料地活到了八十多岁。

五十多年来，我一直坚持每周见圣戈尔德医生两次。我们彼此以礼相待——我向来称他为"圣戈尔德医生"，而他总是叫我

"萨克斯医生"。但守礼是交流自由的前提。我在同我自己的病人相处时，也有同样的体会。因为守礼，他们可以告诉我一些在普通社交中无法启齿的事情，我也可以问一些通常不能涉及的问题。最重要的是，圣戈尔德医生教会了我如何集中注意力，如何捕捉潜意识，如何辨别言外之意。

1966年9月，我放弃实验室研究，开始在布朗克斯区的一家头痛诊所接诊有血有肉的病人，如释重负。我以为我的主要关注点将是头痛，但我很快发现，病情可能要复杂得多，至少在所谓的患有典型偏头痛的病人身上是这样。它不但让病人痛苦不堪，还会引发大量的其他症状，几乎是一部神经病学的百科全书。

许多病人告诉我，他们找过内科医生、妇科医生、眼科医生等，但对方并没有给出应有的重视。这让我感到美国的医疗体系似乎出了问题：专科医生所占的比例越来越高，而处于金字塔底层的初级保健医生的数量越来越少。我父亲和我的两个哥哥都是全科医生，我并不自认是偏头痛方面的超级专家，而是这些病人一得病就来找的普通医生。我有必要也有责任询问他们生活的方方面面。

我接诊过一位青年男子，他每到星期天就会犯伴有恶心的头痛。据病人自述，头痛发作前，他眼前会闪过锯齿形条纹。显然，这是典型偏头痛。我告诉他，我们有治疗这种病的药物，如果他一看到眼前出现锯齿形条纹就在舌下含一片麦角胺，偏头痛就有可能中止。一周后，他激动万分地给我打电话。药片有用，他没头痛。他说:"上帝保佑你,医生!"我想:"天哪,治病救人不是很容易吗?"

下一个周末,他没有来电,我想知道他过得怎么样,就给他打了电话。他语调平平地告诉我,药片再次奏效了,可紧接着他冒出一个奇特的抱怨:他很无聊。在过去的十五年里,因为偏头痛,每一个星期天他都是主角,他的家人会来照顾他,他是大家关注的焦点,而现在他享受不到这一切了。

一周后,我接到他姐姐的紧急求助电话,说他哮喘严重发作,正在吸氧并接受肾上腺素注射。听她的语气,这似乎是我的错,我"惹出了麻烦"。当天晚些时候,我去看望病人。他告诉我,他小时候曾经得过哮喘,但后来被偏头痛"取代"了。我错过了他病史中的这个重要环节,因为我在接诊时只顾当前症状。

"我们可以给你开些哮喘药。"我提议说。

"不用,"他答道,"我去弄点别的就好。"

"您觉得我需要在星期天生病吗?"

我被这个问题吓了一跳,但回答的是:"咱们来讨论讨论。"

接下来,我们花了两个月的时间探讨他在星期天生病的假定必要性。在此过程中,他的偏头痛症状越来越轻,最后几乎消失了。对我来说,这个例子说明,无意识的动机有时可能会与生理倾向同时发生作用。我们不能孤立地看待某种疾病或治疗方法,必须考虑病人的生活背景、整体模式和运转情况。

另一位来头痛诊所看病的年轻病人是数学家,他也每逢星期天偏头痛。他从每个星期三开始变得紧张易怒,到星期四情况更糟；到了星期五，他无法工作；到星期六，他感到极度痛苦；而到了星期天，他会犯可怕的偏头痛。然而，随着星期天下午的到来，偏头痛会消失。有时，随着偏头痛的消失，他会出一身轻汗，或者排出几品脱的浅色尿液，这几乎就像生理和情感层面上都得到了宣泄。随着偏头痛和紧张情绪的消失，他感到自己神清气爽，焕然一新，平静而富有创造力。星期天晚上、星期一和星期二，他会从事具有高度原创性的数学研究工作，然后又开始变得易怒。

我给这个人用药，治好了他的偏头痛，但他的数学才华也散尽了。我打破了这个从疾病和痛苦到超自然式的健康和创造力的周而复始的奇特循环。

天下没有两个一样的偏头痛患者，所有偏头痛患者都是特别的。治疗他们的过程才是我真正的医学学徒期。

偏头痛诊所的负责人颇有名望，他叫阿诺德·P. 弗里德曼，写过很多关于偏头痛的论著。他经营这家诊所——同类诊所中的第一家——已经有二十多年。我觉得弗里德曼对我有好感。他认为我很聪明，我觉得他希望我成为他的门徒。他对我很友好，为我安排了比其他人更多的门诊时间，发给我的工资也比别人略高一点。他把我介绍给他的女儿，我甚至怀疑他有意招我做女婿。

然后，我俩之间出现了一个奇怪的插曲。每到星期六上午，我都会和他见面，向他报告我本周接诊的有趣病例。1967 年初的一个星期六，我告诉他，有一位病人在眼前闪过锯齿形条纹之后并不头痛，而是出现了严重腹痛和呕吐。我说我曾经见过其他几个这样的病人，他们的症状显然从头痛转为腹痛。我不知道是否应该把维多利亚时代的旧术语"腹型偏头痛"翻出来用。一听这话，弗里德曼脸色大变。他涨红了脸嚷起来："'腹型偏头痛'？你这是什么意思？我们是头痛诊所。'偏头痛'这个词来自拉丁语 hemi-crania，意思是头部的疼痛！别跟我瞎扯头不痛的'偏头痛'！"

我吃了一惊，不再继续说下去。（我后来写的《偏头痛》一书开篇就强调头痛绝不是偏头痛的唯一症状，又在第二章专门讨论没有头痛症状的偏头痛，部分是拜这件事所赐。）不过，这只是一次较小的冲突。1967年夏天的那次才叫激烈。

我在《幻觉》一书中写过，1967年2月，我在服用安非他明后灵感迸发，把爱德华·利文宁[①]写于1873年的著作《论偏头痛》从头到尾读了一遍，然后决心写一本类似的书，一本我自己的偏头痛专著，反映20世纪60年代的偏头痛现状，收录我亲自看过的众多病例。

1967年夏天，也即在偏头痛诊所工作了一年之后，我回英国度假。在几周时间里，我就写出了这本关于偏头痛的书，连我自己都大为讶异。我并没有规划过，但突然间就下笔如有神。

我从伦敦给弗里德曼发了一封电报，告诉他我不知怎的就

[①] 爱德华·利文宁（1832—1919），英国医生。

写完了一本书，还拿给英国的费伯出版社（该出版社出版过我母亲的一本专著）看过了，他们有意出版。①我希望弗里德曼能喜欢这本书并为它写个序。结果他回了一封电报："停！不要轻举妄动。"

等我回到纽约，弗里德曼的态度一点都不友好，他看起来相当不安。他粗暴地从我手中夺过手稿。他反应强烈：你以为自己是谁？居然敢写一本关于偏头痛的书。太自以为是了！我说："实在抱歉，书就这样写出来了。"他说他会把手稿寄给一个在偏头痛界地位很高的人审阅。

他的反应让我非常吃惊。几天后，我看到弗里德曼的助手在复印我的手稿。我没有太在意，只是注意到了这一点。大约三周后，弗里德曼给了我一封来自审稿人的信，信中所有发件人的可辨特征都已经被删除。信里没有任何真正有建设性的批评意见，从头到尾都在恶毒地批判书的风格和作者本人。我告诉弗里德曼我的观感，他回答说："恰恰相反，他完全正确。你的书就是这样的，就是一本垃圾。"然后他下了禁令，不许我查阅我以往记下的所有病例记录，他会把东西都锁起来。他警告我不要再想着出书，如果我一意孤行，他不但会解雇我，还会让我在美国再也找不到神经科的工作。当时他是美国神经病学协会头痛分会的主席，如果没有他的推荐，我确实找不到另一份

---

① 不过，费伯出版社有位审稿人做了一个独特的点评。他说："这本书太浅显易懂了。读者会怀疑的——请改得专业点。"——作者注

工作。

我向父母说明了弗里德曼的威胁,希望得到他们的支持。但我父亲的回复在我看来相当懦弱。他说:"你最好不要激怒这个人——他可能会毁了你的一生。"于是,在接下来的几个月里,我忍气吞声。这几个月算得上我人生中的一段黯淡时光。我继续在偏头痛诊所看诊。终于,1968年6月,我决定不再忍受。我和看门人商量好,让他夜间放我进诊所。在午夜和凌晨3点之间,我取出我自己做的病人记录,费力地用手抄写,能抄多少是多少。然后,我告诉弗里德曼,我想回伦敦度个长假。他立即质问:"你是不是又要去写你那本书?"

我说:"我必须做这件事。"

"这会是你能做的最后一件事。"他说。

我惶然回到了英国,吓得全身都发着抖。一个星期后,我收到了他解雇我的电报,抖得更厉害了。但后来,一种完全不同的情绪浮上心头。我想:"我解放了,从此可以想干什么就干什么了。"

现在我可以自由地写作了,但我也有一种强烈的、为了赶截稿时间几近发狂的感觉。我对1967年的手稿不满意,决定推倒重来。当时是9月1日,我对自己说:"如果我在9月10日没把完成的手稿送到费伯出版社,就只能自杀。"在这种威胁下,我着手写作。过了一天左右,威胁感就消失了,取而代之的是写作的快乐。我已经戒毒,但那一段时间我异常兴奋,精力充沛。我感觉写书时几乎像有人在我耳边口述,一切都迅速而自动地组织成文字。我每晚只睡几个小时。9月9日,比计划提前一天,我把书送到了费伯出版社。他们的办公室在大罗素街,靠近大英博物馆。手稿送到后,我走进大英博物馆。欣赏文物——陶器、雕塑、工具,特别是书籍和手稿,它们的寿命远比它们的创造者长——的同时,我也萌发了一种感觉,我也创造了一件作品,也许它微不足道,但它真实存在,即使在我辞世后也可能会继续留存。

在弗里德曼和我自己的双重威胁下写出这一本书给我的感受前所未有地强烈。这是一种创造出了真正的、有价值的作品的感受。回到纽约后,我快乐得飘飘欲仙。我想大声喊:"哈利路亚!"但我太腼腆了。于是我每天晚上都去听音乐会——莫扎特的歌剧和菲舍尔-迪斯考①演唱的舒伯特的作品,觉得自己兴高采烈,活力四射。

在1968年秋天那激动人心的六周里,我写作不辍,自认为还可以在《偏头痛》里对可被视为偏头痛发作视觉先兆的在病人眼前闪烁的几何图形进行更详细的描述,并对病人大脑中可能发生的活动做一些推测。我把这些兴奋中写下的补遗发给威廉·古迪。他是一位英国神经病学家,为我的书写了一篇亲切有趣的前言。古迪说:"不——就这样吧。你的书保持原貌就好。你还

---

① 菲舍尔-迪斯考(1925—2012),德国男中音歌唱家、指挥家。

会在未来几年里反复完善这些想法的。"[1]我很高兴他保护了这本书免受我的无度与盛气凌人的影响。我想那时的我已经近乎狂躁了。

我和我的编辑通力合作,找人绘制插图,编订参考书目。到了1969年春天,万事俱备。可惜1969年当年和1970年这本书都没能出版,我感到越来越沮丧和愤怒。最后,我聘用了文稿代理人英尼斯·罗斯。他给出版商施加了一些压力,后者终于在1971年1月推出了这本书(虽然扉页上的版本说明里写着1970年)。

我为了它的出版回到伦敦,其间像往常一样住在梅佩斯伯里路37号。出版当日,我父亲走进我的卧室,脸色苍白,浑身颤抖,手里拿着《泰晤士报》。他用恐惧的语气说:"你上报了。"报上有一篇非常正面的随笔式书评,称《偏头痛》"观点周全、信息可靠、文笔出众"等。但我父亲并没有被打动。在他看来,如果我的名字上了报纸,那么即使我没有犯下什么愚蠢的罪行,也一定行为严重不当。在当时的英国,如果哪一位医生犯下"四宗罪"(酗酒、成瘾、通奸或者打广告)中的任何一宗,都有可能被取消行医资格。我父亲认为,在大众媒体上对《偏头痛》一

---

[1] 事实上,我在1992年对这本书进行了补充,部分原因是我参观了一个关于偏头痛艺术的展览,还有部分原因是同我的朋友拉尔夫·西格尔进行了讨论。西格尔是一位非常优秀的数学家和神经科学家。(二十年后,也即2012年,我在创作《幻觉》一书时从另一个角度重新审视了偏头痛先兆的问题。)——作者注

书的评论可能会被视为广告。我成了公众人物，招摇过市。他自己总是，或者说认为自己是"低调"的。他的病人、家人和朋友了解他、爱戴他，但对这以外的世界来说，他并未留下姓名。而我越界了，犯规了，他为我担心。这与我自己的感受不谋而合。在那些日子里，我经常眼睛一花，把"出版"（publish）这个英文单词看成"惩罚"（punish）。我觉得，我出版任何东西都会受到惩罚，但我抑制不住出版的欲望，这种思想斗争让我几近崩溃。

我父亲把名声好、被人尊重放在首位——认为它们比任何世俗意义上的成功或权力更重要。他本人非常谦虚，甚至到了自我贬损的地步。他其实业务精湛，是一位出众的诊断专家，专科医生们经常把最令他们困惑不解的病例转诊给他，因为他们知道他有一种不可思议的能力，有时能做出出人意料的诊断。[①]我父亲对此轻描淡写。但他能从自己的工作、地位、良好名誉和声望中获得安心和平静的幸福感。他希望他所有的儿子们，无论我们从事什么行业，也都能为自己赢得好名声，不要玷污萨克斯这个姓氏。

[①]1972年，我们的表亲阿尔·卡普向爸爸咨询，因为他的一系列奇特症状让他的医生束手无策。当他们见面握手时，我父亲看了他一眼，说："你在服用肼屈嗪吗？"（这是一种当时用于控制高血压的药物。）"是的。"阿尔惊讶地说。
"你有全身性红斑狼疮，是肼屈嗪引起的。"我父亲解释说，"幸运的是，这种药物诱发的病症完全可以逆转。但如果你不停药，它会要了你的命。"
阿尔认为，我父亲闪电般的直觉救了他的命。——作者注渐渐地，我那刚看到《泰晤士报》上的评论时惊慌失措的父亲放下心来，因为医学专业刊物上也有了对《偏头痛》的好评。毕竟，19世纪诞生的《英国医学杂志》和《柳叶刀》都是由医生们创建、为医生们服务的。我想，彼时的他开始松动，转而认为我的书还挺像样的，而且我坚持到底也没错，尽管我为此丢了工作（如果弗里德曼的势力与他的威胁相称的话，也许我在美国神经病学界再也找不到其他工作）。

我母亲从一开始就喜欢这本书。多年来，我第一次感到父母站在自己这边。他们离经叛道的儿子在行为不检、淘气犯傻多年之后总算走上了临床正途——想来我身上还是有些优点的。

我的父亲过去经常以一种开玩笑式的自嘲说，他是"优秀的妇科医生埃尔茜·兰多的丈夫"，要么是"阿巴·埃班[①]的舅舅"。[②] 现在，他开始自称"奥利弗·萨克斯的父亲"。

我想，我可能低估了我的父亲，就像他低估了他自己一样。在他去世数年后，英国首席拉比乔纳森·萨克斯（与我们家族没

[①] 阿巴·埃班（1915—2002），被誉为以色列外交之父。
[②] 阿巴·埃班也以我父亲为傲。他为我父亲在《犹太纪事》周刊上写过一份讣告，其中提到这样一件事：
我记得在1967年，"六天战争"结束后，我从联合国返回以色列，途经伦敦。我乘坐的出租车在等红灯，正好与隔壁车道的另一辆出租车平行。我的司机向他的同事喊道："你知道我车上载了谁吗？萨克斯医生的侄子！"
我当之无愧地接受了这一赞誉，当然也为山姆叔叔感到骄傲。他以他特有的兴致勃勃给人讲这个故事，一讲就是好几个月。——作者注

有任何关系)写信给我,信中内容令我大吃一惊并深受感动:

> 我认识你已故的父亲。我们曾多次在犹太教堂中并肩而坐。他是一位真正的义者——我认为他是三十六位"隐世的义者"之一,他的善良支撑着这个世界。

即使在他去世多年后的今天,仍有人来找我或写信给我,向我讲述他的故事。说他们(或他们的父母或祖父母)在他行医的七十年间曾是他的病人。还有人不确定地问我是不是萨克斯的亲属,在怀特查佩尔①大家都这么叫他。我很高兴也很自豪能够回答"是"。

《偏头痛》出版后,我的几位同事困惑不解地来信问我,为什么我之前要用 A.P. 弗里德曼的笔名发表书中一些章节的早期版本。我回信说,我没有做过这种事情,他们应该去问纽约的弗里德曼医生。弗里德曼愚蠢地认为我会放弃出版这本书,他错了。《偏头痛》一问世,他应该意识到自己有麻烦了。我从此再也没有同他说过话,也没有见过他。

我认为弗里德曼有一种自己是主人的错觉,错以为拥有对偏头痛这个主题的解释权,还错以为诊所是他的,在诊所里工作的每个人都应该对他唯命是从,还得双手奉上自己的思想和研究成

---

① 伦敦东区塔村区的一个区域。

果。这个痛苦的故事——对双方来说都是痛苦的——并不罕见：科学界的一位如父的长者和他的年轻后生发现他们的角色颠倒了，因为后生开始超越长者。这种情况发生在汉弗莱·戴维和迈克尔·法拉第身上——戴维起先给予法拉第各种鼓励，然后试图阻断他的事业。这种情况也发生在天体物理学家阿瑟·爱丁顿和他出色的年轻门生苏布拉马尼扬·钱德拉塞卡身上。我不是说我能同法拉第或钱德拉塞卡比肩，弗里德曼也不是戴维或者爱丁顿，但我认为同样致命的动力在起作用，只不过我们所在的层面更卑微。

海伦娜·佩尼娜·兰多，也即我的姨妈伦尼，生于1892年，比我母亲大两岁。我外祖父和他第二任妻子生下的十三个孩子都很亲近。即使天各一方，他们也会经常彼此通信。但伦尼和我母亲尤为亲密，这种关系一直持续到她们的生命尽头。

我母亲七姐妹中有四位——安妮、维奥莱特、伦尼和杜奇——创办了学校。①（我母亲埃尔茜当了医生，她是英国第一批

---

① 最年长的安妮·兰多于1899年离开生活舒适的伦敦前往巴勒斯坦。她在那个新地方举目无亲，但决心为耶路撒冷的英裔犹太女孩提供通识教育。当时，这些女孩中的大多数都是贫困的文盲，无处上学，小小年纪就被迫成婚或卖淫。我姨妈为她们奔走呼吁，她对妇女教育的热情逾越了各种文化和政治障碍。她举办的聚会汇集了知名的犹太人、阿拉伯人、基督徒和英国委任官员，具有传奇色彩。她执掌了四十五年的学校为现代耶路撒冷的发展留下了持久的遗产。[安妮·兰多的生平和她创办的学校（埃维莉娜·德罗斯柴尔德学校）的历史可参见劳拉·S.朔尔撰写的《耶路撒冷最好的学校：安妮·兰多女童学校，1900—1960》。]——作者注

女外科医生之一。)伦尼起初在伦敦东区当老师,后于20世纪20年代创办"犹太特殊儿童自由学校"("特殊"涵盖从自闭症到哮喘的一切症状,甚至有可能只是"神经紧张")。学校位于柴郡的德拉梅尔森林。因为"特殊儿童自由学校"名字太长,其首字母缩写"JFAS"又发音拗口,所以我们都用"德拉梅尔"来指代。我喜欢去那里,跟"特殊"的孩子们打成一片;在我看来,他们并不特殊。每个孩子(连我这个访客)都被分配到一块四四方方的校内土地,被一堵低矮的石头墙隔开,我们爱在里面种什么就种什么。我喜欢和我姨妈或者她的同事们一起在德拉梅尔森林里研究植物(马尾草尤其让我记忆犹新),也喜欢在小而浅的哈奇米尔池塘里游泳("记忆中永远美妙的哈奇米尔",我的姨妈在离开德拉梅尔很久之后曾经这样写道)。在可怕的战争年代,我被疏散到布雷菲尔德学校。我多么希望能够身在德拉梅尔啊!

伦尼在德拉梅尔工作了近四十年后于1959年退休。1960年底,她在伦敦一个小公寓住下。但那时我已经去了加拿大和美国。在20世纪50年代,我们之间写过四五封信。而当我们远隔重洋之后,我们才开始频繁地互写长信。

伦尼在1955年5月给我写了两封信——第一封是对我给她寄去的《种子》杂志的回复。这份短命的杂志(出了一期就没了下文)是我在牛津大学的第三年和几个朋友一起办的。

"我非常喜欢《种子》,"伦尼写道,"我喜欢它的整体策划——封面设计、精美的纸张、出色的印刷,以及你们所有撰稿人的语感,严肃也好欢快也好……要是我说你们年轻真好(当然,还活力四射),你会不会感到沮丧?"

这封信像她所有的信一样,以"最可爱的玻尔"(偶尔"玻利弗")开篇。而我的父母总是严谨地写"亲爱的奥利弗"。我不觉得她用"最可爱的"这个词很随便;我觉得她非常爱我,而我也非常爱她。这是一种毫不含糊的、无条件的爱。不论我写了什么,她都不会感到厌恶或震惊。她似乎有无穷无尽的同情心、理解力,她的心胸无比慷慨和宽广。

她旅行的时候会给我寄明信片。"我正在格里格①的花园里沐浴着灿烂的阳光,"她在1958年写道,"俯瞰神奇的峡湾。住在这种地方,难怪他会有创作音乐的灵感。(你不在这里真是太可惜了。这儿有许多令人愉快的年轻人……我们年龄、性别不一,但相处融洽。)"

巧合的是,我也在1958年去了挪威,住在奥斯陆峡湾一个叫"克洛克霍蒙"的小岛上(我的朋友吉恩·夏普在那里有座小房子)。"当我收到你从克洛克霍蒙寄来的田园诗般的明信片时,"伦尼写道,"我把你想象成鲁滨逊,希望我是你的仆人'星期五'"。她在信的最后祝愿我"12月的期末考试一切顺利"。

1960年对我们两人来说都是剧变的一年。伦尼在领导德拉梅尔近四十年后退休,而我则离开了英国。当时我二十七岁,她六

---

① 爱德华·格里格(1843—1907),挪威作曲家。

十七岁，但我们都觉得新生活开始了。伦尼决定在定居伦敦之前进行一次悠闲的环球旅行，而当我收到她从"斯特拉斯莫尔号"船上发出的信件时，已经抵达加拿大。

"我们明天就到新加坡了，"她写道，"（离开珀斯后的）这几天，除了嬉水的海豚，还有壮观的信天翁鸟群跟随我们……它们时而俯冲时而高飞，翼展巨大，优雅异常。"

10月，我开始在旧金山上班，再次收到她的来信："我很高兴收到你的信……看来你已经为你那不安分又乐于探索的灵魂找到了更好的出口……我想你。"转达完来自我母亲的信息后，她补了一笔："她最喜欢的室内运动仍然是为你收拾包裹！"

1961年2月，伦尼写到了我哥哥迈克尔不断反复的病情："我从未像现在这样担忧迈克尔的状况，而令我羞愧的是，我对他的怜悯变成了反感和恐惧。你母亲不顾一切地保护他，像是在暗示（虽然我希望我的感受没有表现得太明显），除了迈克尔之外，每个人都不合群。"

迈克尔小时候，伦尼曾经很喜欢他。她像安妮姨妈一样，欣赏他智力方面的早熟，对他想要的书籍有求必应。但现在，她觉得我的父母拒不承认情况的严重性和危险性。"在他回巴尼特（一家精神病院）之前的那几周，我担心他们的人身安全。多么可悲又不幸的生活"。迈克尔当时三十二岁。

伦敦的房租很高，而伦尼没有存下多少钱（"像你一样，钱从我的手指缝里溜走"）。她几经努力，在温布利找到了一个公寓。"我想你会喜欢我这个小公寓的。我喜欢有自己的家，这让失去德拉梅尔的伤感有所缓解。在我写这封信的时候,窗外的扁桃树正开着花,还有番红花、雪花莲和几株早开的水仙花。甚至还有一只苍头燕雀,它假装春天来了,唱得正欢。"

她在信中提到,人在伦敦,看戏方便多了。"期待着明天晚上去看哈罗德·品特[①]的《看管人》……这些新兴的年轻作家措辞不如我这一代人精炼和优雅,但他们言之有物,铿锵有力。"她也喜欢甥孙一辈的孩子们——特别是我哥哥戴维的孩子,就像当年喜欢我们这一辈那样。

1961年5月,我把《加拿大:按下暂停键,1960》的手稿寄给她,里面记录了我在加拿大游历的见闻。同时我还寄去了一本日记(即《99》),是关于一次从旧金山到洛杉矶的夜行的。从某种意义上说,它们是我的第一批"作品"——虽然文笔刻意又矫揉造作,但我希望有朝一日能发表。

"我收到了你的日记摘录,写得太好了,"伦尼写道,"我大为震撼,忍不住张大了嘴巴。"除了汤姆·冈恩,我没有向其他人展示过这些作品,而伦尼姨妈的热情回应,虽则其中也包含一些批评,但对我来说至关重要。

伦尼特别喜欢乔纳森·米勒和他的妻子蕾切尔,而他们也喜欢她。她写道:"乔纳森还是那个纯真、质朴、复杂、聪明、可

[①] 哈罗德·品特(1930—2008),英国剧作家、导演,2005年获得诺贝尔文学奖。

爱而邋遢的天才——就像你……有一天下午，我们在梅佩斯伯里聊了很久……他在有限的生命里做了那么多有意思的事情，太不可思议了。"

她很喜欢我寄去的加州的照片。我骑摩托车远行的时候总是带着相机，拍下来的加州风景照片给她寄去了不少。"照片太棒了！"她写道，"我从澳大利亚回国途中，曾经短暂访问过希腊，你的照片像那里的风景一样迷人……骑你那匹马的时候要小心！"

1962年初，我把《旅途快乐》寄给伦尼，她很喜欢，但认为我受卡车司机们的影响，"他妈的"和"狗屁"用得太多了。我觉得这样的表述很有异国情调，非常美国化——在英国，我们恼火的时候顶多说一声"好家伙"，但伦尼认为它们"用得太多了，就很无聊"。

1962年11月，她写道："你妈妈又开始做手术了（她在今年早些时候髋关节骨折）。她很高兴，不再感到沮丧。你爸爸还是那么可爱、古怪和邋里邋遢，无论去哪里都会落下东西：眼镜啦，针筒啦，笔记本啦……一双双好心人的手把它们收集起来送还给他，仿佛这是一种至高无上的荣誉。"

得知我将在神经病学专业会议上宣读论文——这是我首次闯入学术界，伦尼非常激动，但是又写道："对你又在健身增重并不感到开心——你体重正常的时候多帅呀。"

几个月后，我向她提到我此前的抑郁。"我知道我们大家都时不时地深受其害，"伦尼写道，"好了，从现在开始不要再抑郁。

你有那么多优点——人聪明，有魅力，长得好看，懂幽默，还有一大群信任你的人。"

从我很小的时候起，伦尼对我的信任就很重要，因为我认为我的父母不信任我，而我自己也没多大自信。

走出抑郁后，我给伦尼寄了一包书。她回信责备我"花钱大手大脚"的同时又"衷心感谢我最喜欢的外甥"（我喜欢这句话，因为伦尼当然是我最喜欢的姨妈）。她继续写道："想象一下，我舒舒服服地坐在壁炉旁，手边放着一碗桔萃，沉浸在亨利·詹姆斯优雅华美的作品中，不知不觉已近凌晨。"这封信的部分内容难以辨认——"不，我没有老得写不动信，我这是在试用一支新钢笔。原先用了五十年的那支笔丢了"。

她一直用粗笔尖的钢笔写字（五十年后，我还在用这样的钢笔）。"亲爱的玻尔，"她最后说，"愿你幸福。"

"我听说你在巨浪下死里逃生，小疯子。"她在1964年写道。此前我写信告诉她，我被巨浪拍到威尼斯海滩上，肩膀脱臼，得亏我的朋友切特救了我。

她希望我给她寄一些我写的神经病学论文。"我一个字也看不懂，但我会为我那爱搞笑的、聪明的、讨人喜欢的外甥而骄傲"。

就这样，我们通过信件保持来往，每年能写七八封。我在信中给伦尼讲述了离开加州来到纽约的第一印象：

这确实是一个神奇的城市，五光十色、激动人心，既宽广又深邃——像伦敦；虽然这两个城市又迥然不同。纽约是点状的，闪烁的，好比从夜航飞机上俯瞰到的城市：它是由不同品味、人、时代和风格镶嵌成的马赛克，是一幅硕大的城市拼图。而伦敦是一座经历过多次演化的城市，今日的伦敦如同透明胶片般覆盖在一层又一层的过往之上，就像施里曼①发掘的特洛伊城，或者地壳那样。但话又说回来，尽管纽约充斥着华丽的人工合成制品，但奇怪的是，它也有老式的、保守的一面。纽约高架铁道巨大的桁架由19世纪80年代的铁路幻化而来，克莱斯勒大厦的小龙虾尾巴折射出爱德华时代的虚荣。每当看到帝国大厦，我就会想象到金刚②的巨大身影攀爬而上。东布朗克斯区就像20年代初（犹太人散居到戈尔德斯格林之前）的伦敦怀特查佩尔地区。

伦尼在信里写家庭活动、她读过的书和看过的戏剧，还有她充满活力的徒步旅行。她直到七十多岁仍然对山地徒步兴致勃勃。彼时，她终于有闲暇去探索爱尔兰、苏格兰和威尔士的荒野地区了。

除了写信，她还给我寄多塞特郡某个奶牛场独家出品的蓝纹奶酪。我很喜欢这种奶酪，认为它胜过斯蒂尔顿干酪。她每个月给我寄一个散发着轻微臭味的包裹，里面放着四分之一个蓝纹奶

---

①海因里希·施里曼（1822—1890），德国考古学家。
②1933年电影《金刚》中的猿型巨大怪兽。

酪，令我雀跃不已。她从我在牛津的时候就开始给我寄这些东西，十五年后还在寄。

1966年，伦尼写信告知我母亲第二次髋关节手术的情况。她写道："你妈妈这一周过得很艰难……你爸爸忧心忡忡。"但一切都很顺利——我母亲先用腋杖，然后改用手杖。在下一个月的来信中，伦尼写道："她坚韧不拔，令人难以置信。"（在我看来，我母亲和她娘家的兄弟姐妹们个个生来坚韧不拔。）

1967年初，我读完利文宁的《论偏头痛》一书后，决意动手写一本同主题的著作。我把这个打算告诉伦尼，她很兴奋。从我的童年时代起，她就觉得我能够而且应当成为"一名作家"。我告诉她弗里德曼对我的手稿的反应，以及我父亲认为我应该遵从弗里德曼的意见，但伦尼不同意。她像所有兰多家族的人一样，头脑清晰，而且绝不改变自己的态度。

"你那位弗里德曼医生，"她在1967年10月的信中写道，"听上去很不讨人喜欢。但别为他生气。相信你自己。"

1967年秋天，我父母从澳大利亚返回英国途中来纽约小住；他们刚刚看望完我大哥马库斯和他的家人。我们的父母一直牵挂我，而现在他们亲眼看到我的职业生涯顺风顺水，我对病人热忱以待并得到后者的赞赏——我哥哥戴维几个月前到访纽约后向他们报告说，我受到了病人的"爱戴"，而且我笔耕不辍地记录我接诊的异乎寻常的脑炎后综合征患者。几周后，伦尼写道："你爸妈到家了。在看过他们的小儿子和大儿子各自定居地的生活现状之后，他们精神抖擞。"她又说，马库斯从澳大利亚给她写来一封"饱含抒情诗般狂喜"的信，信中还提到了他的宝贝女儿。

到1968年，更大的威胁迫在眉睫——越南战争和征兵力度的加强。我受传唤去参加了军方的面试，但我设法说服了当局，我不是当兵的材料。

"让我告诉你，你能保持平民身份，我们都很欣慰，"伦尼写道，"这个越南战争一天比一天血腥，就像网一样越缠越紧……你对这个世界面临的一团乱局（以及偶尔发生的好事）有什么看法？请写信给我，让我知道你的情况。"

觉醒

1966年秋天，我开始在贝丝·亚伯拉罕医院看病。这是一家阿尔伯特·爱因斯坦医学院的附属慢性病医院。我很快意识到，在该医院的五百名住院病人中，约有八十名分散在不同病房的病人是20世纪20年代初席卷全球的流行性甲型脑炎（又称昏睡性脑炎）的幸存者。昏睡性脑炎夺去了成千上万人的性命，而那些表面康复的人往往会患上奇特的脑炎后综合征，有时候过了几十年才发作。许多幸存者处于深度帕金森病状态，一些人表现出紧张性精神病症状——他们并非没有意识，而是在疾病阻断了大脑某些区域后意识就凝滞了。我得知有些病人的此种病情已经持续了三四十年，惊诧不已——事实上，1920年创办这家医院的初衷就是为了照护首批脑炎后综合征患者。

20世纪20年代和30年代，世界各地都在建造或改建医院，以收治脑炎后综合征患者。其中一个医院，即伦敦北部的高地医院，最初专门接待发烧病人，占地面积很大，建了几十个分馆式病房，但后来挤进了近两万名脑炎后综合征患者。然而，到了20世纪30年代末，大多数被感染的病人已经死亡，而这种疾病本身——曾经作为头版新闻出现——也几乎被人遗忘。医学文献中很少有关于奇特的、症状可能要到几十年后才会外显的脑炎后综合征的报告。

熟悉这些病人的护士们相信,在他们雕塑般的外表——禁锢——下是完整的思想和人格。护士们还提到,病人们可能偶尔会从冻结状态中获得短暂的解放。例如,音乐可以让病人表现出生气。虽然他们不能走路,但他们能跳舞;虽然他们不能说话,但他们能唱歌。此外,在极少数情况下,一些病人可能会不自主地、突然地、以闪电般的速度运动,即所谓的"运动悖论"。

这种疾病让我着迷的地方在于,它在每个病人身上的表现都不一样,而任何表现都有可能——那些在20世纪20年代和30年代研究它的人称它为"魔术幻景",真是恰如其分。它是一种综合征,囊括发生在神经系统各个层面的各种障碍,而这些障碍可以比任何其他疾病更好地揭示神经系统的组织方式、最原始层面的大脑功能和行为。

我在脑炎后综合征患者的病床间穿行,有时觉得自己像一位步入热带丛林的博物学家,而这个丛林或许极其古老。我目睹了史前的、类人猿的行为——梳理毛发、抓挠、舔舐、吸吮、喘息,以及一整套奇特的呼吸和发音行为。这些都是应激后从生理迷失中被唤醒的"化石行为",是早期进化的残余。病人原始的脑干系统已经被脑炎破坏,变得敏感,现在又被左旋多巴"唤醒"。[1]

---

[1] 麦克唐纳·克里奇利在为维多利亚时代的神经病学家(兼业余植物学家)威廉·R.高尔斯立传时写道:"对他来说,神经病患者就像热带丛林中的植物群。"我和高尔斯一样,有时会把我的罹患罕见障碍的病人们看作各个不同的、非凡的生命形式。——作者注

我花了一年半的时间进行观察和记录，有时还为病人摄影和录音。那段时间让我加深了对他们的理解。他们不仅是病人，也是人。他们中有许多人被家人遗弃，除了护理人员外，与他人没有任何联系。直到把他们在20世纪20年代和30年代的病历从故纸堆里翻找出来，我才得以确认当年对他们的诊断。彼时，我问医院院长，可否将部分病人集中到一个病房里，或许他们能形成一个社群。

我从一开始就感觉到，这些病人的状态和情境前所未有、从未见诸文字。我在1966年第一次见到这些病人，几周后我就考虑要写一本关于他们的书。我打算借用杰克·伦敦一部作品的标题——《深渊居民》。我看到疾病和生命的相互作用，有机体或主观个体强烈的求生欲，有时在最奇特、最黑暗的情况下也不会被放弃。这种视角有别于我求学或当住院医生时师长强调的观点，也不同于我在当时医学文献中发现的观点。然而，跟这些脑炎后综合征患者接触后，我认为这个视角显然存在，并且无比真实。事实表明，我的大多数同事低估了慢性病医院（他们认为"在那种地方永远不会看到任何有趣的东西"）：这是一个理想的环境，完整的人生在我面前展开。

20世纪50年代末，医学界已经形成共识，帕金森病人的大脑缺乏神经递质多巴胺，因此可以通过提高多巴胺的水平使其"正常化"。然而，给病人服用以毫克为单位的左旋多巴（多巴胺的一种前体）后，试验效果并不明显。直到乔治·科特亚斯以极大的胆识将一组帕金森病人的左旋多巴摄入量增加了一千倍,才看到了非凡的治疗效果。1967年2月,他的研究成果发表。帕金森病患者的前景一下子被改变了:有了这种新药,帕金森病患者不必像以前一样凄凄惨惨、日渐失能。群情激昂之际,我很好奇,左旋多巴能帮助我那些异乎寻常的病人吗?

我是否应该让我们在贝丝·亚伯拉罕医院的病人服用左旋多巴?我犹豫不决。他们罹患的不是普通的帕金森病,而是更为复杂、严重和奇特的脑炎后综合征。他们的病情如此不同,给药后会有什么反应?我觉得我必须谨慎——再谨慎都不过分。左旋多巴会不会激活其中一些病人在患病初期就有的、被帕金森病掩盖的神经系统问题?

1967年,我战战兢兢地向美国缉毒局提交申请,要求获得一个使用左旋多巴的特别研究员许可证。它在当时还是一种实验性药物。许可证花了几个月时间才办下来。由于各种原因,直到1969年3月,我才开始对六名病人进行为期九十天的双盲试验。其中一半人将接受安慰剂,但他们和我都不知道谁会服用左旋多巴。

然而几个星期后,左旋多巴的疗效就很显著。鉴于试验失败率恰好为50%,安慰剂效应几乎不存在。凭良心,我不能再发放安慰剂,而是为任何符合条件的病人提供左旋多巴。①

起初,几乎所有病人的反应都是良性的。那年夏天,他们在死气沉沉了几十年后,突然爆发出生命活力。他们令人震惊地"觉醒"了,医院里喜气洋洋。

但后来,几乎所有病人都出了问题,既有服用左旋多巴后产生的特定"副作用",也有一些普遍性状况:他们对左旋多巴极其敏感,应答时好时坏,难以捉摸。有些病人每次服药后的反应都不一样。我尝试调整剂量,滴定时小心翼翼,但无济于事,这个"系统"的动力学好像自成一体。从许多病人的情况来看,左旋多巴摄入过多和过少之间似乎没有什么中间地带。

在为病人们滴定的过程中,我想到了迈克尔和他的镇静剂用量问题(镇静剂抑制多巴胺系统,左旋多巴则激活它们)。我意识到,用任何纯粹的医学或药物方法来应对恢复力或自由度失常

---

① 大约在这个时候,我与我在爱因斯坦医学院的主任拉贝·谢恩伯格进行了一次讨论。他问我:"你有多少病人在服用左旋多巴?"
"三个,先生。"我热切地回答。
"哎呀,奥利弗,"拉贝说,"我有三百个服用左旋多巴的病人。"
"我知道,可我对每个病人的了解胜过你一百倍。"我被他的讽刺激怒了。列数据不可或缺——只有样本够大,才能进行各种概括,但我们也需要具体的、特殊的、个人化的东西。如果不深入个别病人的生活并加以描述,就无法准确反映神经疾病的性质和影响。——作者注

的大脑系统，局限性在所难免。①

我在加州大学洛杉矶分校医院当住院医生时，神经病学和精神病学之间泾渭分明。然而，在我完成住院医培训、全面接触病人之后，我经常发现自己必须身兼神经病学家和精神病学家二职。我的偏头痛病人让我强烈地感受到这一点，而脑炎后综合征患者们更是让我坚信不疑，因为他们形形色色的症状兼具"神经病"和"精神病"特点：帕金森病、肌阵挛、舞蹈症、抽搐、奇特的强迫症、冲动、痴迷、突然爆发的"危机"和时有时无的狂热。用纯粹的神经病学或精神病学方法来治疗这些病人根本无益，二者必须结合起来。

我的那些脑炎后综合征病人几十年来一直处于暂停状态——记忆、知觉和意识的暂停。服药后，他们逐渐恢复，有了完整的意识和运动能力。他们会不会发现自己就像瑞普·凡·温克尔②一样，与这个已然前进的世界格格不入？

---

① 1969年8月，我的脑炎后综合征患者的"觉醒"登上了《纽约时报》。伊斯雷尔·申克的长篇报道图文并茂。他描述了在我的一些病人身上出现的、被我称为"悠悠球效应"的现象——药物作用的突然振荡。这篇报道问世几年后，其他医学界同事和病人才开始宣传这种效应（他们称之为"开-关效应"）。虽然左旋多巴被誉为"一种神奇的药物"，但《纽约时报》那篇报道引用我的发言，称我们不能只关注药物对病人大脑的影响，而应关注病人的整体生活和所处情境，这一点至关重要。——作者注
② 美国作家华盛顿·欧文同名小说中的主人公。他喝了仙酒后醉倒，一觉醒来后发现时间已经过去二十年，人世沧桑。

我给这些病人服用左旋多巴后,他们的"觉醒"不仅是身体上的,而且是智力、知觉和情感上的。这种全面的觉醒或生机的恢复与20世纪60年代的神经解剖学理念矛盾。后者认为,运动、智力和情感分别由大脑内部相互独立、互不联系的区域掌管。我的内心非常矛盾,信奉神经解剖学的那一半对另一半说:"这不可能。这样的'觉醒'不应该发生。"

可显然,"觉醒"发生了。

美国缉毒局要我填写有关病人症状和药物应答的标准化清单。然而,发生在病人身上的情况无论对神经病学这一学科还是对人类个体而言都非常复杂,这种清单无法全面反映我所看到的现实。我觉得详细的笔记和日记很有必要,一些病人也有同感。我开始随身携带录音机和照相机,后来又添置了一台超8毫米摄影机,因为我知道,我的所见很可能转瞬即逝,影音档案至关重要。

有些病人白天大部分时间都在睡觉,晚上却很清醒。这意味着我也必须二十四小时在岗。虽然我因此睡眠不足,但我对他们有了一种亲近感,同时我还可以为贝丝·亚伯拉罕医院的总计五百名病人值夜班。夜班期间,我有时治疗急性心衰竭病人,有时将病人送去急诊室,有时因病人死亡而要求进行尸检。一般情况下,医院每晚会安排不同的值班医生,但我觉得自己还不如长期待命,所以自告奋勇。

贝丝·亚伯拉罕医院的管理层深感欣慰,让我住进紧邻医院的一套公寓,仅收取象征性的租金——这套公寓通常是留给值班医生使用的。这是一个皆大欢喜的安排。其他医生大多不喜欢值班，而我很高兴能有一套一直向病人开放的公寓。医院里的工作人员——心理学家、社工、理疗师、言语治疗师、音乐治疗师等——经常来我的公寓讨论病人的情况。内容丰富、激动人心的讨论几乎天天都有。前所未有的事件在我们眼前发生，我们所有人都需要采取前所未有的方法。

詹姆斯·珀登·马丁是伦敦一位著名的神经病学家，退休后一心一意观察和治疗高地医院的脑炎后综合征患者。1967年，他出版了一本关于这些患者的平衡功能与姿势异常的优秀著作。1969年9月，他特意来纽约观察我的病人，这对他来说并不容易，因为那时他已经七十多岁了。他看到服用左旋多巴的病人后非常着迷，说自从五十年前昏睡性脑炎急性期之后从未见过这样的情况。他坚持要求："你一定要把这些都写出来，事无巨细地写出来。"

1970年，我开始以我最喜欢的形式——致编辑的信——动笔写脑炎后综合征。我在一周内给《柳叶刀》杂志的编辑写了四封信。它们立即被接受发表。但我的老板，即贝丝·亚伯拉罕医院的医务主任，并不高兴。他说："你为什么要去英国发表这些东西？你在美国，你一定要给《美国医学会杂志》写点东西。信里不要写个体病人，而要对所有病人进行统计调查，汇总他们的情况。"

1970年夏天，我在给《美国医学会杂志》的一封信中报告了我给六十名病人服用左旋多巴一年后的整体效果。我写道，几乎所有受试病人一开始都应答良好，但他们或早或晚都失控了，此后的状态复杂难料，有时堪称怪异。我接着写道，这些不能被视为"副作用"，应当被看作是一个不断发展的整体的有机组成部分。

《美国医学会杂志》刊发了我的信。此前我在《柳叶刀》上发表的信得到了很多同事的积极回应，但《美国医学会杂志》上发表的那封信却有如石沉大海，令我心悸。

几个月后，沉默被打破了。在10月那一期《美国医学会杂志》上，整个信件部分全是同行们对我的批评，有的火气十足。基本上，他们的意思是："萨克斯的脑子有毛病。我们看过几十个病人，但从未见过此等情况。"一位纽约的同行说，他看过一百多个服用左旋多巴的帕金森病人，但从未见过任何我描述的复杂反应。我给他回信说："亲爱的 M 医生，你看过的病人中，有十五个现在由我在贝丝·亚伯拉罕医院照顾。你愿意来看看他们吗？"他没有回复。

在我看来，我的一些同行们试图淡化左旋多巴的负面作用。有一封信说，即使我的描述属实，我也不应当发表，因为它会"对左旋多巴的治疗应答所需的乐观气氛产生负面影响"。

我认为，《美国医学会杂志》发表这些批评却不给我机会在同一期杂志上做出回应是不适当的。如果给我回应的机会，我本可以澄清，脑炎后综合征患者极端敏感，这种敏感性导致他们对左旋多巴的反应比普通帕金森病患者更快、更显著。因此，我的病人几天或几周后就表现出药物效应，而我的治疗普通帕金森病的同行们要等好多年才会看到。

但与此同时，还存在更深层次的问题。在我给《美国医学会杂志》的信中，我不但对给药并控制药效这个乍一看极其简单的问题提出了质疑，还对可预测性本身产生了怀疑。我认为，随着左旋多巴的持续给药而出现偶发事件是一种基本的、不可避免的现象。

我知道我的机会难得，我知道我有重要的东西要讲，但我没有办法讲出来。我如果要忠于我的体验，就不得不放弃医学上的"可发表性"或者同行对我的接受度。后来，我写的一篇关于脑炎后综合征患者及其对左旋多巴反应的长篇论文被神经病学界历史最悠久、最受尊崇的期刊《大脑》退稿，真是切肤之痛啊。

1958年，我还在上医学院的时候，伟大的苏联神经心理学家A.R.鲁利亚来伦敦发表演讲，主题是一对同卵双胞胎的言语发展。他将观察力、理论深度和人情味结合在一起，给了我很大启发。

1966年到纽约后，我拜读了鲁利亚的两本著作：《人的高级皮质功能》和《人脑和心理过程》。后者包含非常完整的额叶损伤患者的案例，让我充满敬佩。[1]

---

[1] 还有恐惧，因为我一边读一边想，这世界上还有我什么事呀？鲁利亚已经见过、说过、写过、想过所有我能说的、写的、想的东西了。心烦意乱之下，我把书一撕为二（我不得不买新书赔给图书馆，同时自留了一本）。——作者注

1968年，我读了鲁利亚的《记忆大师的心灵》。读前三十页的时候，我以为这是一本小说。但后来我意识到，它实际上是一部个案史——我所读过的最深刻、最详细的个案史，一部具有戏剧性力量、情感和小说结构的个案史。

鲁利亚创建了神经心理学，举世闻名。但他认为，他的充满人情味的个案史的重要性并不亚于他那些伟大的神经心理学论著。鲁利亚殚精竭虑，将古典与浪漫、科学与故事结合在一起，成了我效仿的对象。而他口中的"小书"（《记忆大师的心灵》是一个小开本的书，只有一百六十页）改变了我的人生重心和方向。它不但是我创作《睡人》的楷模，也是我后来所有作品的典范。

我每天跟脑炎后综合征患者共度十八个小时，长此以往，我的身体疲惫不堪，但脑子停不下来。1969年夏天，我飞往伦敦。在鲁利亚的"小书"的启发下，我窝在父母家中，用六个星期的时间写出了《睡人》的前九个病例史。我把它们拿给费伯出版社看，他们说不感兴趣。

我还写了一份四万字的关于脑炎后抽搐及行为的手稿。此外，我还计划写一篇题为《人的皮质下功能》的论文，作为对鲁利亚的《人的高级皮质功能》的补充。这些也被费伯出版社拒稿了。

我1966年第一次来到贝丝·亚伯拉罕医院的时候，这里除了八十多位脑炎后综合征病人外，还住着数以百计的其他神经系统疾病患者——患有运动神经元疾病（肌萎缩侧索硬化）、脊髓空洞症、腓骨肌萎缩症等的较年轻病人；患有帕金森病、中风或脑瘤的较年长病人（当时，"阿尔茨海默病"仅适用于极少数早老性痴呆患者）。

爱因斯坦医学院神经病学系的负责人要求我利用这一独特的病人群体向医学生介绍神经病学。我每次带教八九个学生——对神经病学有特殊兴趣的学生。他们连续两个月在每个星期五下午来医院（其他时间也会安排带教，以满足无法在星期五前来的犹太教正统派学生的需要）。这些学生不仅学习神经系统疾病的相关知识，还能感受长期生活在福利机构、饱受慢性残障之苦的病人的生活。我们逐周由易入难，从周围神经系统和脊髓功能障碍递进到脑干和小脑障碍，再到运动障碍，最后到知觉、语言、思维和判断障碍。

每次带教都从床边教学开始。学生们围着病床，了解病人的病史，向其提问，对其触诊。我站在病人身边，大部分时间都不作声，但我确保学生们自始至终尊重病人、彬彬有礼、全神贯注。

我只向学生介绍我熟悉的且同意接受学生问诊和触诊的病人。其中有几位似乎生来就擅长循循善诱。例如戈尔迪·卡普兰，一种罕见的先天性疾病让她脊髓受损。她会对学生说："不要死记硬背你们课本上的'脊髓空洞症'——想想我。观察我左臂上这一大块烫伤，是暖气片烫的，但我没有感觉到灼热或者疼痛。记住我歪扭着坐在椅子上的样子，记住我说话有多困难，因为脊髓空洞症已经开始蔓延到我的脑干。我是脊髓空洞症的标准样板！"她会说："记住我！"所有学生都记住了。有的人多年后写信给我时还会提到戈尔迪，说她的形象还在他们脑海中浮现。

三个小时的查房结束后，大家去我那挤挤挨挨的小办公室休息、喝茶。我在办公室墙上贴满了字迹重叠交错的纸张：文章、笔记和想法，还有海报大小的图表。随后，如果天气好的话，我们会去马路对面的纽约植物园，坐在某棵树下，畅谈哲学和人生。经过九个星期五下午，我们彼此相知。

过了一段时间，神经病学系要求我给学生考试并打分。我按要求提交了表格，所有人都得了 A。系主任七窍生烟。"他们怎么可能全都得 A？"他问，"这是某种玩笑吗？"

我说，不，这不是开玩笑。我越是了解每一个学生，就越觉得他们都与众不同。我给的全 A 并非制造平等假象，而是对每个学生的独特性的认可。我觉得，作为医生，我们不应当把个体病人简化为一个数字或一项检查结果，同理，也不应该把个体学生弱化成一个分数或者一张试卷。如果我没有看到学生在各种情况下的表现，怎么能对他们妄下判断？再说了，同理心、关心、责任感、判断力等不可评级的品质怎么办？

最终，我被免除了给学生打分的任务。

偶尔，某个医学生会来我这里待更长的时间。其中之一是乔纳森·柯蒂斯。他最近来看我的时候告诉我，四十多年后的今天，医学生时代留下的记忆已经模糊，他只记得和我一起度过的那三个月。当时，我会时不时让他去看一位病人，比如说某位多发性硬化病人——去她的房间，和她相处几个小时。然后他必须向我做一个尽可能全面的汇报，不但要涵盖她的神经系统问题和她的应对方式，还要涉及她的个性、她的兴趣、她的家庭、她的整个生活史。①

在此基础上，我们会对病人和"病情"进行一般性讨论，然后我会给他开书单。我经常推荐原创（经常是19世纪流传下来的）个案史，乔纳森对此表示惊讶。他说，医学院里没有其他教师建议他阅读这种东西。即使偶有提及，他们也会嗤之以鼻，说它们是"老古董"，过时了，毫无意义，只有历史学家才会觉得有用或者感兴趣。

贝丝·亚伯拉罕医院的护工、护送人员、勤杂工和护士（和其他地方的医院一样）工作时间长，工资低。1972年，他们的工会，即1199地方分会，号召罢工。一些工作人员在医院工作了多年，对病人有很深的感情。他们在医院外面筑起人墙，拉起纠察线。我去和其中一些人交谈过。他们告诉我，他们心里对抛弃病人感到非常矛盾。有些人哭了。

我担心一些病人，特别是那些动弹不得的病人。他们需要有人经常给他们翻身以防止生褥疮，还需要做关节活动度被动运

---

① 关于这一点，或许我受到了威廉·詹姆斯对他自己的老师路易斯·阿加西的描述的影响——阿加西"曾经把个别学生关在一个满是乌龟壳或龙虾壳或牡蛎壳的房间里，里面一本书、一篇论文都没有。直到这位学生悟出这些物体所包含的所有真理，阿加西才让他出来"。——作者注

动,以免关节僵硬。但凡一天不翻身,不"活动",这些病人的状况就会走下坡路,而这次罢工貌似将持续一个星期或更久。

我给我的几个学生打了电话,解释了情况,问他们可否帮忙。他们同意召开一次学生会会议,讨论这个问题。两小时后,他们回电,抱歉地表示,学生会不能纵容破坏集体罢工的行为。但他们补充说,个别学生可以遵循他们自己的良知。此前接过我电话的两个学生说马上就来。

我带他们穿过纠察线——罢工者允许我们通过。在接下来的四个小时里,我们为病人翻身,给他们的关节做被动运动,协助他们如厕。四小时后,又有两个学生来接班。这是一项艰苦的、昼夜不停的工作。我们体会到护士、护工和勤杂工平时工作有多辛苦,但在我们的努力下,五百多名病人无一出现皮肤破损或任何其他问题。

劳动和工资问题最终得到了解决,员工们在十天后返回工作岗位。然而就在第十天晚上,我走到车前,发现挡风玻璃被砸了。窗框上贴了一张大大的手写告示:"我们爱你,萨克斯医生。但你一直在破坏罢工。"至少,他们允许我和学生们照顾病人,直到罢工结束才发作。①

---

① 1984年罢工期间的情况就不是这样了。在四十七天时间里,无人越过纠察线,许多病人为此遭殃。我在给父亲的信中写道,虽然有临时工和行政人员顶替,但还是有三十位病人因为疏于照护而死亡。——作者注

随着年龄的增长，岁月似乎模糊一片，但1972年仍然鲜明地镌刻在我的记忆中。之前的三年，因为病人的觉醒和他们经历的磨难，我的精神高度紧张。这样的经历在人的一生中不会有两次，一般情况下甚至连一次都不会有。它的珍贵性和深度，它的强度和范围，让我不吐不快，但我想象不出一种适当的形式——一种可以将科学的客观性与强烈的同舟共济感结合起来的形式——来体现我和病人之间的亲密关系，描绘其中的神奇（有时是悲剧）。1972年来临了，我心中充斥着一种强烈的挫败感，不知道自己能否找到一种方式将这些体验结合起来，锻造成某种有机的统一体。

我仍然视英国为家园，而我在美国的十二年只不过是一次长期逗留。彼时看来，我需要返乡，需要回家写作。"家"意味着许多东西：伦敦；位于梅佩斯伯里路的那座大而凌乱的房子，我在那里出生，而我的七十多岁的父母仍然和迈克尔一起在那里生活；还有我小时候经常玩耍的汉普斯特德希思公园。

我决定夏天休假，在汉普斯特德希思公园边上租一套公寓，步行就可以去公园的步道、遍地蘑菇的树林、我喜欢的游泳池，以及位于梅佩斯伯里路的父母家。我父母计划于6月庆祝他们的金婚纪念日，届时全家会团聚——除了我的三个哥哥和我，还有我父母的兄弟姐妹、侄女、侄子和远亲们。

不过，我之所以想回家，还有一个特别原因：我母亲天生会讲故事。她给她的同事、学生、病人和朋友讲医学故事。而且，从三个哥哥和我很小的时候起,她就开始给我们讲医学故事。这些故事有时很残酷、很可怕,但总能让我们认识到病人的个人品质、价值观和勇气。我父亲也擅长讲医学故事。他们对生命变化无常的惊奇感,以及他们将临床和叙事相结合的思维方式,深深地影响了我们所有人。我自己的写作冲动——不是写小说或诗歌,而是记事和描述——似乎直接传承自他们。

我把我那些脑炎后综合征患者的故事讲给母亲听。她也知悉后者服用左旋多巴后的觉醒和波折。她非常感兴趣,不断敦促我写下来。1972年夏天,她说:"现在就写!机不可失时不再来。"

每天上午,我去汉普斯特德希思公园散步和游泳;而每天下午,我便书写或口述《睡人》里的故事。每天晚上,我沿着弗罗格纳尔路漫步到米尔巷,然后进入梅佩斯伯里路37号,给母亲读我最新完成的章节。在我小时候,她常朗读书籍给我听,一读就是几个钟头。她让我第一次感受到狄更斯、特罗洛普和D. H. 劳伦斯的魅力。而现在,她希望我读书给她听,把她已经听说过的故事以完整的形式叙述出来。她听得很认真,感情投入,但批判也相当尖锐。这种思辨能力源于她对临床上什么是真实的的判断。她怀着复杂的心情容忍了我的跑题和个人观点的介入,但她奉"真实"为圭臬。她有时会说:"这不是真的!"但后来,她越来越多地赞许:"现在你掌握诀窍了。听起来很真实。"

从某种意义上来说,《睡人》里的个案史是我们俩合写的。那个夏天,时光不再匆匆,我们似乎中了魔法,从忙碌的日常生活中抽离出来,全身心奉献给创作。

我在汉普斯特德希思的公寓离科林·海克拉夫特位于格洛斯特街的办公室也很近，步行即可到达。我在1951年刚进牛津大学王后学院的时候见过科林。那时候，他是学长，再过一年就毕业，身材矮小，精力充沛，穿着大袍子，已经有了吉本[①]式的自信和言谈举止，但动如脱兔，据说是一名出色的网拍式墙球手，也是一位古典学者。不过，我们直到二十年后才真正相知。

1969年夏天，我曾经写下《睡人》里的前九例个案史，但遭到费伯出版社的拒稿。我深受打击，怀疑自己还写不写得出一本书、能不能再次发表。[②]我把这份手稿收了起来，后来搞丢了。

彼时，科林·海克拉夫特正经营着一家备受尊敬的出版社——达克沃思出版社，社址就在乔纳森·米勒家的马路对面。1971年底，乔纳森看出我的窘境，给科林送去一份前九例个案史的复印件；我根本不记得他有这么一个副本。

科林很喜欢这些个案史，希望我多写几个。我既兴奋又害怕。科林敦促我，但不急不躁；我抗拒；他退后，看准时机，再次上前邀约；他对我的不自信和焦虑非常敏感。我推托了六个月。

科林感觉到我需要进一步推动，于是以他惯常的按直觉行事

[①] 爱德华·吉本（1737—1794），英国著名历史学家。
[②] 海尼曼出版社的雷蒙德·格林（他在1971年初《偏头痛》问世时给予了热情的评价）有意委托我创作一本"像《偏头痛》那样的"关于帕金森病的书。我既受到鼓励又感到沮丧，因为我不想重复自己，我觉得我应该写一本截然不同的书，但究竟是什么样的书，我不知道。——作者注

的风格，果断地把乔纳森给他的打字稿转成了校样。那年7月，他没有事先通知我，也没有和我商量，就这么做了。他心真大，甚至可以说不惜成本——他怎么知道我一定会写下去？那时候还没有数字排版，他花了相当大的代价来制作这些长条校样。而在我看来，这证明他真的认为这本书写得好。

我找了一个速记打字员，此前我从地下室出来，上楼梯走得太急，头撞到了低矮的横梁，导致颈椎过度屈伸损伤，右手无法握笔，所以只能寻求帮助。我强迫自己每天做案头研究和口述——随着我对创作越来越投入，不得已而为之的感觉迅速转化为乐趣。口述这个词无法充分反映当时的情况。我戴着颈托在沙发上坐好，翻看笔记，然后把故事讲给打字员听，在她速记时仔细观察她的面部表情。她的反应很关键：我不是在对着机器说话，而是对着她说话；这一幕颇像山鲁佐德给国王讲《一千零一夜》，不过男女角色颠倒。每天早上，她都会把前一天的内容整理好，打印出整洁的文本，带来交给我。傍晚时分，我把这些内容读给我母亲听。

几乎每天我都会把完成的打字稿捆好送给科林，然后我们碰头推敲细节。那个夏天，我俩经常关上房间门，一推敲就是好几个小时。然而，如果光看我们当时的信件来往，真可谓君子之交淡如水：我总是致信给"海克拉夫特先生"，他一直叫我"萨克斯医生"。1972年8月30日，我给他写信说：

亲爱的海克拉夫特先生：

随函附上另外五例个案史。迄今为止，在下一共写了十六例，约二百四十页，一共五到六万字……在下正考虑是否另写四例……兹事体大，愿听君高见……

在下试图梳理医事清单，改写为故事，然任重道远。君曾曰，艺术有形，生活无状，甚为精辟——在下或应眼光灼灼，提炼出贯穿所有个案史的清晰脉络。然则它们走线繁复犹如织锦，亦可比作原矿，供人（含鄙人）加工精锻。

奥利弗·萨克斯敬上

一周后，我写道：

亲爱的海克拉夫特先生：

在下历时数日写就导语……现随函附上。在下愚钝，穷尽失误之后方得窥见正途……亟待与君晤面相商……听君一席话，茅塞顿开，久已矣。

英国广播公司周刊《听众》的办公室也坐落于格洛斯特街，就在科林的出版社隔壁。1972年夏天，该杂志的编辑玛丽-凯·维尔梅斯邀请我写一篇关于我的病人及其"觉醒"的文章。此前从来没有人向我约过稿，而《听众》享有盛誉，所以我感到很荣幸，也很兴奋：我将第一次有机会向普通读者讲述我的整个神奇经历。此外，神经病学专业期刊老是给我投的文章发吹毛求疵的拒稿信，而应《听众》之邀，我可以直抒胸臆，一吐为快。

第二天早上,我一气呵成地写完文章并找人递送给了玛丽-凯。然而当天下午,我后悔了,给她打电话说想重写。她说,收到的文章很好,不过如果我想做任何补充或修改,她乐意阅读。"但目前的版本不需要修改,"她强调,"写得很清晰,很流畅——我们可以立即付印。"

可我觉得言犹未尽。我没有修改这篇文章,而是另写了一篇,风格迥异。玛丽-凯读了之后也很满意。她说,两篇文章都可以发表。

到了第三天早上,我又不满意了,写了第三稿。当天下午又写了第四稿。在一周时间里,我总共给玛丽-凯送去了九篇稿件。然后她去了苏格兰,说她会想办法合并这些稿件。几天后她回来了,说合并不了,每一稿都有一个不同的人物,视角也全都不一样。她说,打个比方,这些稿件在纸上画出的线条不平行,而是"直角正交"。我必须九选一,如果我选不出来,那她来选。她最终选择了第七(也可能是第六)稿,刊印在1972年10月26日的《听众》上。

我觉得写作帮我理清了思路。偶尔,我能写出一篇不需要再加工的文章来,但更多的时候,我的文章需要大刀阔斧的删减和编辑,因为我的表述可能叠床架屋。一句话写到一半,我可能会联想到别的东西,于是经常使用括号和从句,一句话就有一个段落那么长。如果我认为连续使用六个形容词效果更好、累积起来的效果更贴切的话,我绝不会只用一个形容词。现实很丰满,我竭力"深描"（这是克利福德·格尔茨提出的概念[1]）。所有上述问题造成了文章组织结构的混乱。有时候，我思绪万千，恨不得一蹴而就，无暇斟酌轻重缓急。创作激情诚然重要，但我们也需要头脑冷静期，一热一冷相互交替。

科林像玛丽-凯一样，不得不在我提供的多个版本中挑选，抑制我那动辄长篇累牍的行文，让它流畅无滞。有时他会指着一个段落说："这段话不能放在这儿。"然后翻过几页书稿说："放在这儿才对。"他一这么说，我就恍然大悟，连连点头。但——奇怪的是——让我自己看，我怎么也看不出来。

在那段时间里，科林不但要帮我快刀斩乱麻，还要在我文思枯竭、情绪低落、自信不足的时候，给我提供情感上的支持。有言道，"一鼓作气，再而衰，三而竭"。他得止住我的"衰"和"竭"。

亲爱的海克拉夫特先生：

在下似乎智尽能索，无所作为，至多蒙头转圈，直至重返原点。如有生花妙笔，三日即可完工，然妙笔不知何处。

此时此刻，在下于心不安，唯恐《睡人》暴露病人身份或医院名称——抑或此乃本人迟迟不欲成书之因由也。

1972年9月19日

---

[1] 克利福德·格尔茨（1926—2006）是美国人类学家，解释人类学的提出者。据其著作《文化的解释》第一章"深描，文化解释学的一个理论"，直观行为观察为"浅描"，将行为放在特定社会场景下解读为"深描"。

美国劳动节①已过,美国人收心重返工作岗位,我也得回纽约上班了。我已经写出了另外十一例个案史,但我不知道这本书该怎么收尾。

我回到贝丝·亚伯拉罕医院旁边的公寓。自从1969年以来,我一直住在那里,已经非常习惯。然后,才过了一个月,医院院长突然通知我搬离:他生病的老母亲要住进来。我说我同情她的处境,但据我理解,这套公寓供医院值班医生使用,所以我才在里面住了三年半。我的回答激怒了院长。他说,既然我藐视他的权威,那么我就滚吧,搬出公寓,离开医院。于是,我一下子失去了工作、收入、病人和住处。(不过我继续以私人名义看望我的病人们,直到1975年正式恢复在贝丝·亚伯拉罕医院的工作。)

我往这间公寓里添置了不少东西,包括一架钢琴,现在都得清空,搞得一片凄凉。11月13日,我在空荡荡的公寓里接到我哥哥戴维的电话,得知我们的母亲去世了:她在以色列旅行,去内盖夫徒步,途中因为心脏病发作而死亡。

我乘下一班飞机回英国,和我的哥哥们一起在葬礼上为她抬棺。我不知道自己能否忍受七日服丧期,每天从早到晚和其他人一起坐在矮凳上哀悼,接待络绎不绝的吊唁者,无休止地谈论逝去的母亲。但事实证明,这是一种深刻的、重要的、共情的体验。我们得以分享所有情感和记忆。而独处的时候,失去母亲的

---

① 每年9月的第一个星期一。加上周末,美国公众可以连休三天,是夏天最后一个长周末。

痛苦几乎将我压垮。

就在六个月前,我从公寓的地下室上楼时动作太猛,一头撞在低矮的横梁上,伤到了脖子,于是去哥伦比亚大学医院的神经科医生玛格丽特·塞登那里看病。她检查完后问我,我的母亲是不是一位"兰多小姐"?我说是的。塞登医生告诉我,我母亲教过她。她当时很穷,我母亲为她支付了医学院的学费。在母亲的葬礼上,我见到了她以前的一些学生,这才知道她资助了很多人完成医学院学业,有时甚至支付了全部费用。我母亲生前从未告诉过我(或许谁也没告诉),她怎样为贫困学生尽心尽力。我一直认为她很节俭,甚至很吝啬,但从未意识到她其实有多慷慨。我追悔莫及,恨不能多了解母亲的方方面面。

我母亲的大哥,我的戴夫舅舅(我们叫他钨舅舅,正是他在我小时候引我入了化学的门),给我讲了很多母亲小时候的故事。我听得很入迷,感到慰藉,有时甚至开怀大笑。七天快过去了,他说:"等你回英国,找我好好聊聊。现在只有我还记得你母亲小时候的样子了。"①

看到这么多我母亲的病人和学生,得知他们对我母亲的记忆如此深刻,听他们饱含幽默和深情地回忆她——怎样治病救人,怎样诲人不倦,怎样讲故事,特别让我感动。他们的回忆让我想

---

① 然而,当我几个月后回到伦敦时,戴夫舅舅已经病入膏肓。我去病房看望他,但他太虚弱了,无法长谈。因此,很遗憾,这是我最后一次看望这位在我童年时代占据重要地位的舅舅、我的导师。我也无从得知母亲年少时的音容笑貌。——作者注

起我自己作为医生、教师和故事讲述者的身份，以及这些身份多年来怎样拉近了我和母亲的距离，为我们之间的关系增加了一个新的维度。这让我感到我必须完成《睡人》，最后一次向她致敬。随着七日服丧期一天天过去，我前所未有地感到心如明镜，对人生头等大事了然于胸，悟到了生与死的寓意。

母亲的去世是我一生中最令我悲痛欲绝的损失——我失去了生命中最深刻的、也许在某种意义上最真实的关系。任何世俗的东西我都读不进去，只能在每晚临睡前阅读《圣经》或多恩[①]的诗集《丧钟为谁而鸣》。

正式的哀悼结束后，我留在伦敦继续写作，心头萦绕着母亲的生与死和多恩的《丧钟为谁而鸣》。我沉浸在这种情绪中，写下了《睡人》更具寓言意味的后半部，其中的情感和心声均属前所未有。

科林解开我的心结，安抚我的情绪，同时引导我理顺这本书里所有错综复杂、有时类似迷宫般的前情后事。到了12月，书终于完工了。我无法忍受梅佩斯伯里那个空荡荡的、没有母亲的房子，所以在写作的最后一个月里，我基本上在位于老钢琴厂的达克沃思出版社办公室安了家，虽说我晚上会回到梅佩斯伯里，与父亲和伦尼共进晚餐（迈克尔在母亲去世后自觉精神濒临崩溃，主动入院治疗）。科林在达克沃思出版社给我安排了一个小房间。那时候，我经常有强烈的冲动，想画掉我刚写的

[①] 约翰·多恩（1572—1631），英国诗人、玄学派诗歌代表人物。

东西或者反复推敲，所以我们商定，我每写完一页就从门缝下面塞出去。他不仅为我提供敏锐的批评意见，还为我遮风挡雨、多方施助，到后来差不多可以说给了我第二个家，而这正是我当时最需要的。

到了12月，书写完了，① 最后一页已经交给科林，是时候回纽约了。我乘出租车去机场，满心以为大功告成。然而，就在出租车上，我突然意识到，我遗漏了一些绝对关键的东西——没有它们，整本书的结构就会坍塌。我赶紧把它们写下来。此后两个月，我疯狂地写脚注。传真机的时代还远远未来临，到了1973年2月，我已经通过特快专递向科林发送了四百多条脚注。

伦尼同科林有联系。科林告诉她，我在"推敲"手稿，脚注从纽约接踵而来。这引起了她的严厉告诫："不要，不要，不要改动它，也不要再添加任何脚注！"她写道。

科林说："脚注都很引人入胜，但它们加起来的长度是书的三倍，本末倒置。"我只能保留一打脚注，他说。

---

① 在我母亲去世和《睡人》（当时此书尚未定名）完成后，我抑制不住地想阅读和观看易卜生的戏剧；易卜生呼唤我，应和我的心态，他的呼唤是我唯一能承受的声音。

我一回到纽约，就去看了所有正在上演的易卜生戏剧，但找不到最想看的《当我们死人醒来时》。终于，1月中旬，我得知马萨诸塞州北部的一家小剧院有该剧的演出，二话不说直接开车去看；天气很糟糕，小路险象环生。演出质量并非上佳，但我认同鲁贝克这位心怀内疚的艺术家。就在那一刻，我决定我这本书的题目应当叫《睡人》。——作者注

"好吧，"我回复说，"你来挑。"

但他（非常明智地）说："不，你来挑，否则无论我挑了哪些你都要跟我生气。"

就这样，书的第一版只有十几个脚注。伦尼和科林合力挽救了《睡人》，没让我的贪多嚼不烂毁掉它。

1973年初，我收到了《睡人》的长条校样，兴奋不已。几个月后，版面校样也排好了，但科林一直没有寄给我，因为他担心我会像拿到长条校样时那样，抓住机会大肆修改和补充，而这会延误发行计划。

具有讽刺意味的是，几个月后，正是科林建议推迟出版，以便在《星期日泰晤士报》上预先发表部分内容，但我坚决反对，因为我想在7月，在自己生日那天或者之前看到这本书问世。届时我就四十岁了，我希望能卖弄一句："虽然我年届四十，青春不再，但至少我做了一些事情，我写了这本书。"科林觉得我很不理智，但鉴于我的精神状态，他同意按原定计划于6月下旬出版。（他后来回忆说，吉本曾经殚精竭虑，以便在他的生日那天出版《罗马帝国衰亡史》的最后一卷。）

我从牛津大学获得学位后在牛津逗留了一段时间，20世纪50年代末也经常重访牛津。我偶尔会在镇上瞥见威斯坦·H.奥登。他当上了牛津大学的客座诗歌教授。只要在牛津，他每天早上都会去卡德纳咖啡馆跟人聊天，来者不拒。他非常和蔼可亲，可我太腼腆，不敢接近他。然而，1967年，我们在纽约的一个鸡尾酒会上相遇了。

他邀请我去他在圣马克广场的公寓玩,我有时会去喝下午茶。这个时间去见他最合适,因为到了下午4点钟,他已经完成了一天的工作,但还没开始喝酒。他的酒量非常大,一喝就是一晚上,尽管他不厌其烦地表示,他不酗酒,只是个酒鬼。我问过他,这两者之间有什么区别?他说:"酗酒的人一两杯下肚后,性格会改变,但酒鬼想喝多少就喝多少。我是个酒鬼。"他的确喝得多,无论在自己家还是别人家用晚餐,他都会在9点30分起身离席,带走餐桌上所有的酒瓶。然而,无论他喝了多少酒,他都会在第二天早上6点前起床工作(介绍我们俩认识的朋友奥伦·福克斯称奥登为他见过的最不懒惰的人)。

威斯坦·奥登和我一样出身于医学之家。他的父亲乔治·奥登是伯明翰的一名医生,在流行性甲型脑炎暴发期间担任医疗官员。(奥登医生对这种疾病如何改变儿童的性格特别感兴趣,就此发表了几篇论文。)威斯坦喜欢谈论医学,而且他对医生很有好感。(在他的诗集《给教子的信》中,有四首诗献给医生,其中一首指名道姓写给我。)知悉这一点后,我于1969年邀请威斯坦来贝丝·亚伯拉罕医院,看望我的脑炎后综合征病人。(他后来写了一首题为《老人院》的诗,但我一直不确定这首诗是关于贝丝·亚伯拉罕医院还是其他养老院的。)

他在1971年为《偏头痛》写了一篇很好的评论,我非常激动。在《睡人》的写作过程中,他也向我提供了重要的批评意见,尤其是下面这一席话:"你必须超越临床……你的文字要有寓意,要有神秘性，要表达你的内心需求。"

　　1972年初，威斯坦已经决定离开美国，去英国和奥地利度过余生。他觉得那年初冬特别凄凉，其中既有疾病和孤独的原因，也有因为决定离开美国而引起的复杂又矛盾的情绪。他在美国生活了那么久，爱它爱得那么深。

　　他第一次真正摆脱这种情绪是在2月21日，他生日那天。威斯坦向来喜欢生日和各种庆祝活动，而这一次特别重要，也特别令人感动。那年他六十五岁，将要庆祝他在美国度过的最后一个生日，他的出版商为他准备了一个特别的聚会，三教九流的新老朋友济济一堂（我记得汉娜·阿伦特[①]坐在他旁边）。直到那时，在那个非同寻常的聚会上，我才充分意识到威斯坦性格的多面性，以及他结交各类朋友的天赋。他满面春风地坐在朋友们中间，怡然自得。或者在我看来是这样：我从来没有见过比这一天更快乐的他。然而，与此交织在一起的，还有一种日落般的、永别的感觉。

　　威斯坦即将离开美国，奥伦·福克斯和我去帮他整理书籍并打包。这是一项艰巨的任务。几个小时的连推带压，我们汗水涟涟，于是小憩片刻，坐下来喝一瓶啤酒，一时间谁也不说话。过了一会儿，威斯坦站起身来，对我说："你拿一本书走吧，几

[①] 汉娜·阿伦特（1906—1975），生于德国，后移居美国，思想家、政治理论家。

本也行，想要什么就拿什么。"他顿了顿，看到我一脸茫然，于是说："那么，我来选。这些是我最喜欢的书——至少是其中的两本！"

他递过来的是《魔笛》剧本和一册破旧的歌德信件集，后者原本放在他的床头柜上。久经摩挲的歌德信件集里满是深情的涂鸦、批注和评论。①

那个周末——1972年4月15日，星期六——奥伦和我把威斯坦送到机场。我们提前三个小时抵达，因为威斯坦守时到强迫症的程度，唯恐错过火车或飞机。（他告诉过我他经常做一个梦：在梦里，他全力奔跑，试图赶上火车。他觉得他的生命、他的一切，都取决于能否赶上。障碍一个接一个地出现，他陷入恐慌，无声尖叫。然后，突然之间，他意识到为时已晚，火车已经开走了，而这根本无关紧要。那一刻，他彻底放松，如登极乐世界，他会射精，然后面带微笑醒来。）

所以，我们很早就到了机场，为了消磨时间七聊八扯；直到他离开后，我才意识到，我们所有貌似漫无边际的谈话其实都围绕一点——告别：告别我们，告别他在美国度过的那三十三年、他生命的一半（他曾经半开玩笑地称自己是跨大西洋的歌德）。就在登机之前，一个陌生人走过来，结结巴巴地说："您一

---

① 他把他的音响和所有唱片——大量的胶木78转唱片和黑胶唱片——留在了纽约，问我是否愿意"照顾它们"。我保管并聆听这些唱片多年，尽管功放音箱中的电子管越来越难买到。2000年，我把它们赠予纽约公共图书馆的奥登档案室。——作者注

定是奥登先生……我们很荣幸您能来我们的国家，先生。我们永远欢迎您回来，您是贵客——也是朋友。"他伸出手来说："再见，奥登先生，上帝保佑您，万事如意！"威斯坦诚挚地同他握手。他非常感动，热泪盈眶。我转头问威斯坦，这样的邂逅是否常见？

"常见，"他说，"但绝不平常。在这些邂逅里有一种真正的爱。"这位彬彬有礼的陌生人悄然离开后，我问威斯坦，他认为这个世界是什么样的，究竟是果壳那么小，还是无限大。

"都不是，"他回答，"既不大也不小。温馨，舒适。"然后他低声补充："就像家一样。"

此后，他没有再说话，已经没有什么可说的了。扩音系统传来冷冰冰的登机广播，他匆匆赶往登机口。到了那里，他转过身来，分别给我们俩一个吻——教父拥抱教子的吻，祝福和告别的吻。刹那间，他看起来老得可怕，身体虚弱，却像哥特式大教堂一样高贵庄严。

1973年2月，我在英国，去牛津大学看望威斯坦。他当时住在基督堂学院。我想给他看《睡人》的长条校样（他要求过。事实上，他是除了科林和伦尼姨妈之外唯一一个看过校样的人）。那天风和日丽，我下火车后没有叫出租车，决定步行，因而到得有点晚。我看到威斯坦的时候，他正在晃荡着一只手表。他说："你迟到了十七分钟。"

我们花了很多时间讨论《科学美国人》上的一篇令他非常兴

奋的文章——冈瑟·斯滕特写的《科学发现中的早熟和独特性》。奥登已经写了一篇回应斯滕特的文章，对比科学和艺术知识史（发表在1973年3月号的《科学美国人》杂志上）。

重返纽约后，我收到他的一封信。落款日期是2月21日——"我的生日"。他补充说明。信很短，读起来如沐春风。

亲爱的奥利弗：

非常感谢你令人愉悦的来信。我读完《睡人》了。它是一部杰作。我对此表示祝贺。我只有一处疑问，如果你想让非专业人士阅读它（他们应该读），能否为你在书中用到的专业术语编一个词汇表？

爱你的，
威斯坦

奥登的信让我流下眼泪。他是一位伟大的作家，不以逢迎奉承见长，却评价我的书为"杰作"。不过，这是一个纯粹的"文学性"判断吗？《睡人》有科学价值吗？我希望有。

同年暮春，威斯坦再次写信给我，说他的心脏"有点不舒服"，邀请我去他和切斯特·卡尔曼在奥地利合住的房子。但出于各种原因，那年夏天我没有去看他，为此深感遗憾，因为他于9月29日去世。

1973年6月28日（《睡人》出版当日），《听众》杂志发表了理查德·格雷戈里[1]对《睡人》的精彩评论。同期杂志还发表了我写的关于鲁利亚的文章（我应邀点评《世界破碎的人》，同时综述鲁利亚的所有作品）。一个月后，我收到了鲁利亚本人的来信，激动万分。

鲁利亚后来写过，他十九岁那年大言不惭地创办了喀山精神分析协会，收到弗洛伊德的来信（弗洛伊德并没有意识到他是在给一个青少年写信）。鲁利亚为此非常兴奋，而我在收到鲁利亚的信时也有类似的兴奋。

他感谢我写的评论文章，并详细回应了我在文中提出的所有观点，非常礼貌但毫不含糊地指出，他认为我在许多方面都理解有误。[2]

几天后，我收到了鲁利亚的另一封来信，其中谈到理查德给他寄去《睡人》：

亲爱的萨克斯医生：

我收到了《睡人》，立即拜读，兴味十足。我向来认为，好的临床病例描述在医学中，尤其在神经病学和精神病学中，发挥主导作用。遗憾的是，19世纪伟大的神经病学家和精神病学家

---

[1] 理查德·格雷戈里（1923—2010），英国心理学家、视觉感知专家。
[2] 他的信随后笔锋一转，写起了他与巴甫洛夫会面的惊人一幕：这位貌似摩西的老人（巴甫洛夫当时已经八十多岁了）把鲁利亚发表的第一本书撕成两半扔在脚下，大吼："你竟敢自称科学家！"这段惊心动魄的经历被鲁利亚写得栩栩如生，既有喜剧感又让人惶恐。——作者注

们所共有的描述能力已然丧失，也许是出于一个基本性的错误认识，即机械和电气设备可以取代对人格的研究。您的优秀作品表明，临床病例研究的重要传统可以重新焕发活力并且会取得巨大成功。非常感谢您这本令人愉快的著作！

A.R. 鲁利亚

我敬重鲁利亚，他是神经心理学和"浪漫主义科学"[①]的创始人。他的信给我带来了巨大的喜悦和一种我之前未曾得到过的智力上的慰藉。

1973年7月9日是我四十岁的生日。我当时在伦敦，《睡人》刚刚出版，我去汉普斯特德希思公园的一个池塘游泳庆生。在我几个月大的时候，我父亲曾经把我放进同一个池塘里蘸过水。

我游到池塘中的一个浮标处，紧紧抓住它，欣赏眼前的景色——比这更美的游泳池寥寥无几。突然，有人在水下摸了我一把，我一惊。摸我的人浮出水面，是一个英俊的年轻人，脸上露出淘气的微笑。

我回以微笑，然后我们聊了起来。他告诉我，他是哈佛大学的学生，第一次来英国。他特别喜欢伦敦，每天白天都去"观光"，每天晚上看戏、听音乐会。他还说，他的夜晚相当孤独。他将于一周后返美。他的一位朋友现在不在城里，把公寓借给了

---

① 鲁利亚自传的最后一章标题为"浪漫主义科学"。

他，还问我想不想去看看。

我高高兴兴地去了，一反平日的克制和忐忑——我很高兴，因为他长得非常英俊，而且是他主动，如此直截了当，也因为这天是我的生日，我可以把他，把我们的邂逅，视为完美的生日礼物。

我们去了他的公寓，做了爱，吃了午餐，下午去了泰特美术馆，晚上去了威格摩尔音乐厅，然后回到床上。

我们共度了快乐的一周——白天很充实，晚上很亲密，这是充满欢乐的、节日般的、爱意满满的一周，直到他不得不返回美国。我们之间没有深刻或痛苦的感情；我们相互喜欢，我们过得很快活，分手时不觉得难过，也没有相互承诺什么。

我没有先见之明，这也算好事。因为在那次甜蜜的"生日一周情"之后，我整整三十五年没有性生活。[①]

1970年初，《柳叶刀》发表了我写给编辑的描述我的脑炎后综合征病人和他们对左旋多巴的应答的四封信。我以为只有医生同行才会读它们，但一个月后，当我的病人之一——罗

[①] 2007年，我在哥伦比亚大学为期五年的神经病学教授任期刚刚开始。我必须完成一次医学面试，以获得在医院工作的许可。我的朋友兼助手凯特和我一起出席面试。其间一位本职工作为护士的面试官说："我有一些相当私人的事情要问你。你希望埃德加女士回避吗？"
"不用，"我说，"她了解我的所有事务。"我以为她想问我的性生活，所以不等她提问，我就脱口而出："我已经三十五年没有性生活了。"
"噢，你真可怜！"她说，"我们得采取行动！"我们都笑了。她只是想问我的社会安全号码。——作者注

斯·R.——的姐姐朝我举起一份《纽约每日新闻》时,我大吃一惊。该报在大字标题下转载了我的一封信,或者更准确地说,突出了我的一封信。

"你就是这么酌情处理病人信息的吗?"她冲我挥舞着报纸问。虽然只有亲密的朋友或亲戚才能从字里行间看出我写的是谁,但我和她一样感到震惊——我没有想到《柳叶刀》会向新闻机构发布文章,我还以为专业论文的发行量非常有限,不会进入公共领域。

20世纪60年代中期,我曾经为《神经病学》和《神经病理学报》等杂志写过一些技术性较强的论文,当时并没有泄露给新闻机构。但现在,随着我的病人们的"觉醒",我的活动范围拓宽了。这是我首次涉足一个极其微妙、有时模棱两可的领域——可说和不可说之间的灰色地带,或者说边界地带。

当然,如果没有来自病人的鼓励和允许,我不可能写出《睡人》。他们有一种强烈的感受,认为自己被社会抛弃了、遗忘了,希望有人把他们的故事讲出来。尽管如此,在《纽约每日新闻》的那段插曲发生之后,我迟迟不能下定决心在美国出版《睡人》。但我的一个病人不知怎么得到了该书在英国出版的消息,写信给科林。科林给她寄了一份《睡人》。然后就众人皆知了。

《偏头痛》赢得了非医学评论家和专业评论家的好评。《睡人》则不同,它上市后的遭遇令人困惑。媒体对它的评价非常好。事实上,它被授予1974年霍桑登奖。这个备受崇敬的奖项是颁发给"富有想象力的文学作品"的。(我为此激动万分,因为罗伯特·格雷夫斯[1]和格雷厄姆·格林[2]的作品均荣获过这个奖项——更不用说我小时候很喜欢的詹姆斯·希尔顿[3]的《消失的地平线》了。)

然而,我的医学界同行们一言不发,没有任何医学期刊对它进行评论。终于,到了1974年1月,一本相当短命的名为《英国临床杂志》的期刊的编辑写道,他认为上一年英国有两个现象最为奇特,其一为《睡人》的出版,其二为医学界的无动于衷。他把后者称为医学界"怪异的缄默症"。[4]

尽管如此,这本书还是被五位知名作家评为年度最佳图书。1973年12月,科林举办了一个庆祝《睡人》出版暨欢度圣诞的派对。聚会上来了许多我仰慕过但从未见过,也没有想过要见的人。我父亲刚为我母亲守完一年丧,心情有所平复,也大驾光临。他一直为我出版的作品忧心忡忡,在聚会上看到形形色色的知名人士令他颇感安慰。我向来觉得自己像无头苍蝇一样找不到方向、寂寂无闻,现在却被奉为名人、受人祝贺。乔纳森·米勒

---

[1] 罗伯特·格雷夫斯(1895—1985),英国诗人、小说家、编剧、文学评论家。
[2] 格雷厄姆·格林(1904—1991),英国作家、编剧、文学评论家。
[3] 詹姆斯·希尔顿(1900—1954),英国作家,创造了"香格里拉"一词。
[4] 直到若干年后,其他医学工作者才在服用左旋多巴的"普通"帕金森病患者身上观察到我在脑炎后综合征患者身上观察到的奇特的、不稳定的状态。这些病人的神经系统比较稳定,可能服药几年后效应都不会显现(而脑炎后综合征患者在几周或几个月内就会出现上述状况)。——作者注

也参加了派对。他对我说:"你现在出名了。"

我当时不明白他的意思,以前从来没有人对我说过这样的话。

我对英国那边发表的一篇评论相当恼火,尽管它以肯定《睡人》为主。毋庸置疑,我在书里对病人均隐去真实姓名,给贝丝·亚伯拉罕医院也取了假名。我称它为卡梅尔山医院,坐落于虚构的哈德逊河畔贝克斯利村。这位评论家的原文大致是:"该书令人拍案惊奇。萨克斯写了不存在的医院里得了不存在的疾病的不存在的病人,更是令人纳罕,因为20世纪20年代没有昏睡病全球大流行。"我把这篇评论拿给一些病人看,他们中的许多人说:"让世人看到我们,否则他们永远不会相信这本书。"

于是我问所有的病人,拍一个纪录片怎么样?此前他们曾经鼓励我出版这本书:"加油,把我们的故事讲出来——否则永远没有人知道。"现在他们则说:"行,让我们出镜,让我们自己来讲我们的故事。"

我不确定为我的病人拍摄电影是否合适。医生和病人之间的谈话是保密的。从某种意义上说,即使把它写出来,也是对这种信任的破坏。不过,文本里的姓名、地点和其他一些细节可以改动。这些伪装在纪录片中是不可能做到的。面孔、嗓音、真实的生活、身份,都会暴露。

所以我心存疑虑,但有几位纪录片制作人与我接触,其中约克郡电视台的邓肯·达拉斯给我留下了特别深刻的印象,最重要的是他把科学知识和人文情怀结合了起来。1973年9月,邓肯来贝丝·亚伯拉罕医院看望了所有病人。虽然是第一次见面，但他读过《睡人》，所以能认出许多人来。"我知道你是谁，"他对其中几位病人说，"我觉得我们早就认识。"

他还问："音乐治疗师在哪里？她好像是这里最重要的人。"他指的是姬蒂·斯泰尔斯，一位才华出众的音乐治疗师。当年，医院聘用音乐治疗师属于不走寻常路——业界认为音乐治疗即使有效，其效果也微不足道，可姬蒂从20世纪50年代初就在贝丝·亚伯拉罕医院工作，她知道各种病人都能对音乐做出强烈的反应，甚至包括脑炎后综合征患者。虽然后者往往无法自主运动，但他们会不由自主地对节拍做出反应。我们所有人都会。[①]

几乎所有的病人都被邓肯打动了。他们意识到，邓肯会用客观的态度和谨慎的同情心来呈现他们，既不过分渲染他们生活中的医学色彩，也不会滥情。鉴于他们很快就建立了相互理解和尊重的关系，我同意拍摄，邓肯带着摄制组于一个月后再次来到医院。当然，有些病人不愿意被拍到，但大多数病人感到有必要向世人展示：他们是普通人，但疾病将他们困在一个奇异的世

---

① 1978年，姬蒂决定退休。我们以为她到了通常的退休年龄，也即六十五岁，结果发现她已经九十多岁了，但她外形年轻、举止活泼，令人称奇（难道音乐让她永葆青春？）。接替姬蒂的是康妮·托马伊诺，她是一位精力充沛的年轻女性，拥有音乐治疗的高级学位。她后来建立了一个大规模的音乐治疗计划，探索最适合痴呆患者、遗忘症患者和失语症患者的音乐治疗方法。康妮和我合作了很多年，她现在还在贝丝·亚伯拉罕医院工作，是音乐和神经功能研究所的主任。——作者注

界中。

邓肯把我在1969年用超8毫米摄影机拍摄的一些胶片融入纪录片中。这些胶片展示了病人服用左旋多巴之后的觉醒以及此后遭受的各种怪异磨难。他在影片中穿插了对病人的采访,请病人回顾往事并描述他们避世多年后目前的生活状况。

《睡人》纪录片于1974年初在英国播出。这部绝无仅有的影片把一场被人遗忘的流行病的最后一批幸存者呈现在荧幕上,让观众知晓他们的生活如何被一种新药暂时改变,他们强烈的人性如何久经变故而不衰。

山上的公牛

母亲去世后，我回到风雪交加的纽约。我新近被贝丝·亚伯拉罕医院解雇，失去了公寓，没有全职工作，收入微薄。

不过，我每周会作为顾问医生去布朗克斯精神病中心（俗称布朗克斯州立医院）出一次门诊。在那里，我会对通常被诊断为精神分裂症或躁狂抑郁症的病人进行检查，看他们是否也罹患某些神经系统疾病。像我哥哥迈克尔一样，服用镇静剂的病人经常出现运动障碍（帕金森病、肌张力障碍、迟发性运动障碍等），而且这些运动障碍往往在停药后持续很长时间。我与许多病人交谈过，他们说可以忍受精神障碍，但不能忍受药物引发的运动障碍。

我还见过一些病人，他们的精神病或类似精神分裂症的状况是神经系统疾病造成的（或因神经系统疾病而加重）。我在布朗克斯州立医院的长期病房里识别出了几位未被确诊或被误诊的脑炎后综合征患者，还发现了一些患有脑瘤或退行性脑病的患者。

可这份工作每周只占用几个小时，报酬很少。布朗克斯州立医院的院长莱昂·萨尔兹曼（他非常和蔼可亲，写过一本关于强迫性人格的高质量书籍）得知我的处境后邀请我去医院从事半职工作。他认为我会对23病区特别感兴趣。该病区聚集着面临各种问题的年轻人——自闭症、智力障碍、胎儿酒精综合征、结节性硬化、早发性精神分裂症等等。

自闭症在当时并不是一个热门话题,但我很感兴趣,于是接受了这份邀约。起初,我很喜欢泡在23病区里,虽然它也让我很难过。神经科医生也许比任何其他专科医生看到的悲惨病例都多——病人被无法治愈、残酷无情的病痛百般摧残。我们不但要善待病人,对他们深表同情和怜悯,还必须谨记保持疏离,不可因为与病人过分共情而失去客观。

然而,23病区奉行所谓的行为矫正政策,奖励一些行为,惩罚另一些行为,特别值得一提的是"治疗性惩罚"。我不乐见病人们的待遇。他们有时被关进隔离室里,要么饿肚子,要么被约束带捆缚。这让我想起自己小时候被送去寄宿学校时的待遇。在那里,我(和其他男孩)经常受到一个喜怒无常的虐待狂校长的惩罚。我发觉自己有时会陷入一种几乎无助的对病人的认同。

我密切观察这些病人,同情他们。作为一名医生,我尽量挖掘他们的正向潜能。我竭力吸引他们参与游戏,因为这个领域无须道德判断。约翰和迈克尔是一对患有自闭症和智力障碍的双胞胎,在日历和数字方面有着异于常人的能力,我为他们设计的游戏形式是找出因数或质数;至于有图形天赋的自闭症男孩何塞,他的游戏形式是绘画和视觉艺术;而对奈杰尔——一位不会说话、自闭、或许智力低下的年轻人来说,音乐至关重要。我把我的老旧立式钢琴搬到23病区。在我演奏时,奈杰尔和其他一些年轻的病人会围住钢琴。如果奈杰尔喜欢我弹的曲子,他就会跳一些奇特繁复的舞蹈。(我在一份咨询记录中说他是"智障版的尼金斯基[①]"。)

史蒂夫也是一位不会说话的自闭症患者,他被我在医院地下室发现后搬进病房的一张台球桌所吸引,然后以惊人的速度掌握了打台球的技巧。虽然他独自一人可以打上几个小时,但他显然很喜欢和我一起打。据我所知,这是他唯一的社会或个人活动。如果注意力没被台球桌吸引,他就会极度亢奋,到处乱跑,动个不停,把一样接一样的东西拿起来详究——这是一种探索性行为,一半强迫性质,一半游戏性质,就像有些抽动秽语综合征或额叶病变患者那样。

这些病人令我着迷。我从1974年初开始撰写他们的个案史。到当年4月,我已经完成了二十四例——我想已经达到了一本小书的篇幅。

23病区终年上锁。史蒂夫特别不能忍受禁锢。他有时会坐在窗边或夹丝玻璃安全门旁边,向往外面的世界。工作人员从来不带他出去。"他会跑掉的,"他们说,"一溜烟就不见了。"

我为史蒂夫难过,虽然他不会说话,但从他在台球桌旁四下找我、一找到就缠着不走的表现看,他不会从我身边逃走。我和一位同事——他是布朗克斯发展服务机构的心理学家,我为该机

[①]瓦斯拉夫·弗米契·尼金斯基(1890—1950),俄罗斯著名芭蕾舞演员,1919年被送进精神病院,直至去世。

构提供每周一次的治疗——谈了此事。他见过史蒂夫后，认为和我一起带他出去没问题。我们把这个想法告诉23病区的主任竹友医生。他仔细考虑后同意了，说："如果你们带他出去，就要对他负责。你们要确保他安全无恙地回来。"

当我们把史蒂夫带出病房时，他吓了一跳，但他似乎明白我们要出门。他上了车，我们开去离医院十分钟路程的纽约植物园。史蒂夫热爱植物。当时是5月，丁香花盛开。他喜欢那些绿草茵茵的小山谷和所到之处的空旷。走着走着，他摘下一朵花，凝视着它，在我们的认知里第一次开口说话："蒲公英！"

我们惊呆了，我们不知道史蒂夫能认出花来，更不用说知道花的名字。我们在花园里待了半个小时，然后缓缓开车回院，这样史蒂夫就可以好好看看阿勒顿大道上的人群和商店，看看他与之隔绝的喧嚣生活。走回病房时，他稍有抗拒，但似乎明白以后可能还有外出机会。

医院工作人员一致反对这次出行，还预言它将以灾难告终。得知史蒂夫在花园里表现良好，愉悦之情溢于言表，还说出了第一句话，他们七窍生烟，一路怒视着我们。

我一直刻意避开每个星期三的员工大会，但我们带史蒂夫出门的第二天，竹友医生坚持要我出席。我对会上可能听到的内容感到不安，更担心自己会说什么。事实证明，我的忧虑完全有道理。

医院的首席全职心理学家说，医院本已建立组织良好且成效卓然的行为矫正计划，却遭到我的不以外部奖励或惩罚为条件的"游戏"概念的破坏。我为游戏的重要性辩护,还批评了奖励－惩罚模式。我说,我认为这是以科学的名义对病人进行非人虐待,有时甚至到了虐待狂的地步。他们不能接受我的回应,会议在愤怒的沉默中结束。

两天后,竹友走过来对我说:"有谣言说你性侵你的年轻病人。"

我大为震惊,告诉他这样的念头从来没有进入过我的脑海。病人交给我治疗,我就要对他们负责,我绝不会利用我作为治疗者的权力来欺侮他们。

我怒火中烧,忍不住补充说:"你可能知道欧内斯特·琼斯。他是弗洛伊德的同事和传记作者,年轻时在伦敦当神经科医生,治疗智障和精神病儿童,直到有传言说他侵犯他的小病人。这些传言迫使他出走英国,去了加拿大。"

他说:"是的,我知道他。我写过一本欧内斯特·琼斯的传记。"

我想朝他发火,对他说:"你这个该死的白痴,为什么对我落井下石?"但我没有,他可能觉得他只是在调解一场文明的讨论。

我去找莱昂·萨尔兹曼,告诉他发生了什么,他对我表示同情,为我的境遇愤怒,但他认为我最好还是离开23病区。我为抛弃我年轻的病人们感到无比内疚,虽然我没有做错什么。离开23病区的那天晚上,我把已经写好的二十四例个案史扔进了火里。此前我曾经读到过,乔纳森·斯威夫特绝望之下把《格列佛游记》的手稿扔进火里,他的朋友亚历山大·蒲柏把它抢救了出来。可我独自一人,没有像蒲柏那样的朋友抢救我的书。

在我离开的第二天,史蒂夫逃出医院,爬上了高高的窄颈大桥,万幸在跳桥之前得救。我意识到,我突然被迫放弃我的病人们,对他们来说至少和对我来说一样艰难、一样危险。

离开23病区时,我满心愧疚、悔恨和愤怒:我愧对病人,后悔把书稿扔进火里,对性侵指控盛怒不已。这些指控都是无中生有,但它们令我深感不安。我想,那次星期三员工大会上,我对病房的管理发表了几句意见,结果我的职业生涯天翻地覆。现在,我要写一本书,向全世界揭露黑暗内幕,书名就叫《23病区》。

离开23病区后不久,我去了挪威,因为那里宁静宜人,在我看来会是写长篇抨击的好地方。然而,我遭遇了一连串事故,一个比一个严重。第一桩事故是这样的:我在挪威较大的峡湾之一——哈当厄尔峡湾——上划船,划到老远的地方,手忙脚乱之中,一支船桨落水。我用单桨好不容易划回岸边,历时数小时,其间有一两次差点绝望。

第二天,我出发去爬一座小山。我独自一人,没有告知任何人我的去向。在山脚下,我看到一个挪威文的标志牌,上面写着"小心公牛",还配了一幅小漫画,画的是一个人被公牛挑起抛入空中。我心想,这一定是挪威人的幽默感。山上怎么可能养公牛呢?

我把警告抛在脑后。没想到，几个小时后，我怡然自得地绕过一块巨石时，猛地跟正襟危坐在小道当中的一头大公牛来了个面对面。"恐怖"这个词实在不足以形容我当时的感受。恐怖诱发了某种幻觉：公牛的脸似乎越胀越大，直到充满整个宇宙。我故作洒脱地转身往来路走，就好像我心之所至，恰好在彼时决定返程。但随后我心态崩了，失措地撒腿在泥泞湿滑的小路上奔跑起来。我身后传来沉重的、咚咚的脚步声和粗浊的呼吸声（是公牛在追赶吗？），然后——猝不及防间——我摔到了某个悬崖底下，左腿在身下怪异地扭曲着。

在极端情况下，解离心理作用可能会冒头。我首先想到的是某人，一个我认识的人，发生了意外，一个糟糕的意外，然后我才意识到我就是那个人。我试图站起来，但左腿软得就像煮熟的通心粉。我对它进行检查——非常专业的检查，我把自己想象成一位骨科医生，向全班学生示教创伤："你们看，股四头肌肌腱已经完全撕裂，髌骨可以来回翻转，膝关节因为脱臼可以后弯。"话音刚落，我大叫一声。"这导致病人出声大叫。"我补充道，然后再次回过神来，意识到我不是教授、没在拿哪个受伤的病人做示范，我就是那个受伤的人。临行前我拿了一把雨伞当手杖用。这时我折断雨伞的手柄，从防水外套上撕下布条，用伞杆当夹板绑在腿上，动身下山，必要的时候用手臂支撑山体以便站稳。起初，我的动作幅度很小，因为我认为那头公牛可能还在附近。

我扶着山石、拖着无用的左腿走在山路上，心绪翻腾。倒不是说我的一生在我眼前放电影般地一闪而过，而是许许多多的记忆胶卷陆续展开。它们几乎都是美好的回忆、感激的回忆、夏日午后的回忆、被爱的回忆、受人惠益的回忆,以及自己也曾惠益过他人的庆幸。特别是,我想,我写过一本好书和一本杰作,我发现自己用的都是过去式。一行奥登的诗句在我脑海中回荡:"让你最后的情意都是谢意。"

漫长的八个小时过去了,我接近休克,腿部大幅肿胀,但幸运的是没有出血。天很快就要黑了,气温逐渐下降。没有人在找我,甚至没有人知道我在哪里。突然,我听到一个声音,抬头一看,山脊上有两个身影——一个持枪的男人,他旁边还站着一个体形小一圈的人。他们下来救了我。当时我想,被人从几乎必死的境地中救出来,一定是人生最甜蜜的经历之一。

我被空运到英国,四十八小时后做了修复撕裂的股四头肌肌腱和肌肉的手术。然而,术后两周或更长的时间内,我既不能移动也感觉不到伤腿。它犹如天外来客,非我肢体,我深感疑惑和迷茫。我的第一个想法是我在麻醉状态下中了风。我的第二个想法是我得了癔病性瘫痪。给我做手术的外科医生听了我的倾诉,表示不解,只说了一句:"萨克斯,你很独特。我从来没有听说过这样的事情!"

最终,随着神经的恢复,股四头肌恢复了活力:最早的迹象是肌束震颤,个别的肌肉纤维束在此前无力松弛的肌肉中抽动;接着是股四头肌的小规模自主收缩能力,使肌肉紧张(在之前的十二天里,它一直像果冻一样无法收缩);最后是屈髋的能力,尽管我做这个动作的时候不稳定,没多大气力,而且很容易疲劳。

于是我被带到石膏室,在那里换石膏并拆线。拆掉石膏的腿看起来很陌生,不像"我的腿",更像解剖博物馆里的漂亮蜡像模型。拆线的时候,我没有任何知觉。

重新打上石膏后,他们带我去理疗室,扶我站起来练走路。之所以如此,是因为我已经忘记了如何不借助外力主动地站立和行走。我在别人的搀扶下试图站起来,但眼前快速闪过一系列左腿的图像:它一会儿很长、一会儿很短,一会儿纤细、一会儿粗短。过了一两分钟,这些图像趋于相对稳定。在我的想象中,我的本体感觉系统正在重新调整,以适应蜂拥而来的感觉输入和连续两周没有任何知觉或运动的左腿的第一轮时断时续的运动输出。可是,移动这条腿的感觉就像操纵机械——我必须有意识地、试探性地一步一步走。这与正常的、流畅的行走完全不同。然后,刹那间,我幻听到门德尔松的小提琴协奏曲中一个华丽的、节奏鲜明的段落。(我入院后,乔纳森·米勒给了我一盘这首曲子的磁带,我一直在播放它。)随着演奏的展开,我发现自己突然能走动了,恢复了(神经病学家们所称的)行走的"动感旋律"。几秒钟后,幻听到的音乐停了,我的步子也停了下来,我需要门德尔松的音乐才能继续行走。不过,不到一个小时,我就恢复了流畅的自主行走,不再需要想象中的音乐伴奏。

两天后,我转院到卡恩伍德之家——一座位于汉普斯特德希思的恢宏疗养院。我在那里住了一个月,社交活动频繁得出奇。

来看我的不但有爸爸和伦尼姨妈，还有我的哥哥戴维（他安排了我从挪威飞来伦敦并紧急入院），甚至还有迈克尔。侄女、侄子和表兄弟姐妹们也来了，还有邻居、犹太会堂的人，以及几乎每天来访的老朋友乔纳森和埃里克。所有这一切，再加上我死里逃生、行动能力和独立性日渐恢复，为我在疗养院的几周平添了一种特殊的节日气氛。

爸爸有时会在上午看诊结束后来访（虽然他已经年近八十，但他照旧上整天的班）。他特意去看望住在卡恩伍德之家的一些老年帕金森病人，与他们合唱一战时期的歌曲；他们中的许多人虽然几乎不能说话，可一旦我父亲起了头就能跟着唱。伦尼姨妈下午来，我们会移步室外，在10月温和的阳光下聊上几个小时。在我的行动能力增强、扔掉腋杖改用手杖后，我们会步行去汉普斯特德或海格特村的茶馆。

如果没有腿伤事件，或许我无法认识到，一个人的身体和身周空间如何映射在大脑中，而肢体损伤又会如何剧烈地扰乱这种中枢映射，尤其在肢体受伤同活动受限、石膏裹体相结合的情况下。我还第一次体会到生命的脆弱和死亡的近在咫尺。早年骑摩托车的时候，我胆大包天。朋友们评论说，我似乎认为自己有不朽神体、刀枪不入。但在我摔下山崖死里逃生之后，我的生活里开始出现恐惧和谨慎的情绪，它们一直伴我至今，无论是好是坏。无忧无虑的生活在某种程度上变成了谨小慎微的生活。我觉得这是青春的终结，而中年正向我走来。

事故刚发生，伦尼姨妈就意识到可以写一本书，而且她喜欢看我在笔记本上写写画画。("不要用圆珠笔!"她厉声告诫我,她那漂亮清晰、圆润外鼓的笔迹总是用钢笔写就。)

科林得知我的事故后极为震惊,但听我讲来龙去脉以及住院时的情形时,他又非常入迷。"这个内容很棒!"他惊叹道,"你一定要把它全部写出来。"他顿了顿,然后补充说:"听起来好像你现在就生活在这本书里。"几天后,他给我带来了他刚刚出版的一本书的无字版(无字书就是只有封面没有文字、内里全是空白页的书)——七百页空空如也的乳白色纸张——以便我躺在医院病床上写作。我很喜欢这个巨大的笔记本,它是我所拥有的最大号的笔记本。我详细如实地记录了自己的非自愿神经系统边缘地带之旅。(其他病人看到我拿着这个大本子会感叹说:"你这个幸运的家伙——我们得了病只能熬,你却能写书。")科林经常来看我,对我的康复情况和我的"书"的进展一样关心。他的妻子安娜也经常来,给我送上水果和熏鲑鱼等礼物。

我打算写一本关于肢体失而复得的书。鉴于我在上一本书里写了"觉醒",我想这一本书应该叫作"复苏"。

可是,我在写这本书的过程中碰到了以前没有遭遇过的问题,因为我不得不重温那场事故、重温当病人时的被动和恐惧;它还会暴露我的一些私密感受,而我以"医生"身份写的东西从不流露个人情感。

还有许多其他问题。《睡人》出版后的反响让我欣喜,但也让我有点缩手缩脚。奥登和其他人说出了我几乎不敢想的事情——《睡人》是一部重要作品。但如果真是这样的话,我自觉无法再写出一本书来跟它媲美。此外,《睡人》所包含的丰富临床观察记录被我的同行们无视,那这本完全关于单一主体——我本人——的奇特主观体验的书还有什么盼头?

1975年5月,我写出了《复苏》的初稿(后来在乔纳森·米勒的建议下改名为《单腿站立》)。我和科林都觉得它很快就可以出版。事实上,科林非常有信心,将其列入了出版社下一年度——即1976—1977年——的发行目录。

然而,就在1975年夏天,在我努力完善这本书的当口,科林和我之间出了问题。米勒夫妇8月去了苏格兰,让我住进他们在伦敦的房子。它就在科林家对面,不能再近了——还有什么能比这更适合接下来的工作呢?写《睡人》时我俩朝夕相处,愉快而高产,可这一次的效果正好相反。我每天早上写作,下午散步或游泳。每天晚上七八点,科林会过来。那时他已经吃过晚饭,而且通常也已经喝了不少酒,往往满脸通红、动辄发脾气、跟我斗嘴。8月的夜晚炎热而沉闷。也许是我的手稿有什么问题,也许是我的某些方面挑起了他的愤怒;那个夏天我既紧张又焦虑,写作信心不足。他会从我的打字稿中挑出一页,读出其中的某个句子或段落,然后批评它——它的语气、它的风格、它的内容。他对每一个句子、每一个想法都担心到死——或者在我看来是这样。我想,他没有表现出之前助我茁壮成长的幽默感和亲切感,我在他的审查下枯萎了。在这样的晚间会议结束之后,我会产生一种冲动,想把一天的工作成果撕掉,觉得这本书纯粹是个痴念——我写不下去,或者说不应该写下去。

1975年的夏天，我们不欢而散，这段日子也给以后的岁月投下了阴影（尽管我再也没有见过科林进入这种状态）。《单腿站立》终究没能在那一年完工。

伦尼姨妈担心我。《睡人》已经大功告成，《单腿站立》搁浅，似乎没有什么特别的项目提起我的兴致。她写信说："我非常希望……适合你的那种工作会出现，而且不断出现。我坚信你必须写作，无论你是否有心情。"两年后，她再次敦促："丢开《单腿站立》，不要再想它，写你的下一部作品。"

在接下来的几年里，我多次改写《单腿站立》，每一稿都比上一稿更长、更错综复杂、更曲折。甚至于我写给科林的信也超长——其中一封1978年寄出的信长达五千多字，外加两千字的附录。

我也给鲁利亚写信，同样写得过长。他耐心地深思熟虑后才回复。终于，他知悉我的纠结，有意写书却迟迟下不了决心，给我发了一封两个字的电报："写吧。"

继电报之后，他又给我写了一封信，其中谈到"周围神经损伤的中枢共鸣"。此后他写道："你正在探索一个全新的领域……请发表你的观察结果。它可能会改变治疗周围神经障碍的'兽医式'方法，为更深入和更人性化的医学开辟道路。"

然而写作——永无休止的写作和撕稿——仍在继续。写《单腿站立》比我以前写任何东西都要痛苦和艰难。我的一些朋友（尤其是埃里克）看到我如此痴迷和困顿，劝我放弃这本烂尾书。

1977年，我当年在加州大学洛杉矶分校医院的神经病学导师查理·马卡姆来到纽约。我很喜欢查理，曾经协助他做过运动障碍研究。我们共进午餐。他询问了我的工作情况，感叹道："但你没有职位！"

我说我有自己的位置。

"什么？你有什么职位？"他问（他新近走马上任加州大学洛杉矶分校神经病学系主任）。

"深入医学中心，"我答道，"那就是我的位置。"

"喊。"查理说着做了一个不以为意的手势。

在我的病人们"觉醒"的那几年里，这个信念已经在我心底生根发芽。当时我住在医院隔壁，有时候一天十二或者十五个小时和他们在一起。我欢迎他们来我公寓，一些比较活跃的病人会在星期天上午到我那里喝一杯可可，有些病人会被我带去医院对面的纽约植物园。我监测他们的用药和他们时常不稳定的神经系统状态，但我也尽我所能让他们过上充实的生活——在考虑到他们身体局限性的基础上尽可能充实。我觉得，这些病人多年来一直被关在医院里不能动弹，尽量为他们把生活的大门开大一点是我作为医生的重要职责。

虽然我失去了在贝丝·亚伯拉罕医院的职位、不再领取薪水，但我仍然定期去那里。我和我的病人们关系深厚，我不舍得中断联系，即便我开始去其他医院场所——散布纽约市各处的疗养院，从斯塔滕岛到布鲁克林和皇后区都有[1]——看诊。我成了一名神经病学游方郎中。

我后来去的那些疗养院一般冠名为某某"庄园"。在某些"庄园"里，我看到医务人员的傲慢，看到医学技术是如何凌驾于病人之上。某些情况下，医务人员有意无视病人，形同犯罪——病人被迫独处，连续数小时无人照看，甚至受到身体或精神上的虐待。在某一个"庄园"，我发现了一位髋关节骨折的病人，疼痛难忍，却没有工作人员关注，只得躺在一摊尿液中。还有一些疗养院，虽说工作人员不曾失职，但也只是提供了基本的医疗护理而已。住进疗养院的病友们需要意义——生命、身份、尊严、自尊和一定程度的自主性，却遭到忽视或回避。"护理"仅限于医疗护理，由员工机械地完成。

我认为这些疗养院的做法和23病区一样可怕，或许更令人不安，因为我忍不住想，它们是不是未来的预兆或"样板"？

安贫小姊妹会属下的安老院同上述"庄园"截然相反。

我从小就知道安贫小姊妹会，因为我父母都去过该会位于伦

---

[1] 20世纪70年代末和80年代初，我还在爱因斯坦医学院下属的一个阿尔茨海默病诊所待了一段时间，并根据其中一些病人的情况编写了五份长篇病史。我把手稿寄给了我在爱因斯坦医学院的前主任鲍勃·卡茨曼（他已经转赴加州大学圣迭戈分校担任神经病学系主任）。但不知何故，手稿在中途丢失了——又一本像《肌阵挛》一样不得重见天日的书。——作者注

敦的安老院看诊——我父亲是全科医生,母亲是外科顾问医生。伦尼姨妈常说:"如果我中风或者残废了,奥利弗,把我送到小姊妹会去。他们的护理是世界上最棒的。"

安贫小姊妹会安老院重视生活质量——从居民的身体条件和需求出发,让他们过上可行范围内最丰富、最有意义的生活。一些居民有中风史,有的罹患痴呆或帕金森病,有的"生病"(癌症、肺气肿、心脏病等),有些是盲人,有些是聋哑人。还有一些居民,虽然健康状况良好,但十分孤独和寂寞,渴望人际温情和社区纽带。

除了医疗护理,小姊妹会还提供各种治疗——物理治疗、职业治疗、语言治疗、音乐治疗,以及(如需要)心理治疗和咨询服务。除了治疗之外,还组织各种活动(同样起到治疗作用)。这些活动并非无中生有,而是真实有用,例如园艺和烹饪。许多居民在养老院里扮演特定角色、拥有特定身份——从在洗衣房帮忙到在小教堂里演奏风琴不一而足,有些居民饲养宠物。安老院还会组织外出,去博物馆、赛马场、剧院和园林。有家人的居民周末可以外出就餐,节假日可以住到亲戚家。附近学校的孩子们也会定期来访。他们会自发地、毫无异色地同比他们大七八十岁的老人互动,有时甚至培养出深厚情谊。安贫小姊妹会是宗教组织,所以宗教为其内核,但它不强求信仰。安老院里没有传教布道活动,不存在任何形式的宗教压力。并非所有的居民都是教徒,尽管执事修女们极其虔诚。如果没有她们的奉献精神,很难想象护理水平能有这么高。①

居民们放弃自己的小家、来安老院与他人共同生活，适应起来可能（也许必然）不容易，但绝大多数小姊妹会安老院的居民能过上有意义的愉快生活——有时胜过此前多年。与此同时，他们所有的健康问题都得到密切监测和精心治疗。当那一天来临时，他们可以走得平静而不失尊严。

所有这一切都代表了一种古老的护理传统。小姊妹会自19世纪40年代以来就一直奉行它，而它的渊源事实上可以追溯到中世纪的教会传统（维多利亚·斯威特在《上帝的旅舍》中对此有动人的描述）。当然，这个传统如今与现代医学所能提供的最好的护理相结合。

"庄园"们令我心生沮丧，不久后我就中止为它们服务。与此相反，小姊妹会激励了我，我喜欢去它附属的安老院，其中有几家到现在我已经服务了四十多年。

1976年初，我收到伦敦米德尔塞克斯医院学生乔纳森·科尔的来信。他说他很喜欢《偏头痛》和《睡人》，还说他学医前曾

---

① 安老院里时常出现两难困境，而小姊妹会的应对表现出宽广的胸怀和清晰的思维。一位名叫弗洛拉·D.的居民罹患帕金森病，左旋多巴对她帮助很大。但服药后她开始做各种极其露骨的梦，为此忧心忡忡。服用左旋多巴后做春梦或噩梦并不罕见，可弗洛拉梦到自己乱了伦常，与她父亲性交。她在羞愧与焦虑之下向一位修女倾诉。修女说："你不需要对你晚上做的梦负责。如果这些是白日梦，那就完全不同了。"这个道德区分非常清晰，同鲜明的生理区别也非常吻合。——作者注

经在牛津大学做过一年感觉神经生理学研究。他询问可否到我麾下度过大约两个月的选修期。"我期待着，"他写道，"观摩您所在科室的实践，并乐意选修贵科提供的带教课程。"

差不多二十年前，我就是米德尔塞克斯医院的学生。现在，一位学弟来找我，很暖心，也令我感到荣幸，但我必须打消他的念头，务必不能让他以为我地位尊崇、能力出众到能够提供医学院水平的教学，于是我给他回了信。

亲爱的科尔先生：

感谢您2月27日的来信。未能尽早回复，请见谅。

我之所以迟迟未能回复，是因为我不知道该怎么回复。我的现状如下：

我没有执掌一个科室。

我不属于任何科室。

我就像吉卜赛人，靠打零工过活——勉强维生，岌岌可危。

我在贝丝·亚伯拉罕医院全职工作时，经常有学生在选修期来我这里——双方都觉得此种经历非常愉快、很有价值。

然而现在我没有任何职位或大本营，四处游荡。我无法提供任何正式的带教——或任何可以为你挣得学分的活动。

至于非正式带教，我去不同的诊所和疗养院，见到形形色色的病人，（我有时认为）所见、所学、所做颇多，因而每一次看—学—做均可视为带教。无论走到哪里，我觉得我诊治的每一个病人都很鲜活，每一个病例都很有趣、有价值；从来没有哪位病人不曾教我一些新东西，不曾在我心中激发新感受、在我脑中开辟新思路；如果有人和我一起经历这一切，我认为他们也会有这种冒险的感觉。（我把神经病学的一切都看作某种冒险！）

请写信给我，让我知道你的下一步安排——再一次强调，我很愿意非正式地带你流动看诊，但我绝不"具备"任何正式的教学条件。

祝你万事如意——再次感谢。

奥利弗·萨克斯

乔纳森花了将近一年的时间才弄到经费。1977年初，他到我这里来选修。

我想，我们俩都有点忐忑：虽然我没有全职工作，但我毕竟发表了《睡人》，而乔纳森在牛津大学做过感觉神经生理学研究，在生理学思想方面显然比我要成熟和先进得多。这对我们俩来说都将是一次全新的、前所未有的体验。

很快，我们发现我们对同一个主题拥有强烈的兴趣，我们都对"第六感"——即本体感受——入迷：虽然它是无意识的，看不见摸不着，但可以说比任何一种感官的感知，或者五感加起来更重要。一个人可以像海伦·凯勒那样既盲又聋，却仍然过着相当充实的生活，然而本体感受对于一个人感知自己的身体、四肢在空间中的位置和运动至关重要，事实上它对于感知个体的存在至关重要。如果本体感受消亡，人还能存活吗？

这样的疑问在日常生活中很少浮现。本体感受一直存在，从不张扬，悄然指引着我们的每一个动作。如果我在写《单腿站立》一书时（恰逢乔纳森来纽约）没有遭遇奇特的困扰——我认为这种困扰很大程度上源于本体感受崩溃，以致要是看不到自己的左腿，我都不知道它在哪里、它是什么东西，也不觉得它是"我的"——我不确定自己是否会在意本体感受。

事出偶然，就在乔纳森来纽约前后，我的朋友兼同行伊莎贝尔·拉潘转诊给我一位病人。① 这位年轻妇女突然被病毒性疾病夺走了脖子以下的所有本体感受和触觉。乔纳森在1977年的时候不可能知道，他的未来人生将与另一位患有同类病症的病人的人生难分难解。

乔纳森和我一起去小姊妹会安老院和纽约各处的其他护理机构，见识了各种各样的病人。其中有一位让我们记忆犹新。他患有科尔萨科夫综合征，因为健忘而喋喋不休。在三分钟的时间里，"汤普森先生"（我后来给他起的化名）指认（身穿白大褂的）我是他熟食店的顾客、跟他一起去看赛马的老朋友、犹太洁食屠夫和加油站服务员，最后在提示下才猜到我大概是他的医生。② 汤普森先生一次又一次地猜错，但坚持不懈地猜，我被他逗得哈哈大笑。乔纳森（他后来告诉我）表面镇静，但心里大吃一惊，

---

① 数年后，我以《灵肉分离的女子》为题，在《错把妻子当帽子》一书中讲述了她的故事。——作者注
② 我把汤普森先生写进了《错把妻子当帽子》中的"身份碎片"一章。——作者注

没想到我竟然嘲笑病人。可后来，汤普森先生这位天性热情洋溢的爱尔兰裔美国人也被自己的科尔萨科夫综合征想象力逗乐了。乔纳森放松下来，跟着哈哈笑。

我去见病人的时候习惯随身携带摄像机。乔纳森对录像和即时回放功能很感兴趣，摄像在当时尚属新生事物，医院用得很少。他发现，帕金森病患者们会不自觉地加速行走或者身体侧倾，但在录像上观看到自己的姿势或步态后，他们会警觉——然后学习如何纠正。此种事例令他着迷。

我带乔纳森去了贝丝·亚伯拉罕医院几次，他特别想见见他在《睡人》里读到过的病人。他对我说，在我写下这些病人的故事甚至拍下他们的影片后，病人们仍然认为我是一位值得信赖的医生、没有利用或背叛他们，实在太有意思了。八年后，乔纳森遇到了伊恩·沃特曼，人生从此改变。当时他一定想到了这一点。

伊恩和克里斯蒂娜——灵肉分离的女子——一样，都遭受严重感觉神经病变的打击。他原本是一个健壮的19岁少年，但病毒突然夺走了他头部以下的所有本体感受。大多数罹患此种罕见病的人士几乎无法控制自己的四肢，只得爬行或使用轮椅。然而伊恩找到了许多应对病情的神奇方法，尽管神经系统有严重缺陷，但他仍然过着相当正常的生活。

我们一般人的许多动作都是自动进行的，不需要我们有意识地监督，但同样的动作，伊恩只能在有意识的考量和监督下做到。静坐时，他必须有意识地挺直身体，以免向前扑倒；行走时，他必须保持膝盖不动，将视线集中于脚步。由于缺乏本体感受这个"第六感"，他必须用视觉来代替。因为他的视线和注意力必须高度集中，所以他不大能够同时做两件事。他可以站立，也可以说话，但为了站着说话，他必须靠在一个支撑物上。他可能看起来非常正常，但如果灯光在没有任何预警的情况下突然熄灭，他会无助地倒在地上。

多年以后，乔纳森和伊恩关系深厚——既有医生和病人的关系，也有研究者和研究对象的关系，而且同事和朋友的色彩日渐浓重（他们已经合作了三十年）。在这几十年的合作过程中，乔纳森撰写了几十篇科学文章和一本关于伊恩的优秀作品，名为《骄傲与每日马拉松》。（他现在正忙着写续集。）[1]

岁月匆匆，我目睹我的学生乔纳森成长为杰出的医生、生理学家和作家，比这更令我感动的事情寥寥可数。迄今为止，乔纳森已经完成了四部重要著作和一百多篇生理学论文。

1965年搬到纽约后，我养成了骑摩托车探索乡间道路的习

---

[1] 20世纪90年代初，我把乔纳森介绍给我的朋友玛莎·艾文斯。她是一名宇航员，执行过五次航天飞机飞行任务。（她告诉我，她在绕轨道飞行时读了《灵肉分离的女子》。）

我们很好奇，伊恩如果上太空会怎样。玛莎说，从重力角度来说，最接近太空飞行的体验是乘坐失重飞机，也就是人们熟知的"呕吐彗星"。通过急剧爬升和俯冲，它将乘客从近2g短暂地带入0g状态。大多数人在0g时感受到全方位的失重，在2g时感受到相应的沉重感。但伊恩两者都感觉不到。——作者注

惯，希望找到一个合适的地方，时不时地去度个周末。一个星期天，我驾车穿行于卡茨基尔山脉，在湖畔发现了一个古色古香的老式木屋旅馆——杰弗逊湖旅馆。旅馆的主人是一对和蔼可亲的德裔美国夫妇，洛乌·格鲁普和贝尔塔·格鲁普。我们很快就熟了。他们优待我的摩托车，准许我把它停放在大堂里，让我特别感动。它很快就成为当地人熟悉的周末风景。"医生又来了。"他们看到这辆摩托车就会说。

我特别喜欢在星期六晚上泡在旅馆的老式酒吧里。个性鲜明的人物纷至沓来，聊天、喝酒。酒吧里陈列的老照片展现旅馆在20世纪20年代和30年代全盛时期的风貌。我的写作主要是在吧台旁边的一个小角落里完成的。在那里，我可以独处，不受打搅，无人窥视，但又能感受酒吧里的鲜活人生。

过了十几个周末后，根据与格鲁普夫妇达成的协议，我将租用旅馆地下的一个房间，想来就来，想走就走，东西——基本上就是一台打字机和游泳用品而已——不带走。这个房间，外加厨房和酒吧以及酒店所有设施的使用权，每月只需两百美元。

杰弗逊湖畔的生活非常健康，也很宁静简朴。20世纪70年代初，我放弃了摩托车——纽约城的路况越来越危险，骑摩托车不再是一种乐趣，但我一贯在汽车顶安装自行车架。漫长的夏日里，我会骑上几个小时的自行车。我经常在旅馆附近的老苹果酒厂停车，买上两瓶半加仑的烈性苹果酒，挂在车把上。我喜欢苹果酒，而这些半加仑一瓶的酒，浅斟慢酌，保持对称——从这瓶里喝一口，再从那瓶里喝一口，反复交替——能在漫长一天的骑行中为我补充水分，让我陷入微醺。

离旅馆不远处有一个马厩。有时我会在星期六早上去那里，花几个小时骑一匹高大的佩尔什马。马背很宽，骑上去仿佛骑大象。当时我很壮实，体重超过 250 磅，但这匹高头大马载着我似乎毫不费力。想当年，全副武装的骑士和国王骑的就是这样的马，据说亨利八世佩甲后重达 500 磅。

但最大的乐趣是在平静的湖水中游泳。那里偶尔会有渔船慢橹轻摇，但没有摩托艇或喷气式滑水车出没，不会危及猝不及防的泳客。杰弗逊湖酒店堪比明日黄花，精心设计的游泳平台、木筏和亭子完全荒废，无声腐烂。我一游泳就会忘记时间，恐惧和烦恼烟消云散，身心为之一轻，思维活跃。一个个念头和意象，有时是一段段文字，在我脑海中次第浮现。我只好每隔一段时间就上岸，把它们记在我放在野餐桌上的一个黄色拍纸本里。为了不让灵感溜走，我顾不得擦干身体，任凭水珠滴到本子上。

据说，埃里克·科恩和我是坐在婴儿推车里认识的。近八十年来，我们一直是最亲密的朋友。我们经常一起旅行。1979 年，我们乘船去荷兰，然后租自行车环游该国，绕了一大圈之后回到我们最青睐的城市——阿姆斯特丹。住在英国的埃里克经常去荷兰，但我已经有好几年没去了。因此，当有人在一家咖啡馆里公开向我们兜售大麻时，我大吃一惊。当时我们坐在桌旁，一个年轻人向我们走来，熟练地打开了一个类似折叠钱包的东西，露出十几种大麻。在 20 世纪 70 年代的荷兰，拥有和适量使用大麻已经完全合法。

埃里克和我买了一包,但后来忘了抽。事实上,我们完全忘记了买过这个东西,直到我们抵达海牙、准备出海乘船回英国的那一刻。海关官员问了我们一些惯例性问题。

我们在荷兰买过什么东西吗?他问。也许买过利口酒?

"买了,荷兰金酒。"我们回答。

香烟呢?没买,我们不抽烟。

大麻呢?噢,买过,我们忘得一干二净了。"好吧。在你们到达英国之前扔掉。"海关官员说,"否则违法。"我们带着大麻上船,打算一会儿享用。

后来我们真的抽了一点,然后把剩下的扔进了海里。也许我们抽的不止一点,我们两人都已经好多年没抽过了,而这个大麻的效果比我们预期的强得多。

几分钟后,我离开埃里克在船上信步,走着走着就到了船长的操舵室附近。日近黄昏,操舵室里灯火通明,看上去很迷人,犹如童话故事里的布景。船长正双手把舵,一个十岁左右的小男孩站在他身边,膜拜他的制服、黄铜装置、玻璃表盘,还有被船头劈开的海面。我发现门没锁,于是也进了操舵室。船长和他身边的小男孩都不动声色。我安静地站到船长的另一侧。船长向我们展示了怎样转舵、各种表盘的作用,小男孩和我问了他很多问题。我们太投入了,无暇注意时间的流逝。当船长说快到英国海岸的哈里奇时,我们很吃惊。告别船长后,小男孩去找他的父母,而我则去找埃里克。

等我找到埃里克，他满脸焦虑，憔悴不堪，一看到我就如释重负般地抽泣起来。"你去哪儿了？"他说，"我到处找你，我以为你跳海了。感谢上帝，你还活着！"我告诉埃里克，我一直在船长的艏楼里，很开心。然后，我被他的话和他的表情惊到了。我说："你在意我，你真的在意我！"

"当然了，"埃里克说，"你怎么能怀疑呢？"

然而，我当时不太相信有人在意我。现在想来，我有时连父母对我的关心都意识不到。如今，我重读他们在我五十年前来美国时写给我的信，我才知道他们的关心有多深。

或许我还错漏了许多其他人对我的深切关怀——我认为别人不在意我，这是不是我自己身上某些缺陷或抑制的投射？我曾经听过一个广播节目，专门讲述那些像我一样在二战期间被撤离到乡间、幼年就与家人天各一方的人的回忆和想法。采访者评论说，这些人历经童年的痛苦和创伤，现在看起来适应得很好。"是的，"一位男士说，"但我直到现在还有三件事做不好：跟他人建立关系、形成归属感和相信别人。"我想，在某种程度上，我跟他一样。

1978年9月，我给伦尼姨妈寄去又一稿《单腿站立》。她回信说觉得现在这个版本可能是"一本快乐的、令人手舞足蹈的书"——她松了一口气，因为我貌似终于要转向其他兴趣了。在信的最后，她写到了一个不祥的话题：

我正在等待入院，因为我看的那位出色的外科医生认为，对我那恼人的食管裂孔疝和食道进行大手术的时机已经到来。你爸爸和戴维似乎不太乐见，但我对他很有信心。

这是伦尼给我的最后一封信。她进了医院。事情出了差错。原本以为简单的手术变成了灾难性的开膛破肚。伦尼获悉内情后，觉得靠静脉注射营养液对抗不断扩散的癌症是一件不值得的事。她决定停止进食，只喝水。我的父亲坚持找心理医生来，但心理医生说："她是我见过的神志最正常的人，你必须尊重她的决定。"

我一听到这个消息就飞回英国，在日渐虚弱的伦尼的床边度过了许多快乐但又无限悲伤的日子。她身体虚弱，但始终怡然自得。在我不得不返回美国前，我用了一个上午的时间在汉普斯特德希思公园采集我能找到的所有不同树叶，然后送给她。她很喜欢，准确说出了所有树种的名字。她还说，这些树叶让她仿佛回到德拉梅尔森林。

1978年末，我给她寄出了最后一封信。我不知道她有否读过：

最亲爱的伦尼：

我们所有人都非常希望这个月你能恢复健康；然而，不幸的是，我们的愿望没能成真。

我听说你很虚弱、很痛苦——而且现在你宁愿辞世，我的心都碎了。你一直热爱生活，你的精神支撑着许多人坚持前行，现在你却平静而勇敢地怀着所有逝去的悲伤直面死亡，甚至选择死亡。我们，我，没法像你那样坦然面对你的离开。你是我在这世界上最挚爱的人之一。

我还是抱着一丝希望，希望你能经受住这一痛苦的考验，再次享受完满人生。但如果事与愿违，我必须感谢你——再次感谢你，最后一次感谢你，感谢你活过——感谢你是你。

爱你的，
奥利弗

我在普通的社交场合很害羞，无法轻松地聊天，而且脸盲（一辈子如此，现在因为视力下降，情况更糟）；我对与政治、社会或性相关的时事知之甚少，也不感兴趣。此外，现在我还患有重听，这其实就是重度耳聋的委婉说法。有鉴于这一切，我倾向于退居一角，藏在人群中，不希望引人注目。正因为此，在20世纪60年代，当我去同性恋酒吧时，我没法搭讪，只好痛苦地蜷缩在某个角落里，一个小时后就离开，既孤独又悲伤，但不知何故还感到解脱。然而，如果我在聚会上或其他地方发现有人与我兴趣（往往是科学方面的兴趣）相同——火山、水母、引力波等等，我就立即会跟对方谈得热火朝天（尽管不久后我还是有可能认不出来这人是谁）。

我几乎从不在街上和人搭话。但几年前，有一次月食，我到室外用二十倍小望远镜观察。人行道上人来人往，似乎都对他们头顶上发生的非同寻常的天象视而不见，于是我伸手拦人，对他们说："看！看看月亮的变化！"还把我的望远镜塞到他们手里。他们很是惊异，但看我一脸无辜、热情万分，不由得把望远镜举到眼前，发出一声"哇"，然后把它递还给我，说："嘿，伙计，谢谢你让我看这个！"或者"哎呀，谢谢你给我看"。

经过我所住大楼对面的停车场时，我看到一个女人在和停车场管理员激烈争吵。我走到他们面前说："先别吵了——看一下月亮！"他们一惊，不吵了，抬头看月食，相互传递望远镜。然后他们把望远镜还给我，向我表示感谢，继续中气十足地吵了起来。

几年后，类似的一幕上演。当时我正在写《钨舅舅》，其中有一章讲到光谱学。为此我常常带着一个小小的袖珍分光镜在街上闲逛，用它来观察不同的灯光，赞叹它们各个不同的光谱线——钠灯辉煌的金线、霓虹灯的红线、卤素汞灯的繁复光线和它们的稀土磷光体。路过我家附近的一个酒吧时，我被里面的各种彩灯震撼，于是把分光镜贴在窗户上仔细观察。然而，我举着一个奇特的小仪器盯着人看（里面的顾客是这么认为的）的怪异行为显然让他们不安，于是我大胆地走进去——这是一家同性恋酒吧——说："不要再谈论性了，各位！来看看真正有趣的东西吧。"酒吧里一片茫然的寂静，但我又一次以孩子般的率真热情赢得了胜利。分光镜从一个人手里传到另一个人手里，大家纷纷发出诸如"哇——太酷了！"之类的评论。分光镜转了一圈之后又递回到我手里。他们向我表示感谢，然后重新开始谈论性。

我又为《单腿站立》一书呕心沥血了好几年，终于在1983年1月把定稿寄给了科林。这时距离提笔动工已经将近九年。书稿的每一部分都整齐地打印在不同颜色的纸张上，但总字数已经膨胀到三十万余字。科林大为光火，编辑工作几乎占据了整个1983年。最后，付印版本的字数不到原来的五分之一，只有五万八千字。

尽管如此，把整本书交给科林后，我感到无比轻松。我始终迷信地认为，为了"驱邪"，我必须在书里完整讲述我在1974年遭遇的事故，否则它就会虎视眈眈，伺机反扑。现在，书已经写完了，我不再有重蹈覆辙的危险。然而，造化弄人，十天后在布朗克斯区——那是一个风雪交加的日子——我成功地以一种特别笨拙的方式摔倒，我所担心的事故再次降临。

当时，我把车开进了锡蒂岛的一个加油站。我把信用卡递给加油站工作人员，打算下车站一会儿，伸个懒腰。我一下车就滑倒在一块黑冰上。那个工作人员拿着收据回来的时候，发现我倒在地上，半边身子在车底。

他说："你这是在干什么？"

"晒日光浴。"我回答。

他说："不，我问的是，你怎么了？"

我说："我断了一条胳膊一条腿。"他回答道："你又在开玩笑。"

"没有，"我说，"我没开玩笑，你最好叫个救护车。"

等我到了医院，外科住院医生问我："你手背上写的是什么?"(我在那里写了字母 CBS。)

我说:"噢,那是一个有幻觉的病人,她得了邦纳综合征[1],我正要去看她。"[2]

他说:"萨克斯医生,现在你是病人。"

科林听说我住进医院——《单腿站立》一书的校样送到时,我还没出院——后说:"奥利弗!为了多一个脚注,你真是不顾一切。"

在 1977 年至 1982 年期间,《单腿站立》终于完工,部分是我在杰弗逊湖游泳时完成的。我在美国的编辑兼出版人吉姆·西尔贝曼拿到我在杰弗逊湖写的那部分手稿时张皇失措。他说他已经有三十年没有收到过手写稿了,而且我这本手写稿看起来就像掉进过浴缸。他说他不但要找人打字,还要破译,这个人就是凯特·埃德加。她以前是吉姆麾下的编辑,彼时在旧金山做自由职业者。在我那份字迹难辨、沾满水渍的手稿里,句子参差不齐,主谓宾不全,还画了各种箭头,因为优柔寡断而涂涂改改。等到埃德加回复,手稿已经打印得整整齐齐,注有各种充满智慧的编辑意见。我写信给她,感谢她沙里淘金,如果她回东海岸,请务必来看我。

---

[1] 英文首字母缩写为 CBS。
[2] 我原本打算写下她的故事,收入《错把妻子当帽子》。结果二十五年之后才动笔写邦纳综合征,后来这个故事成为《幻觉》的一部分。——作者注

第二年，即 1983 年，凯特回来了。从那时起，她一直是我的编辑和合作者。玛丽-凯和科林可能已经被我层出不穷的草稿逼疯了，但在过去的三十年里，我很幸运有凯特保驾护航。她就像玛丽-凯和科林那样，对我的众多稿件版本去芜存菁，最终衔接成一个条理分明的整体。（此外，她还为我后来创作的所有书籍做考证，陪伴我与病人见面，聆听我的故事，和我一起踏上从学习手语到参观化学实验室的冒险之旅。）

事关身份

虽然我花了将近十年时间才写完《单腿站立》，但在此期间我也在研究其他课题，其中最主要的是抽动秽语综合征。

1971年，《纽约时报》记者伊斯雷尔·申克再次联系我。他曾于1969年夏天来到贝丝·亚伯拉罕医院，随后发表了一篇关于左旋多巴初期药效的长篇报道。他这次打电话来是为了询问病人的近况。

我回答说，许多人服用左旋多巴后持续"觉醒"，但有些人对左旋多巴的反应非常奇怪和复杂。我说，最重要的是，他们会抽搐。他们中有许多人服药后出现突然抽搐或者不自主地出声，有时候会破口大骂；我认为这可能是皮层下机制的爆炸性激活导致的。这些机制原本遭到疾病破坏，受左旋多巴持续刺激后重新活跃。我向申克表示，有鉴于多发性抽搐和攻击性语言的出现，一些脑炎后综合征患者的症状类似于一种叫作抽动秽语综合征的罕见病。我从未见过得这种病的人，但读到过。

于是申克再次来到医院，观察和采访病人。在他的报道发表的前一天晚上，我赶到阿勒顿大道上的一个报摊，买了一份提前送到的早报。

申克在报道中细致入微地描写了各种"令人讶异的抽搐形态"。例如,一位女病人抽搐发作时双目紧闭,而她有办法将其转化为拳头紧握;另一位女病人则通过聚精会神地打字或者编织来抑制抽搐。

这篇报道刊出后,多发性抽搐病人的信件如雪片般飞来,都想征求我的医学意见。我觉得给他们看病不合适,因为从某种意义上说,这等同于通过报纸炒作获利(或许我此时的反应跟我父亲同年早些时候读到《泰晤士报》对《偏头痛》的评论时的反应差不多)。不过,有位年轻病人非常执着,也很有魅力,最终说服我为他看诊。他叫雷,不由自主地抽搐个不停,而且妙语连珠。用他的话来说,他要么"抽搐着说俏皮话",要么"诙谐地抽搐"(他称自己为"诙谐抽筋雷")。我对这个病例非常感兴趣,因为雷不但抽搐发作频率高,脑子也转得很快,说话极其风趣,还掌握了多种应对抽动秽语综合征的方法。他有一份很好的工作,婚姻也很美满,但他一走到大街上就会引得人人侧目;从五岁开始,他就习惯了他人投来的异样或非难目光。

雷有时认为,他的"抽动秽语征自我"(他称之为 T 先生)不同于他真实的自我。同理,正常情况下寡言矜持的脑炎后综合征患者弗朗西斯·D.觉得她有一个"野性左旋多巴自我",与另一个温文尔雅的真实自我截然不同。

在"抽动秽语征自我"的驱使下,雷冲动不羁、应答机智巧妙、反应异常迅速。他打乒乓球几乎次次都赢,与其说是因为球技高超,不如说是因为他发球回球的速度太快、神出鬼没。(脑炎后综合征早期病人也是这样。在帕金森综合征和紧张症变严重之前，他们往往运动机能亢进、脾气冲动。在这种状态下踢球，他们可以击败正常球员。）因为生理反应速度快、好冲动，加上乐感强，所以雷即兴打鼓打得很出色。

我原本以为，我1969年夏天和秋天与脑炎后综合征患者在一起时的所见绝无仅有。结识雷之后，我意识到抽动秽语综合征也值得研究，它或许和脑炎后综合征同样罕见、表征同样丰富（在某种程度上相似）。

遇到雷的第二天，我想我在纽约街头发现了三个同样患有抽动秽语综合征的人，第三天又发现了两个。我惊讶不已，因为当时人们普遍认为这是一种极其罕见的疾病，每一百万人中可能才有一两例。但我现在意识到，它的发病率比我以为的至少高出一千倍。我想，此前我可谓视而不见，但多亏与雷相处，我的神经病学家视角得到了调校，能辨识抽动秽语综合征了。

我觉得一定还有很多像雷那样的人。我幻想着把他们聚集在一起，让他们惺惺相惜，找到生理和心理上的共济，形成一个类似兄弟会的组织。1974年的春天，我发现这个幻想已然成真：两年前，一群抽动秽语综合征患儿的家长在纽约成立了抽动秽语综合征协会（简称TSA）。现在成员范围已经扩大，先后有二十名成年抽动秽语综合征患者加入。1973年，我接诊过一个患有抽动秽语综合征的小女孩。她的父亲是一位精神病学家，也是TSA的创始成员之一。他邀请我参加一个会议。

抽动秽语综合征患者往往易受催眠和暗示的影响，还常常不由自主地重复模仿。我第一次参加 TSA 会议时就体会到这一点。会议期间,一只鸽子飞到会议室的窗台外侧。它禽动着翅膀,扑腾了一会儿,然后安定下来。当时有七八位抽动秽语综合征患者坐在我前面。我看到其中几位活动起手臂和肩胛骨,学着鸽子,也相互模仿,做出禽动翅膀的动作。

1976 年底,约翰·P. 在一次 TSA 会议上找到我。这位年轻人说:"我是世界上最棒的抽动秽语综合征病人。我的病情复杂程度超过你所见的其他人。我可以教你一些旁人都不知道的关于抽动秽语综合征的东西。你愿意研究我这个标本吗?"这一既自大又自谦的邀请颇令我吃惊。不过我提议我俩在我的办公室先见个面,然后再判断进一步研究是否会有成效。他没向我求助,也没让我治疗,而是毛遂自荐做我的研究对象。

鉴于他抽搐频繁、语速飞快、病情复杂,我觉得有必要在他来我办公室时录影。于是我设法租来一款当时体积最小的摄像机——索尼 Portapak(它重约 20 磅)。

我们进行了两次试水性的会面。约翰的话没错,我确实从未见过像他那样复杂或严重的病情,也没有读过或听说过任何近似的情况,我私下称之为"超级抽动秽语综合征"。我很高兴我打开了摄像机,因为他的抽动和奇特行为瞬间即逝,有时候两个或更多的抽动和奇特行为同时发生。我目不暇接,但多亏摄像机捕捉到一切,我可以慢动作或逐帧回放。我还得以和约翰一起观看录像。他往往记得他在每一次抽搐时的想法或感觉,可以讲给我听。我想,通过这种方式,我也许可以对抽搐做类似于梦的解析的分析。或许抽搐可以成为通往理解无意识的"捷径"。

我后来放弃了这个念头，因为在我看来，大多数抽搐和抽动行为（猛冲、跳跃、厉声说话等）起源于脑干或纹状体的反应性或自发放电。从这个意义上来说，这些行为由生理而非心理因素决定。但也有明显的例外，特别是在秽语领域，即强迫性地、痉挛性地口吐污言秽语（它在运动机能领域的对应表现是淫秽手势）。约翰喜欢夺人眼球、挑衅或激怒他人；这种试探社交边界、变本加厉测试他人容忍度的强迫性行为在抽搐秽语综合征患者中并不少见。

我注意到约翰经常在抽搐时发出一个奇怪的声音。我把它录下来，慢速回放后辨别出来一个德语单词——"Verboten！"（意为"不许这样！"）。在约翰的快速抽搐下，它被压缩成一个含糊的噪声。我向约翰提及此事，他说他的父亲说德语。他小时候一抽搐，父亲就会这样告诫他。我复制了一份录像带寄给鲁利亚，他非常感兴趣，称其为"用抽搐心力内投父亲的声音"。

我逐渐感觉到，许多抽搐和抽动行为介于有意和无意之间，介于猝然移动和主观行动之间。它们起源于皮层下，但有时被赋予意义和意图，无论有意识还是无意识。

在夏日的某天，约翰来到我的办公室。一只蝴蝶从打开的窗户飞进来，上下盘旋起舞。约翰的头和眼睛随之不规则地急速抽动，爱慕的话语和咒骂声交替不绝："我想吻你，我想杀了你。"他反复说道，随后将其压缩为"吻你、杀你、吻你、杀你"。这样过了两三分钟之后——似乎只要蝴蝶还在飞来飞去，他就停不下来——我戏谑地说:"如果你真的做到聚精会神,你可以无视这只蝴蝶,哪怕它停在你的鼻子上。"

我的话音刚落,他就抓住自己的鼻尖用力撕扯,似乎要把一只降落在那里的巨大蝴蝶赶走。我不由得想,他那过于生动的抽动秽语综合征想象力是否已经跨界到了幻觉,幻化出了一只实际上不存在,但在感知里栩栩如生的蝴蝶。这就像一个意识清醒的人在我面前上演了一出小小的噩梦。

在1977年的前三个月里,我深入研究约翰,惊奇感、发现的乐趣和智力上的兴奋远胜1969年夏天脑炎后综合征患者觉醒以来的任何时期。我在见到雷之后就有心写一本关于抽动秽语综合征的书,现在我蠢蠢欲动。我想,也许这本书可以围绕约翰展开——也许可以写一位超级抽动秽语综合征患者"一天的生活",或者把发生在不同日子里的事情集中在这虚构的一天里。

既然开局良好,我想若做一个全面的研究可能会得到丰富的信息。但我提醒约翰,这样的研究本质上是一种探索、一种调查,我无法承诺任何治疗效果。因此这项研究可能类似于鲁利亚的《记忆大师的心灵》或弗洛伊德的《梦的解析》(在我们进行"抽动秽语综合征解析"的那几个月里,这两本书一直放在我手边)。

我每个星期六都会在办公室接待约翰,同时开两台摄像机进行录制,一台聚焦于约翰的脸和手,另一台用广角镜头拍摄我们俩。

每到星期六早上,在开车来我办公室的路上,约翰经常会去一家意大利杂货店买一个三明治和一瓶可乐。这家杂货店人气很高,总是顾客盈门。约翰有一种神奇的能力,可以把他看到的每一位购物者都生动地描述出来，或者说在我面前上演一幕幕模仿秀。当时我正在读巴尔扎克的作品，便从书里引用了一句话给约翰听："我脑袋里装着一整个社会。"

"我也是，"约翰说，"但我模仿社会。"他这些不假思索、不由自主的模仿往往带着一种夸张或嘲弄的味道。约翰有时会引来周围人讶异或愤慨的目光，他会反过来模仿他们或者通过模仿丑化他们。我坐在办公室里听他描述和表演这样的场景，不由得动了心，想和他一起外出、亲自见证这样的互动。[①] 我心里非常矛盾，我不想让他因为一直有人观察（说真的，如果我随身携带Portapak摄像机的话，那就是"跟拍"）而变得刻意，也不想在我们星期六早上的例行活动之外过多地打扰他的生活。然而，我也认为，如果能记录下这样一位超级抽动秽语综合征患者的一天或一周的生活，会很有价值——这可以提供一种人类学或伦理学的观点，与在办公室进行的临床和现象学观察互补。

我联系了一个人类学纪录片摄制团队——他们之前在新几内亚拍摄一个部落，刚刚回来。他们对医学人类学的概念很感兴趣，但一周的摄制要向他们支付五万美元。我没有这么多钱，我一整年的收入也不到这个数。

我向邓肯·达拉斯提及此事（我知道约克郡电视台有时会为纪录片的实地拍摄提供资助）。他说："我飞过来见见他本人怎么

[①] 我写的《错把妻子当帽子》里有一章的标题是"提线木偶"。其中描写了我第一次跟约翰·P.一起外出的情形，不过我掩去了他的真实身份，把他写成了一个老妇人。——作者注

样?"几周后,邓肯来到纽约。他赞同我的观点,约翰令他大开眼界,而且能说会道、善于自我表达。邓肯想制作一部关于他的纪录长片,而看过《睡人》纪录片的约翰也为此很兴奋。然而,彼时的我已经不那么热心,并且因为约翰那貌似过火的热情和过高的期望而感到有点不安。我想继续安安静静地研究他,可他却梦想着成为电视纪录片中的核心人物。

他曾说过,他喜欢"表演",喜欢制造"场面",喜欢夺人眼球,但事后会避免回到他曾经制造过这种场面的地方。如果他制造的一些"场面"或进行的"表演"——有出风头的色彩,但根源在于抽搐——被刻到胶片上、再也抹不掉,他会有什么样的反应?邓肯来美考察期间,我们三个人仔细讨论了所有这些问题。邓肯不厌其烦地表示,约翰可以随时去英国参与纪录片的剪辑工作。

实际摄制发生在1977年夏天,约翰处于他的最佳状态:抽动不停、搞笑连连,很卖力但也乐在其中——有观众时,他扮小丑、即兴表演、模仿他人,但他也有清醒认真的时刻,会谈起像他这样的人的生活,往往非常感人。我们都认为,一部杰出的、全面而客观的、非常人性化的纪录片将横空出世。

拍摄结束后,约翰和我恢复了之前那种安安静静的诊疗方式,不过我观察到他有点紧张——他对我有所保留,这是之前没有的。他还婉拒了去伦敦参与后期剪辑的邀请。

这部电视纪录片于1978年初在英国播放,反响相当强烈,全是好评。约翰收到了一大堆和他感同身受、对他表示钦佩的观众的来信。起初，他为这部纪录片感到非常自豪，还把它放给朋友和邻居看，可后来，他变得心烦意乱，而且最要命的是，他为之愤怒，把火发到我身上，说我把他"出卖"给了媒体（他忘了，当时是他极力要出镜，而我建议谨慎行事）。他希望雪藏这部纪录片，永不上映，我拍的录像带（已经拍了有一百多盘）也一样。他说，不管是纪录片也好还是录像带也好，只要重播，他就会追杀我。这一切让我深感震惊和困惑——同时也很害怕，但我还是同意了他的要求，这部纪录片再也没有播出过。

然而，不幸的是，他还是不满意。他开始给我打恐吓电话，起初只说五个字："记住图雷特。"因为他知道我很清楚，最早详细描述抽动秽语综合征的法国医生吉勒·德拉图雷特被他的一个病人射中头部。[1]

在这种情况下，我甚至不能向我的医学同行们展示任何有关约翰的录像素材。为此我非常沮丧，因为我觉得这是非常有价值的材料。它不仅可以加深我们对抽动秽语综合征的许多方面的认识，还能把注意力引向神经科学和普遍人性中一些少有探索的领域。我认为，五秒长的录像就够我写一本书了，但我从未写过。

我撤回了我为《纽约书评》撰写的一篇关于约翰的文章。它已经进入校对阶段，但我彼时担心，一旦发表，他会火冒三丈。

1977年秋天，《睡人》纪录片在一个精神病学会议上播放，

---

[1] 对吉勒·德拉图雷特行凶的病人并非患了抽动秽语综合征，而是对他产生了一种情欲上的固着。我们从约翰·列侬遇刺案可知，这种固着或导致谋杀。图雷特中枪后半身不遂，还得了失语症。——作者注

却屡屡被同一个人打断。事后我们发现这个人是约翰的妹妹。此事加深了我对约翰的反应的理解。我后来和他妹妹谈过,她认为这部纪录片及其曝光病人的做法"令人震惊"。她为哥哥在电视上被曝光而忧心忡忡,还说像他这样的人应该默默无闻。我开始认识到约翰对拍摄纪录片的极其矛盾的心理活动,但为时已晚:一方面,他有被人看到的强烈展示主义冲动;另一方面,他又想躲避视线。

1980年,为了暂时逃脱《单腿站立》的折腾,我写了一篇关于雷的文章。我已经接诊并随访这位迷人的、机智的、抽动不停的病人将近十年。我很担心雷的反应,所以我问他,愿不愿意让我发表关于他的文章,我可以先读给他听。

他说:"不用,没事的。用不着读给我听。"

我一再坚持,于是他邀请我去他家吃晚饭,这样我就可以在饭后读给他和他的妻子听。在我朗读的过程中,雷抽搐个不停。读着读着,他突然蹦出一句:"你有点放肆啊!"

我停下来,拿出一支红铅笔,说:"哪些地方要删掉?告诉我吧。"

然而他却说:"别停——接着读。"

我读完全文后,他说:"基本上没错。不过,你别在这儿发表,去伦敦吧。"

我把这篇文章发给乔纳森·米勒。他很喜欢,把它转给了玛丽–凯·维尔梅斯。后者刚刚(与乔纳森的姐夫卡尔·米勒一起)

创立了《伦敦书评》。

"诙谐抽筋雷"同我之前的写作截然不同——它是我写的第一例关于一位虽然罹患复杂的神经系统疾病却仍然生活得很好、很充实的病人的长篇病史。读者的反响激励我创作更多类似的病例史。

1983年，曾在莫斯科拜入鲁利亚门下的朋友兼同行埃尔克诺恩·高德伯格问我是否愿意和他一起在阿尔伯特·爱因斯坦医学院就鲁利亚所开创的神经心理学新领域主持一个专题研讨班。

这次研讨班的主题是失认症——与意义脱钩的知觉或错误知觉。研讨过程中，高德伯格转头问我有没有视觉失认症的例子。我立即想到了我的一个病人。他是一位音乐老师，无法靠看人脸识别他的学生（或其他任何人）。我告诉研讨班的学生们，P博士会拍消防栓或停车收费器的"头"，把它们误认为是孩子。或者，他会友好地跟家具上的旋钮说话，当对方毫无反应时大感惊讶。有一次，我说，他甚至错以为他妻子的脑袋是一顶帽子。虽然学生们理解这说明他的病情很严重，但情形实在滑稽，他们忍不住哄堂大笑。

此前我没有想到过整理有关P博士的病历，但因为给学生们听故事，我回想起我和他的相遇。那天晚上，我写出了他的病史，起名为《错把妻子当帽子》，寄给《伦敦书评》。

我无法预知后事，不知道我以后会出版一个跟它同名的病史集。

1983年夏天，我去蓝山中心住了一个月。这是一个供艺术家和作家静修的场所，位于湖畔，很适合游泳。我还带着我的山地自行车。我从来没有和这么多作家、艺术家共处过。我既有独自写作和思考的时间，又能在一天结束时与其他住客热热闹闹地共进晚餐，我很喜欢这样的组合。

然而，在蓝山的头两个星期，我脑袋空空，肉体痛苦不堪：我骑自行车时用力过猛，背部僵直。到了第十六天，我好巧不巧地拿出路易斯·布努埃尔①的回忆录来读，结果读到他唯恐像年迈痴呆的母亲一样，有朝一日失去记忆和身份认同。我突然联想到吉米，他是一位失忆的水手，从20世纪70年代开始找我看病。我立即动手，一气写了十二个小时，当晚就完成了吉米的故事，标题定为《永远十九岁的水手》。从第十七天到第三十天，我又什么也没写。每当有人问我，隐居蓝山的那段时间是否"高产"时，我不知道怎么回答才好：其中有一天我很高产，但另外二十九天我一个字也没有写。

我把这篇文章拿给《纽约书评》的鲍勃·西尔弗斯看。他很喜欢，不过提出了一个有趣的要求。他问："我能看看你的诊疗记录吗？"吉米每次来我这里看病，我都会做记录。鲍勃翻看了一遍之后说："这里有许多内容都比你给我的文章生动，而且还是你当时做的评估。你选一些，插入文章合适的地方，把你对病

---

① 路易斯·布努埃尔（1900—1983），西班牙电影导演、制片人、编剧。

人的即时反应和多年后的反思结合起来，怎么样？"[1]我听从了他的建议。他在1984年2月发表了这篇文章。我深受鼓励，在接下来的十八个月里又给他寄了五篇文章。它们后来成了《错把妻子当帽子》的主干内容。鲍勃的支持和友谊以及他殚精竭虑的建设性编辑工作堪称传奇。有一次，我在澳大利亚接到他的电话，告诉我他想用分号代替文中的一个逗号，问我是否同意。要不是他的推动和鼓励，有许多文章我可能根本就不会写。

我继续零星地发表文章（有些发表在《纽约书评》上，有些发表在《科学》和《格兰塔》等不同刊物上），起初并没有想到它们有朝一日能够形成一个有机整体。科林和我在美国的出版人吉姆·西尔贝曼觉得它们在语调和情感上具有某种共性，但我不确定结集成书是否明智。

我在1984年的最后四天里写下了《错把妻子当帽子》中的最后四篇文章。我把它们构思为四重奏，或许甚至可以形成一部题为《赤子世界》的小书。

接下来的一个月，我去旧金山看望我的朋友乔纳森·穆勒。他当时在退伍军人医院担任神经科医生。有一天，我们在医院所在的旧金山要塞旧址附近散步，他告诉我他对嗅觉很感兴趣。于是我给他讲了两个故事。第一个故事的主角是一名男子，他在头

---

[1]《永远十九岁的水手》发表后，美国最具原创精神的神经病学家之一诺曼·格施温德给我写了一封信。我兴奋不已，立即回信，但从此石沉大海，因为他中风严重，五十八岁就英年早逝，身后留下丰厚的学术遗产。——作者注

部受伤彻底丧失嗅觉后开始想象（或许是幻觉）与环境相适应的气味，比如看到煮咖啡的时候就会想象咖啡的芳香。另一个故事的主人公是一位医科生。在安非他明诱发的躁狂症发作过程中，他的嗅觉异常敏锐（这其实是我的亲身经历，虽然我在《错把妻子当帽子》中称此人为"斯蒂芬·D."）。第二天上午，我在一家越南餐馆边吃边写，直到把这两个故事都写完才离开。我把它们放在同一个标题（《皮肤下的狗狗》）下，寄给我的出版人。此前我觉得《错把妻子当帽子》一书还缺点东西，而《皮肤下的狗狗》弥补了这一缺憾。

彼时的我感到大功告成，如释重负。我的"临床故事集"完工了，我自由了，可以好好地度一个假了。我觉得我已经十几年没有好好度过假了。冲动之下，我决定去澳大利亚。我从来没有去过那里，我哥哥马库斯和他的妻子及孩子住在悉尼。1972年庆祝我们父母金婚时，马库斯曾携家人回英国，我们见过一面，从此天各一方。我步行去旧金山的联合广场，找到澳航办事处，出示了我的护照，希望乘坐最早有空位的航班去悉尼。没问题，他们说，空位还很多。我赶紧回酒店拿好行李，直奔机场。

这是我乘坐过的航程最远的飞机，但我在日记中兴奋地写道，时间一眨眼就过去了。十四个小时后，悉尼在望；飞机在城市上空盘旋，我认出了著名的悉尼大桥和歌剧院。我在护照检查站递交护照，以为分分钟就能通过。不料边防官员问："你的签证呢？"

"签证？"我回答说，"什么签证？没人告诉我要签证啊。"此前和蔼可亲的边防官员突然变得严厉异常，问我为什么要来澳大利亚？有谁能为我做担保？我说我哥哥和他的家人在机场等我。他让我坐下别动，等着有人找到我哥哥，核实我的身份。当局给了我一个为期十天的临时签证，但他们警告我："下不为例，否则我们直接遣返你回美国。"

在澳大利亚的十天，我发现连连、惊喜不断——我得以消除同哥哥的隔阂（马库斯比我大十岁，1950年就去了澳大利亚）；同我的嫂子盖伊一拍即合（她与我一样热爱矿物和植物、喜欢游泳和潜水）；还跟小侄子和侄女相处甚欢（在他们看来，我这个叔叔满身异国情调）。

我如愿以偿地同马库斯建立了一种我同远在英国的两位哥哥之间从未有过的真正关系。戴维和我大相径庭——他潇洒、迷人、善于交际，迈克尔则陷入精神分裂症的深渊。马库斯性情恬静、博闻强识，为人体贴热情，我觉得我们俩的关系可以更深入。

我也爱上了悉尼，后来又爱上了昆士兰的丹翠雨林和大堡礁。后两者极其美丽——而且十分奇异。我不由得想到达尔文，他惊艳于澳大利亚的动植物，曾经在日记中写道："世界上一定有过两位造物主。"

因为《睡人》和《单腿站立》，科林和我的关系一度水深火热，但此后我俩的相处更为轻松融洽。如果说《单腿站立》长达一年的编辑工作差点要了我们的命，《错把妻子当帽子》的编辑流程则直截了当。其中收录的许多单篇已经发表过。科林除了编辑其余单篇外，还建议将它们分为四组，每组各设一个导言。

科林在1985年11月出版了这本书，距手稿完成仅六个月；美国版于1986年1月问世，首次印数为一万五千册，不算多。

《单腿站立》一书的印量不是特别大，谁也不指望一本神经病学故事集会大卖。然而几周后，高峰出版社就不得不重印，然后再印。读者们口口相传，这本书越来越热门，到了4月，它出人意料地登上了《纽约时报》的畅销书排行榜。我想这一定是搞错了，要么就是昙花一现，结果它连续26周上榜。

比成为"畅销书"作者更令我讶异和感动的是雪片般飞来的读者来信。其中许多人患有《错把妻子当帽子》中写到的病症——脸盲、音乐幻觉等，但此前从未向任何人承认过，有时候甚至自己都不认为自己得病。还有读者询问书中人物后事如何。

"永远十九岁的水手吉米现在怎么样？"他们会这样写，"请代我向他问好。祝他万事如意。"他们觉得吉米很真实，书中的许多其他人物也如此；这些主人公的现实处境和挣扎触动了许多读者的心灵。读者们可以将自己代入吉米的境遇，而《睡人》中那些病人的极端和悲惨的困境超出了最有同情心的人的想象力。

有一两位评论家认为我专门写"稀奇古怪"的东西，但我的看法正好相反。我认为我写的病例史具有借鉴意义——我非常推崇维特根斯坦的箴言，即一本书应当由实例组成。通过描述特别严重的病例，我或许还能帮助他人更深入地理解神经系统疾病的影响和患者体验，以及大脑组织和运作的关键的、或许意想不到的方面。

乔纳森·米勒在《睡人》出版后曾经对我说："你现在出名了。"他实在是过誉了。该书在英国得过一个文学奖项、受到过一些赞扬，但在美国几乎默默无闻（唯有《新闻周刊》的彼得·普雷斯科特评论过它）。然而，随着《错把妻子当帽子》突然受欢迎起来，不管我是否愿意，我都成了公众人物。

这当然也有好处。突然之间，我接触到了许多人。我有能力帮助别人，但也有能力伤害别人。我创作的时候多了顾忌。写《偏头痛》《睡人》和《单腿站立》的时候，我并没有好好地想过谁会读它们。而彼时的我变得刻意起来。

我以前偶尔也做过公开讲座，但《错把妻子当帽子》问世后，各种演讲邀请和要求纷至沓来。无论是好是坏，随着这本书的出版，我成了一个公众人物，有了一个公众形象，即便我生性孤独，即便我相信我内心最好的、至少是最有创造力的那部分喜欢踽踽独行。孤独、创造性的孤独从此更难拥有。

然而，我的神经病学同行们仍然疏远我、对我不屑一顾。此外，我想，他们对我还多了一层猜疑。我似乎把自己定义为"畅销书"作家。而"畅销"本身就意味着不必认真对待。当然，并非所有同行都做此想。也有一些同行认为，《错把妻子当帽子》材料翔实、细节丰富，将神经病学嵌入精美的古典叙事形式中。不过总的来说，医学界一如既往地沉默。

1985年7月,《错把妻子当帽子》出版前几个月,我再次迸发对抽动秽语综合征的兴趣。在几天时间里,我的想法就写满了一整本笔记本。新书似乎近在眼前。当时我人在英国。飞回纽约途中,我文思涌动,雀跃无比。可是,刚回纽约一两天,高潮突降,因为邮差把一个包裹送到了我在锡蒂岛上居住的小房子。包裹里放着《纽约书评》发来的哈伦·莱恩写的失聪人士手语史,书名为《当心灵听见》。鲍勃·西尔弗斯问我是否愿意写篇书评。"你从来没有真正思考过语言,"鲍勃写道,"这本书将迫使你去思考。"

我迟疑着不想搁置关于抽动秽语综合征的写作。1971年遇到雷之后,我就萌生了创作念头,但先是因为我的腿受伤,然后又因为与约翰生隙,一直未能动笔。我实在不想再拖了。可是,哈伦·莱恩的书让我既着迷又愤怒。它讲述了失聪人士的故事,写到他们以视觉语言——即手语——为基础的独特而丰富的文化,以及尚未尘埃落定的关于失聪人士教育应当采用他们自己的视觉语言还是强制他们学会"口唇语"的争论。对先天性失聪者来说,强制学习口唇语往往是一个灾难性的决定。

我以往的写作兴趣均直接来自临床经验,但彼时的我几乎情不自禁地探索起失聪人士历史和文化以及手语的本质来——对于这些我都没有第一手经验。我去参观了一些本地的失聪人士学校,在那里认识了一些失聪儿童。此外,我受诺拉·埃伦·格罗斯的《这里的每个人都用手语》一书的启发,走访了马撒葡萄园岛上的一个小镇。一个世纪前,那里有近四分之一的人口先天失聪。那时候，镇上的失聪人士不被视为"失聪人士"，他们的身份就是农民、学者、教师，兄弟姐妹、叔伯、舅舅、姑姑、姨妈。

到1985年，镇上不再有失聪人士生活，但年长的听力正常的居民对他们失聪的亲戚和邻居记忆犹新，他们之间有时仍然使用手语交流。多年来，这个社区采用了一种人人都能使用的语言，健听人士和失聪人士都能流利地使用手语。我此前从来没有认真思考过文化问题，彼时觉得整个社区以这种方式来适应很有意思。

有一次，我去位于华盛顿特区的加劳德特大学（它是世界上唯一一所为失聪人士和听障学生开设的大学）演讲，谈到"听障"。一位失聪的学生用手语表示："你为什么不把自己看成手语障碍者？"[1] 这是一个饶有意味的反转，因为在场数百名学生都在用手语交谈。我才是那个什么都听不懂、什么都不能交流、只能借助翻译的"哑巴"。我深受失聪人士文化的吸引，而我原本应邀写的简短书评也扩展为一篇更带个人色彩的随笔，1986年春天发表在《纽约书评》上。

我还以为我与失聪人士的交往到此结束——一段短暂但迷人的旅程。

1986年的一个夏日，一位年轻摄影师洛厄尔·汉德勒打电话

---

[1] 我渴望能够用失聪人士的语言与他们交流。我和凯特上了好几个月的美国手语课。但可惜的是，我学习其他语言的能力很差，只学会了为数不多的几个单词和短语。——作者注

给我。他一直在使用特殊的频闪观测技术捕捉抽动秽语综合征患者的发病瞬间，问我愿不愿意看看他的作品集。他说，他对这个主题特别有共鸣，因为他本人就是抽动秽语综合征患者。一个星期后，我们见面了。他拍摄的人像给我留下了深刻的印象。我们开始讨论合作的可能性，打算周游美国，走访其他抽动秽语综合征患者，用文字和照片记录他们的生活。

我们俩都听说过，加拿大艾伯塔省某个小镇上有一个门诺派社区，那里的抽动秽语综合征患者特别多，不由得动心起念。罗切斯特大学的神经病学家罗杰·科兰和彼得·科莫曾多次访问拉克里特，绘制抽动秽语综合征的遗传分布图。抽动秽语综合征社区的一些人开始开玩笑地将该镇称为"抽动秽语村"。不过，对拉克里特镇上的特定个体居民，以及在这样一个关系紧密的宗教社区中患有抽动秽语综合征意味着什么，还没有人进行过详细的研究。

洛厄尔去拉克里特踩了点，随后我们开始计划一次更长时间的考察。我们缺差旅费和洗印大量胶片的费用。我申请了古根海姆奖，希望对抽动秽语综合征进行"神经人类学"研究，最终获得了三万美元的资助；洛厄尔则拿到了《生活》杂志的约稿，该杂志当时仍然生气勃勃，以新闻摄影著称。

1987年夏天，拉克里特之行准备就绪。洛厄尔的行李特别重，因为他带了很多部相机和各种镜头；我只按惯例带了笔记本和笔。拉克里特之行在许多方面都很特别，扩大了我对抽动秽语综合征的范围和人们对它的反应的认识。此行还让我感受到，虽然抽动秽语综合征属于神经源性疾病，但环境和文化对它起到很强烈的调适作用——该宗教社区视抽动秽语综合征为上帝的旨意，患者们深得支持。我们想知道，在一个更为宽容的环境中，抽动秽语综合征患者的生活会是怎样的。为此我们决定去阿姆斯特丹。①

去阿姆斯特丹的路上，洛厄尔和我在伦敦中转，一个原因是我想在我父亲的生日那天（他九十二岁）去看他，另一个原因是《错把妻子当帽子》的平装本刚刚出版，英国广播公司国际频道邀请我上节目谈谈抽动秽语综合征。采访结束后，他们安排了一辆出租车送我回酒店。这位出租车司机很不寻常。他急拉猛推、不时抽动、大嚷大叫、咒骂连连。某次遇到红灯，他下车跳上引擎盖，又在绿灯闪现前纵身回到驾驶座上。我兴味盎然——这要么是英国广播公司、要么是我的出版人安排的，知道我要谈抽动秽语综合征，就给我选了一位抽动秽语综合征症状非常鲜明的出租车司机，真是神来之笔。然而，我也困惑不解。这位出租车司机并不同我搭话，虽然他肯定知道我对抽动秽语综合征的特殊兴趣是他被选中的原因。我犹豫了几分钟之后问他患病多久了。

"你什么意思，什么'病'？"他生气地说，"我没'病'。"

我向他道歉，说我不是故意挑衅，但我是一名医生，注意到他的不寻常动作，想知道他是否得了一种叫作抽动秽语综合征的

---

① 在下一本书中，我将更详细地描述我们在加拿大、欧洲和美国进行的考察。——作者注

疾病。他大摇其头,反复重申他没"病",而且就算他有一些神经质的动作,他照样当过陆军中士,其他事情也都干得好好的。我没有再多说什么,不过,车到酒店时,司机说:"你说的那个病是什么来着?"

"抽动秽语综合征。"我说。我给他推荐了伦敦一位神经病学医生,说她为人热情、善解人意,抽动秽语综合征专业知识无与伦比。

自1972年成立以来,抽动秽语综合征协会稳步发展,在美国各地(乃至全世界)建立了卫星团体。1988年,该协会组织了第一次全国性会议,近两百名抽动秽语综合征患者聚集在辛辛那提的一家酒店,开了三天会。许多与会者此前从未见过病友,还担心各人独有的抽动会相互"传染"。这种担心并非毫无根据,因为抽动秽语综合征患者相遇时的确会有同样的抽动行为。事实上,几年前,我在伦敦遇到一位男性抽动秽语综合征患者,他的抽动表现为吐口水。之后我向苏格兰的另一位抽动秽语综合征患者提及此事。他当即吐口水,还说:"真希望你没告诉我这个!"此后,他本来就丰富多彩的抽动动作又多了一种。

俄亥俄州州长为了向此次会议致敬,宣布在全州范围内开展抽动秽语综合征宣传周活动,但显然并非全州人都对此病有所认识。史蒂夫·B. 是参会者之一,这位男青年患有严重的抽动秽语综合征。他走进一家温迪餐厅点汉堡。备餐期间,史蒂夫开始抽搐,还大声说了一两句脏话。餐厅经理要求他离开,他说:"这种行为不可容忍。"

史蒂夫说:"我这是不由自主,我得了抽动秽语综合征。"他给经理看抽动秽语综合征协会会议印制的一份信息手册,还说:"本周是抽动秽语综合征宣传周——你没听说吗?"

经理说:"我不管,我已经报警了。赶快走,否则就要逮捕你了。"

史蒂夫怒气冲冲地回到酒店,把他的遭遇告诉我们。不久后,两百名抽动秽语综合征患者一路游行到温迪餐厅,边走边抽动,喊着口号。我就在他们中间。我们事先通知了媒体,俄亥俄州的新闻机构对此大加报道。我猜想温迪餐厅从此就变样了。我一生中只参加过两次游行示威,这是一次,另外一次也是在1988年。

1988年3月,鲍勃·西尔弗斯突然给我打电话。"你听说过失聪人士革命吗?"他问。加劳德特大学的失聪人士学生暴动了。他们抗议为大学任命一位健听人为校长。他们想要一位失聪人士校长,一个能用熟练的美国手语交流的校长。为此他们在校园外围设置路障,封锁了学校。我曾去过加劳德特大学几次。鲍勃问我是否愿意重返华盛顿去报道这次暴动。我同意了,还邀请洛厄尔与我同行去拍照。我的朋友鲍勃·约翰逊为我们做手语翻译,他是加劳德特大学的语言学教授。

"现在就要失聪人士校长"抗议活动持续了一个多星期,以国会大厦游行为高潮(加劳德特大学由国会特许成立并提供经费）。我作为公正的观察者的角色很快就维持不下去了。一位失聪人士学生抓住跟随游行队伍、忙着写笔记的我的胳膊，说："来吧，你是我们的人。"于是我加入了学生们——超过两千人——的行列，参加抗议游行。我为《纽约书评》写的随笔是我的"新闻报道"处女作。

加利福尼亚大学出版社（《偏头痛》在美国的出版商）的斯坦·霍尔维茨提议说，我的两篇关于失聪人士的随笔或许可以构成一本好书。我动心了，但觉得有必要写几段话来衔接这两个部分——写写语言和神经系统的总体知识。当时我没有想到，这所谓的"几段话"后来会成为一本名为《看见声音》的书的主体。

《单腿站立》一书于1984年5月在英国出版，得到了许多好评，但这给我的快乐全都被诗人詹姆斯·芬顿[①]的一篇严厉批评抹杀殆尽。我深感抑郁，连续三个月提不起精神。

但是，当年晚些时候，《单腿站立》美国版问世后，《纽约时报》的一篇精彩、慷慨的评论令我欣喜若狂。我恢复了活力，定下心来写作，迎来一段高产期——几周内完成了十二例病史，《错把妻子当帽子》大功告成。

这篇评论的作者是杰罗姆·布鲁纳[②]。他是一位传奇人物，20世纪50年代心理学认知革命的先驱。当时，斯金纳[③]等人所倡

[①] 詹姆斯·芬顿（1949—），英国当代诗人、文学批评家。
[②] 杰罗姆·布鲁纳（1915—2016），美国教育心理学家、认知心理学家。
[③] 伯尔赫斯·弗雷德里克·斯金纳（1904—1990），美国心理学家。

导的行为主义占据心理学主导地位；他们只关心刺激和反应——行为的可见、公开的表现形式，不讨论任何内在过程，不提从刺激到行为反应之间可能发生的心理活动。对斯金纳来说，"心智"这个概念几乎不存在，但这恰恰是布鲁纳的阵营所要恢复的。

布鲁纳和鲁利亚是密友，他们的思想有很多相近之处。在他的自传《心灵探寻》中，布鲁纳描述了20世纪50年代在俄罗斯与鲁利亚的相遇。他写道："我非常赞同鲁利亚关于语言在早期发展中的作用的观点，也赞同他的其他观点。"

布鲁纳和鲁利亚都坚持认为，不能在实验室里观察儿童习得语言的过程，而应当在他们自然成长的环境中进行观察。布鲁纳的著作《儿童的谈话》大大扩展和丰富了我们的语言习得观念。

20世纪60年代，诺姆·乔姆斯基[①]的革命性研究成果横空出世之后，语言学中的句法受到了极大的重视。乔姆斯基假定人脑天生具有一个"语言习得机制"，能够自行习得语言。这似乎忽略了语言的社会起源和它作为交流工具的基本功能。布鲁纳认为，语法不能同意义或交流意图相分离。在他看来，一门语言的句法、语义和语用相辅相成。

最重要的是，布鲁纳的研究成果让我从语言学和社会学两个角度来思考语言，这对我理解手语和失聪人士文化至关重要。

杰罗姆一直以来都是我的挚友，而且在某种程度上是我的向导，不动声色之间对我加以指点。他的好奇心和知识储备似乎无

[①] 诺姆·乔姆斯基（1928— ），美国语言学家。

穷无尽。他是我遇到过的最博闻强识、最深思熟虑的人之一。不过，他不断质疑和审视自己庞大的知识储存。（我曾见过他说话说到一半突然停下来，宣称："我不再相信我本来打算讲的东西了。"）虽然年届九十九岁，但他的远见卓识不减当年。

虽然我曾经在病人身上观察到语言的丧失——各种形式的失语症，但我对儿童的语言发展非常无知。达尔文的可爱小书《一个婴儿的传略》（婴儿是他的长子）描绘了儿童语言和思维的发展，可我没有亲生子女可以观察，而且我们谁都不记得发生在自己语言习得关键期——两到三岁——的事情。我得好好研究一番。

伊莎贝尔·拉潘是我在爱因斯坦医学院最亲密的朋友之一。这位来自瑞士的小儿神经病学家对儿童的神经退行性变性疾病和神经发育疾病特别感兴趣。这也是我当时的兴趣之一；我写过一篇关于同卵双胞胎"海绵状白质脑病"（卡纳万病）的论文。

神经病理科每周组织一次大脑解剖研讨会。我去爱因斯坦医学院上班后不久，就在一次切脑研讨会上结识了伊莎贝尔。[1] 我俩的一拍即合令人意外——伊莎贝尔的思维精确而严谨，而我的思维懒散草率，经常天马行空，但我们从一开始就很合得来，友谊保持至今。

---

[1] 大脑解剖研讨会在医学院里很受欢迎，吸引了众多参与者，包括那些渴望知道他们的诊断是否正确的临床医生。在一次令人难忘的研讨会上，我们解剖了五位病人的大脑，他们在世时均被诊断为罹患多发性硬化。然而，解剖后我们发现他们全都被误诊了。——作者注

伊莎贝尔极度自律，也不许我发表任何逻辑不够严密、夸张或未经证实的言论。"给我看证据"是她的口头禅。她塑造了我的科学良知，纠正了我的许多错误，让我避免贻笑大方。不过，一旦她认为我的论据足以支撑论点，就坚持要我把观察到的东西用清晰平实的语言写出来发表，方便他人看懂和辩论。我的许多专著和文章背后都有她的支持。

我经常骑摩托车去伊莎贝尔在哈德逊河畔的周末别墅。伊莎贝尔、哈罗德和他们的四个孩子把我当作家人对待。我从纽约北上，和他们共度周末，同伊莎贝尔和哈罗德谈天说地，偶尔带孩子们骑摩托车或者下河游泳。1977年夏天，我在他们的谷仓里住了整整一个月，为鲁利亚写讣告。[①]

几年后，当我开始思考和阅读有关失聪和手语的内容时，我和伊莎贝尔一起度过了充实的三天。她花了很多时间向我介绍手语和失聪人士的特殊文化，全都是她多年来在诊治失聪儿童的过程中观察到的。

她向我灌输了鲁利亚的导师维果茨基[②]的论述：

如果一名失明或失聪的儿童能达到与正常儿童相同的发展水

[①] 在1977年9月的一封信中，伦尼姨妈感谢我给她拍电报送去生日祝福（"它温暖了我八十五岁的干巴巴的心脏"），随后写道："我们对鲁利亚教授的去世感到震惊。你一定大受打击。我知道你很看重与他的友谊。《泰晤士报》上的讣告是你写的吗？"（是的。）——作者注
[②] 列维·维果茨基（1896—1934），苏联心理学家。

平，那么说明，这名缺陷儿童调用了另一种方式、另一种过程、另一种手段。而对教育工作者来说，了解该发展过程的独特性尤为重要，因为他必须在这一过程中引导孩子。原创性的关键是将缺陷减分项转化为补偿加分项。

对健听儿童而言，语言习得这一巨大成就相对直接——几乎可以称为自然而然，但聋哑儿童学习语言可能困难重重，尤其是如果他们没有接触过视觉语言的话。

会手语的失聪父母用手语对他们的婴儿"叽里咕噜"，跟健听父母的呢喃如出一辙。孩子就是在对话中学习语言的。婴儿的大脑在出生后的三四年里特别擅长学习语言，无论是口头语言还是手语。然而，如果一个孩子在这一关键时期没有习得任何语言，那么以后的语言学习就会非常困难。因此，失聪父母生育的失聪孩子长大后会"说"手语，但健听父母养育的失聪孩子往往长大后什么语言都没掌握，除非他很早就接触手语社区。

我和伊莎贝尔在布朗克斯区的一所失聪儿童学校看到许多孩子年复一年地付出巨大的认知努力学习唇读和口头语言。即便如此，他们的语言理解和运用能力往往远远低于正常水平。我亲眼看到，未能习得合格、流利的语言对当事人造成灾难性的认知和社会影响（伊莎贝尔发表过一篇关于这个问题的详细研究报告）。

由于对知觉系统特别感兴趣，所以我想知道先天失聪人士的大脑如何运作，尤其是以视觉语言为母语的先天失聪人士。我从最新的研究成果中了解到，在先天失聪手语者的大脑里，健听人士大脑中属于听觉皮层的部分被"重新分配任务",用于视觉,尤其是用于处理视觉语言。与健听人士相比,失聪人士往往"视觉超群"(这一点甚至在出生后第一年就很明显),而随着他们运用手语日渐娴熟,视觉更为发达。

传统观点认为,大脑皮层的每一部分都具有先天性的感觉机能或其他机能。最新研究成果则认为,部分大脑皮层可以担负新任务,这表明大脑皮层可能比之前认为的更具有可塑性、更不容易固化。失聪人士这一特例清楚地表明,人的生活经历塑造大脑的高级机能,因为前者能选择(和增强)支撑后者的神经结构。

在我看来,这一点意义重大,我们需要重新认识大脑。

锡蒂岛

虽然我在1965年就离开西海岸去了纽约，但我与汤姆·冈恩保持着密切的联系，但凡到旧金山就会去看他。他现在和迈克·基泰一起住在一栋老房子里。据我判断，他们还有四五个同屋。当然，房子里有成千上万本书——汤姆勤勤恳恳、从不间断、充满激情地读书。此外，他们还收集了许多啤酒广告画，最早的可以追溯到19世纪80年代。还有海量唱片。厨房里，香料琳琅满目，气味丰富迷人。汤姆和迈克都喜欢烹饪，整座房子本身也弥漫着一种甜蜜的味道。形形色色各有怪癖的人游荡其中。我独来独往惯了，偶尔见识一下集体生活觉得挺有意思的。看上去，这里充满了亲情和包容（毫无疑问，也有冲突，但我一般不会察觉）。

　　汤姆向来崇尚步行，旧金山的地势高低起伏，他抬腿就走。我从来没有见过他开汽车或骑自行车，他是一个典型的步行者，就像狄更斯那样边走边观察，把所见所闻收藏在脑海里，写作时迟早会用到。他也喜欢在纽约四下游走。每当他来纽约，我们都会乘坐斯塔滕岛渡轮兜风，或者搭火车去某个偏僻的地方，要么就在城里漫步。通常，我们的最后一站是某家餐馆，虽说有一次我试图在家做饭（当时汤姆正在服用抗组胺剂，镇静效果太强，出不了门)。我不擅长做饭,彻底搞砸,咖喱炸开,溅了我一头一脸黄色粉末。这件事一定让他记忆犹新。1984年,他给我寄来他的诗作《黄色猪笼草》,在上面题了词:"满手橙黄的萨克斯惠存,昏昏欲睡的冈恩敬赠。"①

他在随诗作寄来的信中写道:

见到你真好,满手橙黄的人!别以为我吃了抗组胺剂就恍恍惚惚,其实我心里明白着呢,兴致高着呢。我琢磨过你对轶事和叙事的看法。我认为我们都生活在轶事的旋涡中……我们(大多数人)把我们的生活编成叙事……我想知道这种"编"的冲动源头何在。

我们漫无边际地聊天。有一次,我给汤姆读了一篇尚未发表的关于汤普森先生的文章的节选。汤普森先生得了失忆症,每时每刻都得重建身份和身周世界。我在文中写到,我们每个人都在构建一种"叙事"并生活在其中、为其所定义。汤姆对病人的故事很感兴趣,经常打破砂锅问到底(虽说我这人被挠到痒处就欲罢不能)。这次整理我们之间的书信来往,我在他最早一批来信中看到这样一段

---

① 汤姆知道我对植物学的热衷,但凡写了有关植物的诗歌都会给我寄来。收到他的《旱金莲》后,我写信说:"我希望你能写更多这样的诗,赞美空地上、沟渠里、裂隙间勇敢生长的植物——你应该记得,托尔斯泰在路边看到一株被车轧过复又顽强立起来的鞑靼花,立刻联想到哈吉穆拉特。"——作者注

文字:"很高兴上周末见到你。从那天到现在,迈克和我一直在想幻肢的事。"而在另一封信中,他写道:"我记得你对疼痛的论述。写出来也会是一本好书。"(唉,这本书一直没有写出来。)

虽然汤姆从20世纪60年代就开始给我寄来他所有的著作(每本书上的题词都很有个人魅力),但直到1971年初《偏头痛》出版后,我才得以投桃报李。在这之后,我们相互赠书,定期通信(我的信往往长达数页,而他的信精辟而直接,经常写在明信片上)。我们偶尔会谈论创作的过程,其间貌似不可或缺的文思涌动和迟滞、灵光一现和暗无天日。

我曾在1982年向他提到,我在创作《单腿站立》的过程中经历了难以忍受的拖延、中断和热情的丧失,煎熬了八年总算要出头了。汤姆回复说:

你的《单腿站立》一直没出版,令我颇为沮丧,但也许我们很快能读到修订稿……我此刻有点懒散。我的模式似乎是这样的:每当完成一部手稿后,我会有很长一段时间写不出连贯的东西来。然后我试探性地开始写,在接下来的几年里时而会爆发创作冲动,最终对新书的全貌产生通盘把握。在这个过程中,我对创作主题的领悟出乎预想。作家的心理真的很奇怪。但我想创作过程最好不要太轻松——文思枯竭啦,束手无措啦,语言失去生命力啦,这些最终都会对我有所裨益。因为在它们的对比之下,当"胎动"终于来临时,它是那么充满活力。

对汤姆来说,按自己的步调来创作至关重要。他的诗歌不能急就,必须水到渠成。因此,虽然他热爱教学(而且深受学生喜爱),但他每年只在伯克利教一个学期的课。除了偶尔发表评论文章或者有刊物约稿,这基本上是他唯一的收入来源。"我的收入,"汤姆写道,"平均而言大约是本地公交车司机或街道清洁工收入的一半,但这是我自己选的,因为我更喜欢赋闲,不愿意全职上班。"不过,我认为汤姆并不觉得自己生活拮据,他没有任何奢侈享受的习惯(尽管他对别人很慷慨),而且似乎天性节俭。(1993年,他获得了麦克阿瑟奖,财务状况有所缓和,得以更频繁地外出旅行,手头也宽裕了,可以稍微放纵一下自己。)

我们经常相互写信介绍令我们感到兴奋或者认为对方会喜欢的书籍。("罗德·泰勒是我这么多年来发现的最好的诗人新星……远胜他人——你读过他的作品了吗?"我还没有读过,但他马上给我寄来了《佛罗里达东海岸冠军》。)我们的喜好并非完全一致,有一本书我很喜欢,却招致了他的蔑视、愤怒和激烈批评,幸好他在信里的言论没有公开。(汤姆和奥登一样,很少评论他不喜欢的作品,他的文评以欣赏为主。[1]我喜欢他的评论文章所体现的大度和平衡感,尤其是《诗歌的场合》里收录的

---

[1] 1970年初,汤姆来纽约前夕,我告诉他,奥登一如既往地将在2月21日那天举办生日聚会,问他是否愿意参加,他婉拒了。直到1973年奥登去世后,他才(在1973年10月2日的一封信中)提及这个话题。"或许除了莎士比亚之外,他是对我影响最深的诗人,他让我鼓起勇气写作。我觉得他不太喜欢我,至少有人是这么告诉我的,但这并不比我发现济慈不喜欢我更严重。"——作者注

那些。)

在相互点评作品方面，汤姆比我更直抒胸臆。我欣赏他几乎所有的诗篇，但很少试图分析它们，而汤姆总是不厌其烦地指出他在我寄给他的东西里所看到的优点和缺点。在我们交往的早期，我有时特别畏惧他的直言不讳——特别害怕他认为我的文字含混不清、不真诚、毫无文采或提出其他更令人羞愧的评语。然而从1971年起我把《偏头痛》寄给他开始，我就热切期盼他的反馈，将之奉为圭臬，置于他人点评之上。

20世纪80年代，我给汤姆寄去了几篇打算收进《错把妻子当帽子》的随笔初稿。其中一些他非常喜欢（特别是"自闭的绘画天才"和"孪生数学天才"），但认为"圣诞节"那篇"一塌糊涂"（最终，我同意他的看法，把它扔进了垃圾箱）。

但汤姆对我影响最大的回应来自1973年他收到我寄去的《睡人》后的一封信，因为它表明，彼时的我同我们初识时的我大不相同。他写道：

无论如何，《睡人》绝不寻常。我记得60年代末的某一次，你向我描述过你想写的书的类型。你希望它既是细致严谨的科学论述，又是值得一读的文笔优美的好书，而你的这本书确实兼具这两个优点……我还一直在想你给我看过的日记。我觉得你很有才华，但有一个品质不足——恰恰是最重要的品质，我称之为人性，或者同情心，或者其他类似的词汇。而且，坦白说，我对你成为一个好的作家不抱希望，因为我不知道这种品质怎么教得会……同情心的匮乏限制了你的观察力……

我当时还不知道，人的同情心往往到了三十多岁才会发育。你当年作品中的不足之处如今成了贯穿《睡人》的骨干，精彩纷呈。事实上，它为你的创作风格赋予了统一性，所以你的作品才这么兼收并蓄、这么开明、这么丰富多彩……我不知道你自己是否知晓为什么会有这样的变化。仅仅是因为你跟病人在一起久了，还是因为迷幻剂让你打开了心扉，还是因为你真正坠入爱河（不是单方面的迷恋）？或者这三个原因都有……

这封信让我激动不已，也让我心神不宁。我不知道该怎么回答汤姆的问题。我坠入过爱河——也失恋过。而且从某种意义上说，我爱上了我的病人（那种爱，或者说同情，使人头脑清醒）。虽然我曾经大量服用迷幻剂，但我不认为它开启了我的心扉，尽管我知道它对汤姆来说至关重要。[①]（不过，我很感兴趣地看到，我给脑炎后综合征病人服用的左旋多巴有时会产生与我自己服用迷幻剂和其他毒品所产生的类似效果。）另一方面，我觉得精神分析对我的同情心发育起到了至关重要的作用（我从1966年开始接受强化分析治疗）。

我不禁想，当汤姆写到一个人的同情心到三十多岁才发育

[①] 汤姆在他的自传体随笔《我这一生》中对此长篇大论。"现在赞美迷幻剂已经不时髦了，但我毫不怀疑它对我这个人和这个诗人的无上重要性……迷幻旅程毫无结构可言，它为你打开无数的可能性，你渴望无限。"——作者注

时,他是否也想到了自己,尤其是鉴于他在《我的悲伤船长》中体现的性情和诗风的变化(它发表时,他已经三十二岁了)。对此,他后来写道:"这本诗集分为两部分。第一部分是我的旧有风格的巅峰之作,充满格律和理性,但也许开始多了一些人情味。后半部分……以一种新的形式……发扬了那种人性的冲动,新主题势在必行。"

我二十五岁的时候第一次读《运动感》,当时吸引我的除了意象美和形式的完美,还有几近尼采式的对意志的强调。等我三十多岁开始写《睡人》时,我已经脱胎换骨,汤姆也一样。彼时,我更为他新写的诗歌的广博主题和感性所吸引,我们都高高兴兴地把尼采的思想抛在身后。到了 20 世纪 80 年代,我们两人都五十岁出头了,汤姆的诗歌虽然从未失去其形式上的完美,却更加直抒胸臆、温柔多情。朋友的离去肯定在这里起了作用;当汤姆给我寄来《悼诗》时,我认为这是他写过的最有渲染力、最为深刻的诗篇。

我喜欢汤姆的许多诗篇中的历史感和典故。有时,他自己就会点明,如他的"仿乔叟诗"(他把它作为 1971 年新年贺卡寄给我);更多的时候,读者得自己去体会。所以我有时觉得汤姆是穿越到美国、穿越到旧金山、穿越到 20 世纪末的乔叟、多恩和赫伯特男爵[1]。这种对祖先、对前辈的珍重是他作品的一个重要元素。他经常暗指或借用其他诗人和其他来源的作品。他没有令人

---

[1] 爱德华·赫伯特(1583—1648),英国哲学家、诗人、外交官。

厌烦地坚持"原创性",当然,他的用典都融入了他的诗歌。汤姆后来在一篇自传性随笔中对此做了反思:

  我的写作必须是我应对生活的一个重要途径。不过,我相当喜欢效仿前辈诗人。无论是谁,只要有用我就学。我大量借用我读过的作品,因为我读得很认真。阅读是我人生体验的一部分,而我的大部分诗歌都来自我的体验。我无意为效仿前人道歉……形成独特的诗歌个性并不是我的主要兴趣所在。我心悦艾略特[①]的那句可爱的话:艺术是对个性的逃避。

  老友见面会有一种危险——总爱念旧讲古。汤姆和我都在伦敦西北部长大,二战期间都被疏散到外地,都在汉普斯特德希思公园嬉戏过,都在"杰克·斯特劳城堡"喝过酒。我们都是我们的家庭、学校、时代和文化的产物,这在我们之间形成了某种纽带,所以我们偶尔会有一些记忆重叠。但更重要的是,我们都被吸引到了一个新世界,来到20世纪60年代的加利福尼亚州,从过去中解脱出来。我们开始了无法完全预测或控制的旅行、演变和发展,我们一直在运动。汤姆二十多岁时写的《运动中》一诗里有这样几行诗句:

[①] 托马斯·斯特恩斯·艾略特(1888—1965),出生于美国,后加入英国籍,著名诗人、剧作家、文学评论家,1948年诺贝尔文学奖得主,提出"非个人化"诗学理论。

最坏境遇,一个人在运动;最佳境遇,
尚未抵达极值,那里人将休憩,
一个人始终如此,不静则更近。

汤姆已经七十多岁了,还在运动中,仍然精力充沛。我最后一次见到他是在2003年11月,他不但没有失去热情,反而看起来比四十年前的那个年轻人更有激情。20世纪70年代,他曾写信给我:"我的《杰克·斯特劳城堡》刚刚出版。我无法猜测我的下一本书会是什么样子。"《丘比特老板》于2000年问世,而现在,汤姆说,他正准备出版另一本书,但还不知道是什么书。据我判断,他丝毫没有放慢或停步的想法。我认为他会一直运动,向前运动,直到去世的那一刻。

1979年夏天,我去休伦湖中的马尼图林岛,对那里一见钟情。当时我还在努力写我那本令人绝望的《单腿站立》,决意找一个可以游泳、思考、写作和听音乐的地方度个长假。(我只有两盒磁带,一盒是莫扎特的《C小调弥撒曲》,另一盒是他的《安魂曲》。我有时会专注于一两首乐曲反复播放,而五年前当我拖着一条断腿慢慢下山时,脑海里萦绕的就是这两首乐曲。)

我在马尼图林岛的中心城镇戈尔湾周边逗留了很久。我通常比较内向,但在那里,我能跟陌生人攀谈。我甚至在星期天去了教堂,因为我喜欢这种置身于社区的感觉。我在那里过了六个星期的田园诗般的生活,写作并没有多大成效。就在我准备离开时，戈尔湾的一些长者向我提出了一个惊人的建议。他们说："你似乎很享受在这里的生活，似乎很喜欢这个岛。我们镇上的医生工作了四十年之后刚刚退休。你愿意接替他的工作吗？"我犹豫不决。他们又说，安大略省会给我提供一栋住房，而且——正如我所见——岛上岁月静好。

我非常感动，思索了好几天，幻想小岛医生的生活。但最终，我有些遗憾地想，此路不通。我不是做全科医生的料；我需要城市，虽然它很喧闹，但那里有大量的、各不相同的神经病学病人。我只能对马尼图林岛的长者们说："谢谢你们——但是我没法答应。"

这已经是三十多年前的事了，可有时候我仍然忍不住想，要是我当时答应了马尼图林岛上的长者们，我的生活会怎样？

1979年末，我在一个跟马尼图林岛大不相同的岛上安了家。我在1965年秋天刚到爱因斯坦医学院上班时就听说了纽约市的锡蒂岛。它只有1.5英里长，半英里宽，风貌类似新英国渔村，与布朗克斯区有天壤之别，尽管它离爱因斯坦医学院只有十分钟车程，而且我有几位同事住在那里。无论往哪个方向望去，都能看到宜人的海景。岛上有许多以鱼类菜肴为主的餐馆，午休时间去其中任何一家吃个饭都令人身心愉快——如果研究工作具有挑战性，我一天可能会干上十八个小时。

锡蒂岛的身份、规则和传统自成一体，岛上的原住民，即"挖蛤人"，似乎特别尊重习性特异的人。例如我的神经病学同行绍姆堡医生，他小时候得过脊髓灰质炎，骑着他的大三轮车在锡蒂岛大道上缓缓而行。再如"疯狂的玛丽"，一个每隔一段时间就精神失常的女人，她会站在她的小皮卡车斗里布道，宣扬地狱之火。不过，岛民们对玛丽以平常心待之。事实上，她似乎在岛上扮演一个特殊的角色，一位女智者。精神失常好比一座熔炉，淬炼出她的坚定和幽默感。

我被人从贝丝·亚伯拉罕医院的公寓里赶出来之后，在弗农山向一对好人夫妇租了一栋房子的顶层，但我经常开车或骑摩托车去锡蒂岛和果园海滩。夏天早上上班前，我会骑摩托车去海滩游泳。而在周末，我会去游很长时间，有时绕锡蒂岛游上一圈，这大约需要六个小时。

1979 年，就在一次环岛游泳中途，我在岛的一端附近发现了一座很迷人的凉亭；我上岸好好打量了它一番，然后漫步街头，看到一个小房子前面挂着"出售"标志。我浑身湿漉漉地上前敲门，见到了屋主——爱因斯坦医学院的一位眼科医生。他刚刚完成专科训练，即将和家人一起搬到太平洋西北地区。他带我参观了房子（我借了一条毛巾，免得边走边滴水），然后我就动心了。我穿着泳裤、光着脚丫来到锡蒂岛大道上的房地产经纪人办公室，告诉她我想买这所房子。

我一直渴望有一幢自己的房子，就像我在加州大学洛杉矶分校医院上班时租住的托潘加峡谷小屋那样。我还希望这座房子就在水边，这样我就可以穿着泳裤和凉鞋直接下海。因此，坐落在霍顿街的那座装有红色楔形墙板、离海滩只有半个街区远的小房子深得我心。

我此前从来没有买过房，灾难随即降临。买房后的第一个冬天，我回伦敦前不知道人离开房子后暖气还得开着，以防管道结冰。等我从伦敦回来，一打开前门就大吃一惊。楼上的一根管道爆裂了，到处都是水，餐厅的整个天花板都破烂不堪，在饭桌上方摇摇欲坠。桌椅全毁了，地毯也未能幸免。

还在伦敦的时候，我父亲建议，既然我有房产了，可以把他的钢琴搬过去。那是一架漂亮的老式贝希斯坦三角钢琴，制造于1895年，也就是他出生的那一年。它在我们家已经五十多年了，父亲每天都弹它。可现在，父亲八十多岁了，手指因为关节炎而不再灵活。此时看到屋内的狼藉，恐惧涌上我的心头。要是我早点买下这所房子，我就会把钢琴安放在餐桌的位置。想到这里，我更是后怕。

我在锡蒂岛上的许多邻居都是水手。我隔壁的房主是斯基普·莱恩和他的妻子多丽丝。斯基普一生中大部分时间都在大型商船上当船长。他的房子里到处都是船用罗盘和舵轮、罗盘箱和灯笼，以至于变得就像一艘船。屋里墙上挂满了他指挥过的船只的照片。

斯基普有一肚子的海上故事，但现在他已经退休了。他放弃了大船，换了一艘小小的单人船，名叫"太阳鱼号"；他经常驾驶它穿过伊斯特切斯特湾，一直开到曼哈顿也不在话下。

虽然斯基普的体重接近250磅，但他身强力壮，而且敏捷得惊人。我经常看到他在他家屋顶上修东西——我想他喜欢那种

"高高在上"的感觉。有一次，他接受别人的挑战，赤手空拳爬上了锡蒂岛大桥30英尺高的塔架，然后在一根梁柱上凌空伫立。

斯基普和多丽丝是完美的邻居，从不多管闲事，但在别人需要帮助的时候无比热心，过日子劲头十足。霍顿街上只有十几栋房子，一共三十多位居民。如果说我们当中有一个能拍板的领导者的话，那就是斯基普。

20世纪90年代初，有一次我们收到警告，说强飓风直扑小岛而来。警察拿着大喇叭在街头喊，叫我们撤离。可是斯基普太了解变幻莫测的风暴和海洋了，而且他的嗓门比警察的喇叭都响。他不同意。"停下！"他吼道，"原地不动！"他邀请我们所有人参加中午在他家门廊上举行的飓风派对，观看飓风眼经过。不出斯基普所料，就在正午之前，风停了，一片静谧。我们就在飓风眼里，阳光普照，晴空万里——一种田园诗般的神奇宁静。斯基普告诉我们，有时候可以在飓风眼里看到被飓风卷到数千英里开外的鸟儿或蝴蝶，它们甚至有可能来自非洲。

霍顿街的住户都不锁房门。我们守望相助，爱护我们共有的小小海滩。它虽然只有几码宽，但毕竟是我们的海滩。每到劳动节，我们都会在那片小沙地上开派对，挖个深坑，全猪上架，大火慢烤。

我经常和另一位邻居戴维一起在海湾里游泳，他有我所缺乏的谨慎和常识。多亏他，我没出过意外。但我有时还是游得太远；有一次，我一直游到窄颈大桥，差点被一条船分尸。戴维得知后大惊失色。他说，如果我坚持在航道上游泳（"傻瓜才那样"），我至少应该在身后拖一个亮橙色浮筒，好让船上的人警醒。

我有时会在锡蒂岛附近的水域遇到小水母。被它们蜇到的话，皮肤会有轻微灼热感，没什么大不了的。可到了 20 世纪 90 年代中期，一种体型更大的水母开始出没：狮鬃水母（"福尔摩斯探案"系列里有一篇《狮鬃毛》，正是这种水母导致案中人物神秘死亡）。被它们蜇到可不妙。它们会在皮肤上留下一道道"鞭痕"，疼痛难忍，还会让人心动过速、血压飙升。有一次，一位邻居家十岁的儿子被蜇后出现严重的过敏反应，脸和舌头肿胀得堵塞了呼吸道，幸好他迅速注射了肾上腺素，这才转危为安。

狮鬃水母泛滥成灾，我只能穿戴好包括面罩在内的全套潜水装备去游泳，只有嘴唇暴露在外，而我在嘴唇上涂了凡士林。即便如此，有一天我还是被吓到了，因为我在自己的腋下发现了一只足球大小的狮鬃水母。无忧无虑的游泳时代从此画上句号。

每年 5 月和 6 月的满月时分，一个古老而奇妙的仪式会在我们的海滩以及美国东北部所有的海滩上演。从古生代到现在几乎没怎么进化过的马蹄蟹会慢慢爬到海边进行一年一度的交配。通过观察这个已经有 4 亿多年历史的仪式，我对时间的深邃有了深刻领悟。

锡蒂岛适合闲逛，行人可以在锡蒂岛大道上漫步，也可以踱进跟它相交的条条小路，每条路都只有一两个街区长。这里有许多精美古老的人字形坡顶房屋，可以追溯到维多利亚时代，还有几家造船厂。曾几何时，这里是游艇制造中心。锡蒂岛大道两旁都是海鲜餐馆，从历史悠久、环境优雅的"斯维特小馆"到露天卖炸鱼和薯条的"约翰家礁石餐厅"，不一而足。我最喜欢的是"捕鲸船小馆"，它低调朴实，墙上挂满捕鲸照片，每个星期四都供应豌豆汤。"疯狂的玛丽"也喜欢这里。

在这种小镇氛围中，向来内向的我放松下来。我跟捕鲸船小馆的经理、加油站的老板、邮局的办事员的关系都很好（在后者的记忆中，他们从来没服务过像我这样频繁收发信件的镇民，而在《错把妻子当帽子》出版后，我的邮件数量更是跃升一个数量级）。

有时候，我嫌自己家过于空旷寂静，就会去海王星餐厅。它位于霍顿街尽头，不知道为什么食客寥寥。我在那里写作，一坐就是几个小时。我想他们很喜欢我这个安静的作家。我每隔半小时左右就会再点一道菜，因为我不希望餐厅因为我的缘故而亏损。

1994年初夏，一只流浪猫不请自来。一天晚上，我从纽约城里回来，看到她静静地坐在我的门廊上。我进屋端出一碟牛奶，她迫不及待地舔起来。然后她抬头看我，那眼神像在说："谢谢你，伙计，但我除了渴，还饿。"

我重新往碟子里加满了牛奶，然后去拿了一块鱼。于是我俩达成默契：如果我们能和平共处，她就会住下来。我为她找了一个篮子，放在我门廊的一张桌子上。第二天早上，我很高兴地看到她还在。我给她喂了鱼，留了一碗牛奶，然后就去上班了。我向她挥手告别，心想她明白我会回来的。

那天晚上，她在原地等我；事实上，她朝我迎过来，又是喵喵叫，又是弓背，在我腿边蹭来蹭去。她的举动让我莫名地感动。喂完它之后，我按老规矩在门廊窗下的沙发上落座，吃我自己的晚餐。那只猫跳上她的桌子，从窗外看着我吃。

第二天晚上我回家后，又在地上为她放了鱼。但这一次，由于某种原因，她不肯吃。我把鱼放到桌子上，她跳上了桌。等我在窗下的沙发上坐好了，才发现她的躺姿跟我平行。我开动，她也开吃。就这样，我们共进晚餐。这个仪式此后每天晚上都会重复，我觉得很了不起。我想，我们俩都找到伴了——人们可能会把狗当成伴侣，但很少对猫有这样的期望。这只猫喜欢和我在一起。几天后，她甚至会陪我走到海滩，挨着我坐在那里的长椅上。

我不知道她白天做什么，不过有一次她给我带来一只小鸟，让我意识到她和别的猫一样，一定是打猎去了。但只要我在家，她就待在门廊上。我被这种物种间的关系迷住了。十万年前，人和狗就是这样相遇的吗？

9月下旬，天气转凉，我把这只猫——我就叫她阿猫，她听得懂——送给了朋友。在接下来的七年里，她和他们快乐地生活在一起。

我很幸运地找到了海伦·琼斯。她就住在附近,是一位优秀的厨师和管家,每星期来我家一次。星期四早上她一到我家,我们就出发去布朗克斯区购物。我们的第一站是莱迪格大道上的一家鱼店,店主是来自西西里岛的两兄弟,长得就像一对双胞胎。

我小时候,鱼贩子每个星期五都会提着一个装着鲤鱼和其他鱼的水桶来我们家。我母亲会把鱼煮熟,调味,然后把它们磨碎,做成一大碗犹太鱼丸冻。它与沙拉、水果一起,构成我们的安息日食谱,因为安息日是不允许生火做饭的。莱迪格大道上的西西里鱼贩子很乐意向我们提供鲤鱼、白鲑鱼和梭子鱼。海伦是一位虔诚的基督徒,我不知道她怎么会做这样的犹太美食,但她的随机应变能力很强,做出来的鱼丸冻(她称之为"过滤鱼")非常美味。我不得不承认,她做的跟我母亲做的比,毫不逊色。海伦每次做过滤鱼都会改良,于是我的朋友和邻居们也爱上了这道菜。海伦的教会朋友也一样;想到她的浸礼宗教友们在教会社交活动中大吃鱼丸冻,我忍俊不禁。

20世纪90年代的一个夏日,我下班回到家,差点以为门廊上站了一个幽灵。这个怪男人留着浓密的黑胡子,头发乱蓬蓬——一定是个脑子不正常的流浪汉,我心想。直到这人开口说话,我才意识到他是谁——我的老朋友拉里。我已经很多年没有见过他了,而且和我们圈子里许多人一样,觉得他可能已经去世。

我是在1966年初认识拉里的。当时我正试图摆脱到纽约后染上的第一次长达数月的毒瘾。我吃得很健康，积极锻炼身体，恢复体力，定期去西村的一家健身房。那里星期六早上8点开门，我常常第一个到。在某个星期六，我从坐姿蹬腿机开始锻炼。在加州的时候，我的蹲举实力超群，我想知道现在我的力量恢复了多少。我不断调整重量，800磅——轻而易举；1000磅——有点挑战性；1200磅——不自量力。我知道我超限了，但不肯认输。我做了三个动作，然后第四个，到了第五个，我坚持不住了。我颓然躺倒，1200磅重物压身，膝盖顶在胸口。我几乎无法呼吸，更不用说喊救命了，开始怀疑自己还能撑多久。我感到头部充血，担心即将中风。就在那一刻，门被推开，一个强壮的年轻人走了进来。他看到我的困境，帮我举起连杆。我拥抱他："你救了我的命。"

尽管拉里救人的动作非常迅速，但他似乎非常害羞。他不擅长跟人打交道，一脸紧迫感，焦虑几乎肉眼可见，眼珠转个不停。不过，跟我打过交道之后，他就打开了话匣子，也许我是他几个星期以来第一个开口说话的对象。他告诉我，他十九岁，上一年刚刚因为精神不稳定而退伍，靠政府发放的少量救助金生活。据我所知，他就靠牛奶面包过活；每天在街上行走十六个小时（如果在乡间就跑步），天晚了就随便找个地方睡觉。

他告诉我，他父母对他生而不养。他母亲在他出生的时候已经到了多发性硬化晚期，无力照顾他。他的父亲是酒鬼，在拉里出生后不久就抛弃了他们。拉里来来去去地在许多寄养家庭住过。在我看来，他从来没过过稳定的生活。

我不想对拉里做出"诊断"，虽然彼时的我常常把精神病学术语挂在嘴边。我一心想的是，他被剥夺了多少爱、关怀和稳定，失去了多少尊重，到现在还没有精神崩溃，实属不易。他非常聪明，对时事的了解远远超过我。他会去找旧报纸看，从头读到尾。他顽强不懈地思考所有读过或者听说过的东西，绝不轻信。

他不打算找工作，我想这需要一种特殊的操守。他决心避免毫无意义的忙碌；他很节俭，虽然养老金微薄，却能存下钱来。

拉里把时间花在走路上，对他来说，从他在东村的公寓步行20英里到我在锡蒂岛的住处稀松平常。他有时在我的客厅沙发上过夜。有一天，我在冰箱底层发现了一些沉重的金条，都是拉里多年分批买来的。他把它们藏在我家，认为比放在他的公寓里更安全。他说，在一个不稳定的世界里，黄金是人们唯一可以信任的财产；股票、债券、土地、艺术品，都可以在一夜之间失去价值，但黄金（为了逗我开心，他常说"79号元素"）将永远保值。如果他不上班就能过活，能自立，无拘无束，那他为什么要工作？我喜欢他说这话时的勇气和直率。我觉得，在某种程度上，他是我认识的最自由的灵魂之一。

拉里的所思所想都写在脸上，性情温和，许多女人被他吸引。他曾与东村的一位身材丰满的女士结婚多年。但可怕的是，有一天，她被闯入他们公寓寻找毒品的暴徒杀害了。他们没有找到毒品，但拉里回家发现了她的尸体。

拉里原本靠牛奶和面包维生，在她遇害后，他伤心不已，只喝得下牛奶。他开始幻想和一个哺乳期女巨人环游世界,后者会把他像婴儿一样抱在怀里,让他吸吮她的乳房。我从未听过比这更原始的幻想。

有时,我几周或几个月都见不到拉里——我没有办法联系到他,但他又会突然再次现身。

他和他父亲一样有酒瘾。酒精会刺激他的大脑,让他忍不住生事并且最终伤害到自己。他认识到这一点,向来避免喝酒。20世纪60年代末,我们一起吸过几次毒。他喜欢搭我的摩托车和我一起去巴克士郡看望我的表侄女凯西——阿尔·卡普[1]的女儿之一。凯西是精神分裂症患者,但她和拉里一拍即合,形成了一种奇特的情谊。

海伦也很喜欢拉里,我所有的朋友都喜欢他。他是一个完全独立的人,是现代都市版的梭罗[2]。

在纽约,我跟一些美国表亲们熟悉起来。他们姓卡普(原名卡普林,其实是我的远房表亲)。老大是漫画家阿尔·卡普。他有两个弟弟,一个叫本斯,也是漫画家,另一个叫埃利奥特,是一位漫画家兼剧作家。他们还有一个妹妹,叫玛德琳。

1966年,我第一次参加卡普家的逾越节家宴,至今记忆犹

---

[1] 即阿尔弗雷德·杰拉德·卡普林(1909—1979),美国漫画家、幽默作家。
[2] 亨利·戴维·梭罗(1817—1862),美国作家、超验主义哲学家,曾在瓦尔登湖畔隐居两年,自耕自食。

新。当时我三十二岁,玛德琳的丈夫路易斯·加德纳四十八岁,英俊而正直,有一种军人气质;他是预备役上校,也是一名建筑师。路易斯坐在餐桌上首主持家宴,玛德琳跟他遥遥相对,其他家族成员坐在长桌两边,个个都不是平常人——本斯、埃利奥特和阿尔,以及他们各自的妻子。路易斯和玛德琳的孩子们坐不住板凳,只有在回答关于逾越节传统的四个问题或者找大人们藏起来的无酵饼的时候才老实点。

那时我们都正值壮年。阿尔才华横溢,他创作的连环漫画《莱尔·艾布纳》受到美国各地读者的追捧。埃利奥特是三兄弟当中的思想家,以随笔和戏剧著称。本斯(杰罗姆)精力充沛,创意十足。玛德琳是哥哥们精心爱护的宝贝,一切以她为中心。他们个个聪颖过人、妙语连珠,我有时认为玛德琳是他们几个里最聪明的;多年之后,她因为中风而失语。[1]

我跟阿尔经常见面。20世纪60年代中期初次相见的时候,我觉得他是个怪人。他们三兄弟在20世纪30年代都是共产党员或者同路人,但到了60年代,阿尔的政治立场不知何故发生大反转,跟尼克松和阿格纽[2]交上了朋友(不过,我怀疑他没能取得对方的全盘信任,因为他的机智和讽刺可能针对任何当权者)。

阿尔九岁时因为交通事故致残,装了一条结实的木腿(让我

---

[1] 玛德琳中风的时候才五十岁左右。此后她一直失语,但她仍然机智过人、气度非凡、巧思层出不穷。她赋予了失语症新含义。——作者注
[2] 斯皮罗·西奥多·阿格纽(1918—1996),美国第39任副总统,因逃税、受贿等受起诉,不得不辞职。一年后,尼克松也因水门事件辞职。

想到亚哈船长①的鲸骨假腿)。他的争强好斗和不加掩饰的性欲或许在某种程度上同伤残有关。他必须让人知道,他不是瘸子,而是某种超人。不过,阿尔从未在我面前流露过他性情的这一面。他对我一贯友好可亲。我喜欢上了他,觉得他创意十足、魅力过人。

20世纪70年代初,阿尔除了从事漫画创作外,还经常去大学讲课。他口才好,讲课精彩,令人倾倒,但有关他的传言逐渐甚嚣尘上——说他可能跟一些女学生走得太近。传言愈演愈烈,有人站出来指控他。丑闻坐实后,数百家刊印阿尔连环漫画的报纸跟他解约,而为它们供稿是阿尔的终身事业。他在漫画中虚构了"狗狗村"和"什穆",深受读者爱戴,在某种意义上堪称美国漫画界的狄更斯。不想有朝一日他竟然成了被谩骂的对象,还丢了工作。

他去伦敦隐居了一段时间,住在一家旅馆里,偶尔发表文章和漫画。但是,正如人们所说的那样,他心灰意懒,狂放和活力踪影全无。他始终郁郁寡欢,健康每况愈下,于1979年去世。

我的另一位表亲奥布里——也就是阿巴·埃班——是家族里的神童、我姑姑阿莉达出色的长子。他从小就表现出非凡的天赋,进入剑桥大学后如鱼得水,当上了学生联合会的主席,考过三次第一名,毕业后留校担任东方语言讲师。他的履历证明,尽管20世纪30年代的英国盛行反犹太主义,但一个除了非凡的大

---

① 赫尔曼·麦尔维尔发表于1851年的小说《白鲸》的主人公。

脑之外全无财富、出身、社会关系优势可言的犹太男孩照样能在此地最古老的大学之一过得风生水起。

他二十岁的时候就已经是一位机智过人的雄辩家，不过当时谁也不知道他会不会因此从政——他的母亲，也就是我的姑姑，曾于1917年将《贝尔福宣言》[①]翻译成法语和俄语，而奥布里从小就是一个坚定的、带有理想主义气质的犹太复国主义者——还是留在剑桥大学当学者。战争和巴勒斯坦局势的发展塑造了他的未来走向。

奥布里比我大将近二十岁，直到20世纪70年代中期我和他的接触才多起来。他住在以色列；我先是在英国，然后移居美国。他是外交官和政治家，我是医生和科学家。我们在亲友婚礼和其他场合见过寥寥几面，时间也很短。即使奥布里到访纽约，以色列外交部长或副总理的身份也意味着保安人员几乎时时刻刻将他团团围住，我们没有机会多说几句话。

但在1976年的一天，玛德琳邀请我们共进午餐，我和奥布里一见面就发现我们的举止惊人地相似——我们的坐姿、突兀笨重的动作、言语和思想风格，而所有在场的人也都看出来了。吃着吃着，我们俩同时突然从餐桌的两端起身去够甜菜根果冻，于是狭路相逢。这道菜只有我俩喜欢，其他人都讨厌。一桌宾主被我们的相似和巧合逗得哈哈大笑。我对奥布里说："我没怎么

[①] 英国外交大臣贝尔福于1917年11月2日写给英国犹太复国主义联盟副主席罗斯柴尔德的一封信，是英国政府表示赞同犹太人在巴勒斯坦建国的公开保证。

见过你，我们的生活大不一样，但我感觉我们两人之间的基因相似度大大高过我和我的三个哥哥之间的相似度。"他说他有同感，我在某种程度上比他的三个兄弟姐妹更像他。

我问，这怎么可能呢？"返祖现象。"他立刻答道。

"返祖？"我眨眨眼睛表示不解。

"是的，这个单词是从拉丁文 atavus 来的，本意是'祖先'，"奥布里回答，"你从来没见过我们的外祖父埃利韦尔瓦（虽然你们俩的希伯来语和意第绪语名字一样）。他在你出生前就去世了。可我跟妈妈来英国后，他带大了我。他是我第一个真正意义上的老师。别人一看到我们一老一少就发笑，说我们俩像得出奇。家族里跟他同辈的人没有像他那样说话、行动或者思考的，我们父母这一代人根本没有，我原先以为我这一代人也没有像他的，直到你进了门。看到你，我差点以为外祖父回来了。"

奥布里身上有一种悲剧因素，也可以说他就是一个悖论。作为"以色列的喉舌"，世界对他洗耳恭听。他热情澎湃，口才出众而不失优雅，剑桥口音浓重，但下一代人却认为这是华而不实、老气横秋。他说一口流利的阿拉伯语，熟知阿拉伯文化并对其流露出同情（他出版的第一本书就是翻译陶菲格·哈基姆[1]原著的《正义的迷宫》），这在愈演愈烈的党派争斗中成为他人攻击的把柄。最终，他下野离开政坛，回归作为学者和历史学家的生活

---

[1] 陶菲格·哈基姆（1898—1988），埃及现代戏剧创始人、阿拉伯文学代表人物。

（同时成了出色的文评家和电视评论员）。他告诉我，他自己的心情很复杂：在几十年纷繁的政治和外交活动后，他感到"空虚"，但也突然获得了前所未有的心灵平静。他重获自由身后的第一个行动是去游泳。

奥布里在普林斯顿高等研究所担任客座教授期间，我问他喜不喜欢学术生活。他一脸怅然地说："我怀念那个舞台。"但是，随着舞台上的氛围日渐激愤，参与者越来越狭隘，党派界限愈加分明，涉猎不同文化、心胸宽广的奥布里对它的眷恋逐渐稀薄。有一次，我问他，最希望后人记住他的哪一种身份，他说："教师。"

奥布里喜欢讲故事。他知道我对物理学感兴趣，就给我讲了几个他与爱因斯坦接触的故事。1952年哈伊姆·魏茨曼[1]去世后，奥布里受命邀请爱因斯坦担任以色列的下一任总统（当然，爱因斯坦婉拒了）。奥布里笑着回忆说，还有一次，他和以色列领事馆的一位同事去爱因斯坦位于普林斯顿的家中拜访。爱因斯坦请他们进门坐下，礼貌地问他们要不要喝咖啡，奥布里（以为会有助理或管家代劳）说要。然而，他说，当他看到爱因斯坦小步快跑去厨房的时候，他"吓坏了"。他们很快就听到杯盘瓢勺的碰撞声和偶尔的餐具掉落声。这位伟人正以他友好但略显笨拙的方式为他们煮咖啡。奥布里说，没有什么别的举动更能让他看到世界上最伟大的天才的人性和可爱的一面了。

---

[1] 哈伊姆·魏茨曼（1874—1952），以色列第一任总统。

到了20世纪90年代，奥布里不再有公职羁绊，也不再高高在上，可以更自由、更轻松地来纽约。我们见面的次数多起来。他的妻子苏西有时与他同行，而他住在纽约的妹妹卡梅尔作陪的频次更高。奥布里和我成了朋友，我们迥异的人生和将近二十岁的年龄差距越来越不重要。

让人又爱又怕的卡梅尔！她能惹毛所有人，至少所有家人，但我忍不住喜欢她。

多年来，卡梅尔在肯尼亚某地当演员，一直是个神话般的人物。但20世纪50年代，她来到纽约，嫁给一个名叫戴维·罗斯的导演，和他一起创办了一个小剧院，上演他青睐的易卜生和契诃夫的戏剧（虽然她本人一直偏爱莎士比亚）。

我1961年5月见到她的时候，刚刚完成从旧金山到纽约的公路之旅——一开始是骑摩托车，就是那台在亚拉巴马州报废的二手摩托车，其后一路搭便车。她在夫妇俩优雅的第五大道公寓里接待了邋遢不堪的我，命令我去洗澡，脱下的衣服立马洗掉，又给我买了干净的换上。

当时，戴维正意气风发；评论界对他好评如潮，普通观众也追捧他。而且，卡梅尔告诉我，他开始跻身纽约戏剧界要人的行列。我见到他的时候，他情绪张扬，令人侧目；他高声吼叫，像狮子一样咆哮，还带我们去俄罗斯茶室吃了一顿天价的六道菜晚餐——菜单点了个遍，外加上半打各式各样的伏特加酒。这已经超出了单纯的兴奋，我怀疑他有点狂躁。

卡梅尔也很兴奋，她认为学会挪威语和俄语——以她对语言的敏感，几个星期足矣——并自行翻译易卜生和契诃夫的剧本轻而易举。她的译本可能是戴维执导的《约翰·盖博吕尔·博克曼》①一剧在伦敦开演后惨遭滑铁卢、亏了好大一笔钱的原因。这些钱是卡梅尔从她那些手头并不宽裕的家人那里用甜言蜜语借来的，后来一直没有偿还。若干年后，戴维紧急住院治疗——他患上严重的抑郁症，动辄发作，不久之后就去世了，是死于意外的用药过量还是自杀，一直没有定论。卡梅尔深受打击，回到了伦敦，寻求家人和朋友的慰藉。

卡梅尔和我于1969年再次见面，当时我正在伦敦撰写《睡人》的第一批病例，《偏头痛》则由费伯出版社付印。卡梅尔提出想看看我写的东西。读了《偏头痛》的校样后，她说："哎呀，原来你是个作家！"此前从来没有人对我说过这样的话；《偏头痛》是由费伯出版社的医学分部出版的，他们认为这是一本医学书，一本关于偏头痛的独特专著——不是什么"文学作品"。此外，唯有费伯出版社的人看过《睡人》的第一批病例，然后以不适合出版为由拒了稿。卡梅尔的夸奖意味着她认为《偏头痛》不仅会受到医学界的欢迎，也会受到普通读者甚至是"文学"读者的欢迎。我的精神为之一振。

费伯出版社决定推迟出版《偏头痛》，我沮丧不已，情绪愈

---

① 易卜生戏剧作品之一。

发低落。卡梅尔看出来了,果断地介入。

"你一定要找个代理人,"她说,"这个人会捍卫你的权益,不让你受气。"

卡梅尔把我介绍给英尼斯·罗斯。这位经纪人向我的出版商施加压力,要求他们赶紧发行我的书。如果没有英尼斯,没有卡梅尔,《偏头痛》可能到现在都没上市。

20世纪70年代中期,卡梅尔在母亲去世后回到纽约,住进东六十三街的一套公寓。她扮演起我和奥布里的代理人角色。奥布里当时参与了一系列关于犹太人历史的书籍和电视节目的创作。但无论是代理还是表演都是兼职,而纽约的物价却越来越贵,卡梅尔付不起房租。于是奥布里和我补贴她,一共补贴了三十年。

那些年,卡梅尔和我频频见面。我们经常一起去看戏。有一次,我们看《翅膀》,康斯坦丝·卡明斯①在其中扮演一位中风后失去语言能力的女飞行员。中途卡梅尔转头问我是否觉得她的表演很感人。我说不感人,她大吃一惊。

为什么不感人?她问。因为,我回答说,她讲话一点都不像失语症患者。

"噢,你们这些神经病学家!"卡梅尔说,"你就不能暂时忘掉神经病学,沉浸到剧情和表演中吗?"

"不能,"我说,"如果她说话不像失语症患者,那么整

---

① 康斯坦丝·卡明斯(1910—2005),美国演员。

部戏对我来说都不真实。"她摇了摇头，感叹我的狭隘和教条主义。①

好莱坞有意将《睡人》拍成电影，为此我结识了彭妮·马歇尔和罗伯特·德尼罗②，卡梅尔很激动。然而，在我五十五岁生日那天，她的直觉让她出了个洋相。那天，德尼罗来锡蒂岛参加我举办的聚会，（以他一贯低调出行的方式）无声无息地潜进了我家，在楼上一个隐蔽角落安顿下来，谁都没有认出他来。我告诉卡梅尔，德尼罗来了。她非常大声地说："那不是德尼罗。那是一个跟他长得像的人，一个替身，电影厂派来的。我知道真正的演员是什么样子的，他根本骗不了我，一分钟都骗不了。"她深谙发声技巧，屋里每个人都听到了她的评论。我自己也狐疑起来，于是走到街角的电话亭，给德尼罗的办公室打电话。对方很疑惑，说来人当然是德尼罗本尊。德尼罗比谁都乐呵，他听到了卡梅尔的亮嗓门。

让人又爱又怕的卡梅尔！我很喜欢她的陪伴——只要她没让我七窍生烟。她才华横溢，风趣幽默，是个邪恶又天才的模仿者；她冲动、率直、不负责任，但她也是一个幻想家、歇斯底里者和吸血鬼，从她周围的人那里吸走越来越多的钱财。请她来家

---

① 剧终，我们去后台看望卡明斯。我问她是否见过很多失语症患者。"没有，一个也没见过。"她回答说。我没吭声，但心里想：看出来了。——作者注
② 《睡人》于1990年被改编成电影，中文片名通常译为《无语问苍天》。马歇尔担任导演，德尼罗为主演之一。

暂住的风险非常高（我有过教训），因为她会盗取东道主书房里的艺术书籍，卖给二手书店。我经常联想到我们的莉娜姨妈，她勒索有钱人给希伯来大学捐钱。卡梅尔从未勒索过任何人，但她在很多方面都与莉娜相似：她也是家族里的小浑蛋，某些人对她深恶痛绝，但我硬不起心肠来。卡梅尔并非没有意识到她和莉娜姨妈之间的相似。

卡梅尔的父亲去世后，她继承了大部分遗产，因为他认识到她是孩子们当中最缺钱的。她的兄弟姐妹们如果有怨言，至少能被以下感想抵销：有了这份遗产，只要她理性消费，不乱花钱，可保一生无虞，不必再向他们讨要，也不再需要他们的资助。我也很高兴，不用出于义务每月给她寄支票了。

可她另有想法。自从戴维去世后，她一直怀念在戏剧圈的日子。现在她有钱了，可以自己制作、执导并出演她自己喜欢的戏了；她选中了《不可儿戏》①，以便亲自出马扮演家庭教师普利森小姐。她租了一个剧院，召集了一个剧组，组织了宣传，演出如愿以偿地获得了成功。但世事难料，这部戏之后就没有下文了。她继承来的遗产就这么被孤注一掷地挥霍一空。家里人愤怒万分，而她又一次身无分文。

卡梅尔相当没心没肺地接受了这一切，尽管从某种意义上说，这是三十年前《约翰·盖博吕尔·博克曼》事件的重演。但她的恢复力比不上那一次。她虽然不显老，但已年届七十；她有

---

① 19世纪爱尔兰剧作家王尔德创作的一部讽刺风俗喜剧。

糖尿病，却毫不在意；而且家里人（只有奥布里力挺她，无论她如何激怒他）已经跟她断了来往。

奥布里和我又开始每月给她寄支票，但卡梅尔的内心已经塌了一个角。我想，她觉得她已经失去了在百老汇大放异彩的最后一次机会。她的健康状况开始恶化，不得不住进安养院。她有时会出现妄想症状，起因可能是早期老年痴呆，也可能是糖尿病，或者两者兼而有之。偶尔有人会发现她衣衫不整、神志不清地在希伯来之家①附近的街道上徘徊。她一度相信自己正同汤姆·汉克斯搭档，出演由史蒂文·斯皮尔伯格导演的电影。

但也有一些日子，她无异于常人，高高兴兴地外出看戏——这是她最初和最后的爱好，或者去希伯来之家附近令人赏心悦目的波丘园散步。她在彼时决定写一本自传，写得很轻松、文笔很好，而且她一生不走寻常路，经历独树一帜。可惜，老年痴呆神不知鬼不觉地加重，她渐渐地记不清生平往事。

与此形成鲜明对比的是，她的"表演"记忆，即她的演员记忆，完好无损。任何莎剧的台词，只要我起个头，她就能往下接，摇身变成苔丝狄蒙娜、科迪莉亚、朱丽叶、奥菲莉亚，任何角色都可以；通常把她当生病的痴呆老妇人看待的护士们目瞪口呆。卡梅尔曾经对我说过，她没有个人身份认同，只有她所扮演的角色的身份——这是一种夸张说法，因为她早年个性突出、相当自负。但现在，随着她自己的身份认同受痴呆侵蚀，她的说法

---

① 私人安养院名称。

几乎成真。她只有在摇身变成科迪莉亚或朱丽叶的那几分钟里才清醒过来,人格完整。

我最后一次去看她的时候,她得了肺炎,呼吸急促不规律,就像拉风箱。她的眼睛睁着,但看不见东西。就连我在她的眼睛周边挥手,她都没有眨眼,但我想,也许她还能听到并认出一个声音来。

我说:"再见,卡梅尔。"几分钟后,她就去了。我打电话给她的哥哥拉斐尔报告她的死讯,他说:"愿上帝保佑她的灵魂安息——如果她有灵魂的话。"

1982年初,我收到一个从伦敦寄来的包裹,里面有哈罗德·品特写的信和据他说受《睡人》启发的新剧《宛若阿拉斯加》的手稿。品特在信中写道,1973年《睡人》一出版他就读过,认为它"了不起"。他设想过将其改编为戏剧,但没有想明白,于是搁置一边,直到八年后突然灵光一现。上一年夏天的某个早晨,他一醒来脑海中就浮现出剧中的第一句台词:"出事了。"他说,随后几天,这部戏迅速成形,就好像"我只是打字员"。

《宛若阿拉斯加》的主人公叫德博拉。她罹患怪病,深陷人事不省的冰冻状态长达二十九年。有一天,她醒了过来,不知道自己年龄几何,也不知道自己有过什么遭遇。她以为身边的白发妇人是某位表妹或"从未见过的姨妈",结果被告知这是她的妹妹。她震惊不已,不知如何面对自己的现实处境。

品特从未见过我们的病人,也没有看过《睡人》纪录片,但我的病人罗斯·R.显然是他的德博拉的原型。我都能想象到罗斯读完剧本后说："天哪！他太懂我了。"我觉得品特的理解在某种程度上超越了我的作品，他不可思议地领悟到了一个更深邃的真理。

1982年10月，该剧在伦敦的英国国家剧院首演，我躬逢盛事。朱迪·丹奇饰演的德博拉十分出彩。之前我曾讶异于品特构想之逼真，此时我再次啧啧称奇，因为丹奇和品特一样，从未见过脑炎后综合征患者。事实上，她说品特禁止她在排练期间接触任何脑炎后综合征患者，他认为她应当完全根据他的台词来创造德博拉这个角色。她的表演扣人心弦。(不过，后来丹奇看了《睡人》纪录片，还去高地医院探访了一些脑炎后综合征病人。我感到她此后的表演虽然可能更加真实，却没有那么扣人心弦了。也许品特是对的。)

直到彼时，对于把我的作品搬上舞台这件事，或者任何其他"基于""改编自"或受我作品"启发"的东西，我都持保留意见。我觉得《睡人》货真价实，而其他东西肯定"不真实"。如果它们的创作者没有跟病人接触的第一手经验，作品怎么可能真实呢？然而，品特的话剧让我认识到，一位伟大的艺术家可以想象并重构现实。我觉得品特给我的和我给他的一样多：我给了他一个现实，而他也回报了我一个现实[1]。

---

[1] 此后，我对受我作品启发的其他作品也产生过同感——特别是彼得·布鲁克于1993年编导的精彩话剧《错把妻子当帽子》和2014年的《惊奇的山谷》，以及一部灵感来自《睡人》、由托拜厄斯·皮克作曲的芭蕾舞剧。——作者注

1986年我在伦敦的时候，作曲家迈克尔·尼曼来找我，提议把《错把妻子当帽子》一书的标题故事改编成"小型歌剧"。我说我无法想象，他回答说不劳我费心，交给他就好。事实上，他早就想象过了，因为他第二天就把乐谱拿给我看，还提名了一位歌剧剧本作者——克里斯托弗·罗伦斯。

我向克里斯托弗详细介绍了P博士的情况，最后告诉他，如果P博士的遗孀不同意，恕我不能同他合作。我建议克里斯托弗去拜访她，以温和的方式征询她对歌剧项目的意见（她和P博士都曾经唱过歌剧）。

后来，克里斯托弗与P夫人成了挚友，两人关系非常融洽。她的角色在歌剧中的分量比在我的书里重得多。尽管如此，当这部歌剧在纽约首演时，我还是感到非常紧张。P夫人大驾光临，我的眼风一遍又一遍地扫过她，观察她面部表情的每一个变化。然而，演出结束后，她走到我们三个人——迈克尔、克里斯托弗和我——面前说："我丈夫如果在世，一定会觉得不胜荣幸。"我很高兴，她的话让我觉得，我们既没有侮辱他，也没有歪曲他的病情。

1979年，两位青年电影制片人沃尔特·帕克斯和拉里·拉斯克来找我。他们几年前在耶鲁大学的人类学课上读过《睡人》，希望把它拍成故事长片。他们去贝丝·亚伯拉罕医院看望了许多脑炎后综合征患者。我同意让他们开发一个剧本。接下来的几年没有下文。

大约八年后，他们再次联系我，那时候我都快忘记有过这么一回事了。他们说，彼得·韦尔读了《睡人》和以其为基础开发的剧本，对执导这部电影非常感兴趣。他们给我寄来一个名叫斯蒂夫·泽里安的青年作家编写的剧本，于1987年的万圣节寄到，就在我跟彼得·韦尔见面的前一天。我很不喜欢这个剧本，特别是其中一个杜撰的次要情节，即剧中的医生爱上了一位病人。我毫不含糊地向韦尔表明了看法。他当然大吃一惊，虽然随后表示理解我的立场。几个月后，他退出了这个项目，说他看到了种种"暗礁和浅滩"，觉得自己不能胜任。

在接下来的一年里，斯蒂夫、沃尔特和拉里对剧本进行了多次修改，竭力打造忠实于原书内容和病人经历的作品。1989年初，我得知彭妮·马歇尔将执导这部影片，而且她将和扮演病人伦纳德·L.的罗伯特·德尼罗一起来拜访我。

我对剧本的观感难以名状，因为它在某种程度上竭力再现事实，但同时也插入了几个完全虚构的次要情节。我不得不放弃执念，不把它视作"我的"电影：剧本不是我写的，电影不是我拍的，我没有多大掌控力。自我说服并不容易，不过一旦想通了我就一身轻松。我会给它提提建议、当个顾问，确保它的医学和历史细节无误；我会尽我所能为电影打个基础，但我不必为它担责。[1]

---

[1] 所有扮演脑炎后综合征病人的演员都反复研习过《睡人》纪录片，这是故事长片的主要视觉素材，此外我还提供了自己于1969年和1970年录制的无数超8毫米胶片和录音带。《睡人》纪录片此前从未在英国以外的地方播放过，在《无语问苍天》这部好莱坞影片上映的同时把它提供给美国公共广播公司似乎是一个理想的时机。但是哥伦比亚电影公司坚决不同意，认为这可能会招致观众对故事长片的"真实性"的批评。这种想法很荒谬。——作者注

罗伯特·德尼罗对理解他所要塑造的人物的热情以及一丝不苟的研究堪称传奇。我此前从未见证过任何演员对角色进行调查研究——其终极目的是使演员与角色融为一体。

到了1989年，贝丝·亚伯拉罕医院收治的脑炎后综合征病人几乎都已经去世，但伦敦高地医院仍有九名患者在世。罗伯特把拜访他们视为要务，于是我们结伴前往。他花了很多时间与病人交谈，还录了影像，方便事后详细研习。他的观察力和同理心给我留下了深刻的印象，令我非常感动，而且我认为病人们也因为受到了罕见的关注而感动。"他真的在观察你，直视你。"一位病人第二天对我说，"他是继珀登·马丁医生之后第二个真正这样做的人。他努力感同身受。"

回到纽约后，我见到了将要扮演医生——也就是我——的罗宾·威廉姆斯。罗宾想观察我的行医实践、同我在《睡人》一书中写到的那些我治疗过并且共同生活过的病人互动。于是我们去了安贫小姊妹会安老院，那里有两位服用左旋多巴的脑炎后综合征患者，我已经随访了他们好几年。

几天后，罗宾和我一起来到了布朗克斯州立医院。我们在一个老年病房里待了几分钟，那里有五六名躁动不安的病人，同时高喊大叫、不知所云。后来，我们开车离院，罗宾突然爆发，对病房里发生的那一幕进行了令人难以置信的模仿，每个人的声音和风格都栩栩如生。他记住了所有人的嗓音和话语，现在把他们演出来，或者可以说，他被病人附体了。罗宾具有一种强大的即时理解和回放能力,称之为"模仿"实在不足以形容(因为他的模仿体现了高度的悟性、幽默感和创造力)。不过,我现在回想起来,这只是他表演研究的第一步。①

很快,我发现我自己成了罗宾的研究对象。我们见过几次面之后,罗宾就开始活灵活现地模仿我的一些举止、姿势、步态和语言——各种我一直没有意识到的东西。他就像一面活生生的镜子。我仓皇失措,但又很喜欢和罗宾在一起,和他一起开车兜风、外出吃饭,被他极具渲染力的、连珠炮般的幽默逗得哈哈大笑,折服于他的广博知识。

几周后,我们在街头聊天,我摆出了一个据说是我特有的沉思姿势,然后我突然意识到罗宾的姿势跟我一模一样。他不是在模仿我,在某种意义上,他已经变成了我,这就像我突然有了一个双胞胎弟弟。我们俩都有点不安,于是决定我们不能过于亲密,以便他能创造出一个属于他自己的角色——或许以我为蓝

---

① 这让我想起早几年前达斯汀·霍夫曼的来访。当时他正为在电影《雨人》中扮演自闭症患者做角色研究。我们先去看望了我在布朗克斯州立医院的一名年轻的自闭症患者,然后去植物园散步。我和霍夫曼的导演聊天,霍夫曼落后我们几码。突然,我觉得听到了我的病人在说话。惊愕之下,我回头扭身,发现是霍夫曼正在沉思中自言自语,用嗓音和身体表现他的思考。——作者注

本，但有他自己的人生和个性。①

我几次带演职人员前往贝丝·亚伯拉罕医院，帮助他们了解那里的氛围和情绪，更重要的是让他们同病人和记得二十年前往事的工作人员见面。有一次，我们邀请所有曾于1969年参与脑炎后综合征患者诊治的医生、护士、治疗师和社会工作者重聚。我们中的一些人早已离开了医院，也有一些人彼此多年不见，但在那个9月的晚上，我们连续几个小时共同分享对病人的回忆，每个人的回忆又引出其他人更多的回忆。我们再次意识到，那个夏天是多么重大、多么具有历史意义，当时发生的事情又是多么有趣、多么饱含人情味。这是一个充满欢笑和泪水的夜晚，我们在怀旧的过程中不由自主地严肃起来，因为我们意识到，二十年过去了，那些不同寻常的病人几乎都已经与世长辞。

---

① 在接下来的二十五年里，罗宾和我成了好朋友。我越来越欣赏他的博闻强识、深邃智慧和人文关怀——这些一点都不逊色于他的机智和他那爆炸性的即兴表演。
有一次我在旧金山做演讲，一位听众问了我一个奇特的问题："你是英国人还是犹太人？"
"都是。"我回答。
"你不可能两者都是，"他说，"你只能是其中之一。"
罗宾当时在现场。后来我们一起用晚餐，他提到了这件事，用夹杂着意第绪语和意第绪语谚语的字正腔圆的剑桥英语示范了一个人可以怎样既是英国人又是犹太人，令人惊叹不已。要是当时我们有录影设备就好了，这朵即兴表演之花就能永存了。——作者注只有一位病人还在世，她就是在纪录片中侃侃而谈的莉莲·泰伊。罗伯特、罗宾、彭妮和我去看望她的时候，都惊叹于她的坚韧、幽默、不自怜和真实。尽管她的病程还在发展、对左旋多巴的应答不可预测，但她的幽默、对生活的热爱还有勃勃生气一点都没有流失。

拍摄《无语问苍天》的那几个月，我长时间驻留片场。我向演员们展示帕金森病人的坐姿，要一动不动，面无表情，眼睛一眨不眨；头部可能后仰或者侧扭；嘴巴多数张开，唇边可能挂着一丝口水（剧组认为嘴角流涎有点难，而且在荧幕上或许太不雅观，所以我们没有坚持）。我向他们展示了常见的手脚肌张力障碍症状，还演示了震颤和抽搐。

我向演员们展示了帕金森病人如何站立，或者如何试图站立；他们在行走时如何弓背弯腰，时而步履仓促；他们如何突然止步、僵住、无法前行。我向他们展示了不同类型的帕金森病患者的嗓音、不明所以的发声以及帕金森病人的笔迹。我建议他们想象自己被锁在狭小的空间里或者被困在一大桶胶水中。

我们练习运动悖论——因为音乐的刺激或接球等自发反应突然摆脱帕金森病（演员们喜欢和罗宾一起玩接球游戏。我们觉得，如果他不致力于演戏，他可能会成为一个伟大的球手）。我们模仿紧张性精神病患者和脑炎后综合征病人打牌：四个病人会完全僵硬地坐在那里，紧握着手中的纸牌，直到有人（也许是护士）先出手，这才引发一连串忙乱；起初陷入瘫痪的牌局几秒钟之后就胜负已决（我在1969年看到并拍摄到了这样一局纸牌游戏）。

与这些加速、抽搐状态最接近的是抽动秽语综合征的症状，所以我把几个患有该病的年轻人带到片场。这些近似参禅的练习——一动不动，放空自己，或者骤然动作加速，持续几个小时后再次僵直——让演员们又是入迷又是害怕，因为得病而永久受困的感受变得既生动又惊悚。

一个神经系统和生理功能正常的演员真的能"变成"一个神经系统、经验和行为都极度异常的人吗？有一次，罗伯特和罗宾演对手戏，由后者扮演的医生测试前者扮演的病人的姿势反射（帕金森病患者可能姿势反射缺失或严重受损）。我临时站到罗宾的位置，演示怎么进行反射测试：站在病人身后，轻轻把他向后拉（正常人会适应这股微力，但帕金森病人或脑炎后综合征病人可能会像九柱戏里的木柱一样向后倒下）。我轻拉罗伯特，他向后倒在我身上，纹丝不动，一点反射性反应的迹象都没有。我吓了一跳，轻轻地把他往前推到直立体位，但他开始向前倾倒；我扶不住他。我既困惑又恐慌。有那么一瞬间，我以为他突然得了神经系统重症，已经失去了所有的姿势反射。难道这样的表演真的会改变神经系统？

第二天拍摄开始前，我在罗伯特的化妆室里跟他说话。说着说着，我注意到他的右脚内翻，跟他在片场上扮演伦纳德时的肌张力障碍的扭曲状态一模一样。罗伯特经我提醒后貌似相当惊愕。"我不是有意的，"他说，"我想这是无意识的。"他有时一进入角色就几个小时甚至几天沉浸其中，他会在晚餐时发表属于伦纳德而不是他自己的评论，仿佛伦纳德的思维和性格还在发挥作用。

到了1990年2月,我们已经精疲力竭:拍摄持续了四个月,更不用说在这之前还进行了几个月的研究。不过,有一件事让大家都打起精神来:贝丝·亚伯拉罕医院最后一位在世的脑炎后综合征患者莉莲·泰伊来到片场,扮演她自己,跟罗伯特同时出镜。她会怎么评判身边那些假脑炎后综合征患者?他们的演技合格吗?当她进入片场时,人人都感到敬畏;大家都看过纪录片,认出了她是谁。

那天晚上,我在日记中写道:

无论演员们入戏有多深,无论他们在多大程度上认同角色,他们都只是在扮演病人,莉莲却一辈子都摆脱不了病人的身份。演员们可以甩掉角色的外壳,而她不能。她对此有何感受?(我对罗宾扮演我有什么感受?对他来说,这是一个暂时的角色,但对我来说,这个身份伴我到永远。)

有人把罗伯特推进来,他摆出伦纳德·L.那肌张力障碍的僵硬姿势。同样僵硬的莉莲凝神细细挑剔他。假装僵硬的罗伯特对一码之遥的真正僵硬的莉莲做何想?而真正僵硬的她对假装僵硬的他又做何想?她冲我眨眨眼,微微竖起大拇指,意思是:"这人不错——他是个明白人!他真的懂。"

旅程

我父亲一度考虑过从事神经病学工作，但后来认为当全科医生会"更真实""更有趣"，因为他可以同别人和别人的生活有深度接触。

他一生都对人感兴趣：他九十岁那年，戴维和我恳请他退休——或者至少不要再去病人家出诊。他回答说，出诊是行医的"核心"，其他医事可以停，但这个不可以。从九十岁到将近九十四岁，他每天包一辆微型出租汽车，出诊不辍。

有的家庭几代人都找他看病。他有时会吓到某个年轻的病人，因为他说："你的曾祖父在1919年也得过类似的毛病。"他对人的了解，对病人内心的了解，不亚于他对他们身体的了解，并且认为如果想要治疗奏效，两者缺一不可。（事实上，人们经常说，他对病人家的冰箱里有什么和身体里有什么一样了如指掌。）

他的病人往往不但把他看作医生，也视为朋友。跟我母亲一样，这种对病人整体生活的强烈兴趣使他讲起故事来精彩纷呈。他的医学故事让我们这些孩子着迷，在一定程度上影响了马库斯、戴维和我，导致我们追随父母的脚步进入医学界。

爸爸还一生热爱音乐。他一直有听音乐会的习惯，尤其青睐威格莫尔音乐厅；第一次有人带他去那里（当时它还叫贝希斯坦音乐厅）的时候，他还是个年轻人。他每周都会去听两到三场音乐会，直到生命的最后几个月。他光顾威格莫尔音乐厅的历史如此悠久，以至于他在晚年和一些表演者一样成了传奇人物。

我们的母亲去世后，时年四十五岁的迈克尔和爸爸亲近起来，有时会和他一起去听音乐会，而他以前从没去过音乐厅。爸爸八十多岁的时候关节炎越来越严重，很高兴能有迈克尔做伴。而或许迈克尔也发现，帮助一位年迈的、得了关节炎的家长比觉得自己是一个依赖父亲兼医生的儿子兼病人好受一点。

在接下来的十年里，迈克尔过着相对稳定（尽管不能称之为幸福）的生活。他的医生们摸索出了合适的镇静剂剂量，控制住了他的精神病，并且没有产生太大的副作用。他继续做信使（既送平淡无奇的信件，也送他再次觉得有隐晦含义的信件）；他又喜欢上了在伦敦四下奔走（不过，他说，《每日工人报》和"所有那些东西"都已成往事）。迈克尔非常清楚自己的状况。在他情绪最低落时，他会说："我注定要毁灭。"尽管这里面有一丝救世主的意味：他像所有的救世主一样，"注定要毁灭"。（有一次，我的朋友雷恩·韦施勒去看他，问他好不好。迈克尔回答说："我身处'小轻松'。"雷恩一脸茫然，迈克尔只好解释说，"小轻松"是伦敦塔里的一个牢房，空间非常狭小，囚犯关在里面既不能直立也不能躺平，永远不得轻松。）

然而，不管是注定要毁灭还是天赐神典，迈克尔在我们母亲去世后感到越来越孤独。我们的大宅没了人气，只有他和爸爸住在里面，连病人也不再踏足（爸爸已经把他的诊室搬到了别处）。迈克尔从未交过任何朋友。他与同事们，即使是相处几十年的同事，都只是点头之交。他最喜欢我们家的拳师犬布奇，但布奇年事已高，患有关节炎，跟不上迈克尔的步伐。

1984年，迈克尔供职了将近三十五年的公司的创始人退休了，把公司卖给了另一家更大的公司，后者立即解雇了所有的老员工。五十六岁的迈克尔失业了。他努力学习有用的技能，例如打字、速记和簿记，但发现这些传统技能在一个快速变化的世界中越来越微不足道。他忍住不适——他以前从来没有求过职——去参加了两三次面试，都被拒绝了。我认为此后他放弃了继续工作的希望。他不再出门走长路，转而抽烟上瘾，一连好几个小时坐在客厅里，一边抽烟一边呆呆地凝视前方；我在20世纪80年代中期和后期回伦敦时，常常会看到这种情形。他向我说起自己的第一次幻听，至少是他承认的第一次。他告诉我，一些"电台播音员"操纵着某种超自然的无线电波，能够监测他的想法，并将其广播出去，还暗暗试图把他们的想法植入到他的脑海里。

彼时，迈克尔说他想另外找一位全科医生，而此前我们的父亲一直充当这个角色。他的新医生看到他体重过轻，脸色苍白，认为这不仅仅是"代谢失调"，于是给他做了一些简单的医学检查，发现迈克尔患有贫血和甲状腺功能减退症。他给迈克尔开了甲状腺素、铁和维生素B_{12}。迈克尔的精气神又回来了。三个月后，"电台播音员"消失了。

爸爸于 1990 年去世，时年九十四岁。尽管戴维和他在伦敦的家人对迈克尔和暮年的爸爸照料有加，但我们都觉得让迈克尔独自住在梅佩斯伯里路 37 号的大宅里不合适，让他另找一套公寓独居我们也不放心。经过长时间的寻访，我们选定了一个专为患有精神疾病的犹太老人设计的住宅楼，就在爸妈家所在的同一条路上，门牌号是梅佩斯伯里路 7 号。我们想，目前身体健康状况良好的迈克尔随时可以得到帮助，他熟悉这个街区，而且步行就可以轻松抵达犹太会堂、银行或者他去惯了的商店。

每到星期五晚上，戴维和莉莉会请迈克尔去他们家用安息日晚餐。我的侄女丽兹会定期去看他，帮他搞定所需。迈克尔很有风度地同意了这一切。后来，他还拿搬家这事开玩笑。他说，他活了七十多年，唯一一次旅行就是从梅佩斯伯里路 37 号搬到 7 号。（迈克尔与丽兹的关系亲密度超过他和其他任何家人。她有办法让他暂时收起阴郁的思绪，他们有时会一起开怀大笑和相互戏谑。）

把迈克尔安置到埃隆之家的效果出乎意料地好。他参与了一些社交活动，还掌握了一些实用技能。我去看他的时候，他会在房间里给我泡上一杯茶或咖啡，他以前从来没有自己动手泡过这些。他带我去看地下室里的洗衣机和烘干机，他以前从来没有自己洗过衣服，现在他不但洗自己的衣服，还帮助年纪大的邻居们洗。在这个小小社区里，他逐渐有了地位，承担起某种角色。

虽然他基本上不再读书（"别再给我寄书了！"有一次他给我

写信说），但他此前孜孜不倦阅读的硕果尚存。他就像一本活生生的百科全书，邻居们随时可以向他咨询。迈克尔大半生都觉得别人要么对他视而不见，要么认为他就那么一回事。现在，他成了有学问的人，一位睿智的长者，他乐此不疲。

迈克尔向来都对医生非常戒备，但他逐步信任起照顾他和楼里其他居民的杰出医生塞西尔·赫尔曼。[①]塞西尔和我因为鸿雁传书而结为好友。他经常给我写信通报迈克尔的近况。他在一封信中写道：

迈克尔目前的情况很好。工作人员们拍手称"棒"。他每个星期五晚在埃隆之家主持祈福式，显然得心应手。这样一来，他在我们那个小社区里的角色近似拉比，我相信这对他的自尊心有很大的帮助。

（"我想我肩负一项神圣使命。"迈克尔给我写信说。"神圣使命"的首字母全部大写，"我想"下面细致地画了一道线，体现出某种讽刺意味，也可以说他在自嘲。）

戴维于1992年因肺癌去世，迈克尔悲痛欲绝。他说："我应该死掉！"他首度试图自杀，喝下了一整瓶强效可待因止痛镇咳

[①] 塞西尔·赫尔曼出身于拉比和医生家庭，也是一位医学人类学家，因其对南非和巴西的叙事、医学和疾病的跨文化研究闻名。他深思熟虑，是一位出色的老师，在他的回忆录《郊区萨满》中讲述了他在种族隔离制度下的南非学医的经历。——作者注

糖浆(他沉睡了很久才醒过来,没有其他不良后果)。

除此之外,他生命中的最后十五年相对平静。他帮助别人,在社区里承担一个角色,拥有一个他在家里从来没有过的身份。他还会走出埃隆之家,浅浅打量外面的世界。他在附近散步,去威尔斯登公园的一家小餐馆吃饭(他喜欢在晚餐时吃火腿和鸡蛋,而不是埃隆之家供应的清淡犹太食品)。戴维的妻子莉莉和女儿丽兹照旧在星期五晚上请他去吃安息日晚餐。我去伦敦的时候会住在附近的旅馆里,因为我们的老房子已经卖掉了。我会请迈克尔来旅馆吃星期天的早午餐。有几次,迈克尔邀请我去他青睐的小餐馆吃饭,他做东买单,这显然让他很高兴。

每当我去看他,他总是让我给他带一个烟熏三文鱼三明治和一盒香烟。我很乐意给他带三明治——烟熏三文鱼也是我最喜欢的食物,但带香烟就不那么高兴了;他现在每天要连抽近百支香烟(他的零花钱几乎全部用来买烟)。[①]

吸烟过多影响了迈克尔的健康。他不但经常咳嗽,还得了支气管炎,更严重的是腿部的许多动脉长了动脉瘤。2002 年,他的一条腘动脉出现栓塞,几乎切断了小腿的血液流动,致其冰冷苍

[①] 埃隆之家的许多居民烟瘾都很大("慢性"精神分裂症患者一般都如此)。我不知道他们是因为无聊而吸烟——在那里没有多少事情可做——还是追求尼古丁的药理作用,无论这个作用是令人振奋还是镇静。我曾经在布朗克斯州立医院见过一个病人,他大部分时间都一脸冷漠、沉默寡言,但在吸了几口烟之后就会活跃起来,然后发展到多动喧闹,跟抽动秽语综合征病人差不多。护人员称他为"尼古丁化身博士"。——作者注

白，无疑也让他疼痛；缺血性疼痛有时难以忍受。然而，迈克尔毫不抱怨，别人注意到他走路一瘸一拐，这才送他去看医生。幸运的是，外科医生还来得及救下他的腿。

虽然迈克尔会用震耳欲聋的大嗓门向所有人宣称"我注定要毁灭"，但他在普通的社交场合很少流露情感。不过，有一次，他一改严肃。我们的侄子乔纳森带着他那对十岁的双胞胎儿子去看望迈克尔。两个孩子齐齐扑到这位从未谋面的叔祖父身上，跟他亲热，连连吻他。迈克尔先是身体一僵，然后放松，接着爆发出一阵大笑，以他多年来不曾表现出来过的热情自然而然地拥抱他的侄孙们。这让20世纪50年代出生的乔纳森非常感动。他此前从未见过"正常的"迈克尔。

2006年，迈克尔的另一条腿出现动脉瘤栓塞，他还是丝毫不抱怨，虽然他很清楚这很危险。他已经属于弱能人士，也知道如果这条腿保不住或者支气管炎更严重，埃隆之家就无法继续照料他。到那时，他只能搬到养老院，失去自主权和身份认同，无所作为。他觉得那种生活毫无意义、无法容忍。我不知道他是否因此宁愿赴死。

迈克尔生命中的最后一幕在医院急诊室里上演。当时他正躺在担架上等候手术，以为医生可能要截肢。突然，他用手肘撑住担架坐起来，说："我要出去抽根烟。"然后往后一仰就永远地走了。

1987年末，我在英国认识了一位名叫斯蒂芬·威尔特希尔的自闭症男孩。他从六岁开始绘制的工笔建筑素描令我叹为观止。

他只需看一眼复杂的建筑，甚至整个城市景观，就能凭记忆准确地画出全貌来。时年十三岁的他已经出版了一本素描集，不过仍然沉默寡言，基本上失语。

我想知道为什么斯蒂芬拥有瞬间"录制"一个视觉场景并细致入微地将其再现于纸上的非凡技能；我想知道他的大脑如何运转、他如何看待这个世界；最重要的是，我想知道他有没有情感、能否与他人建立关系。传统观点认为，自闭症患者极其孤僻，无法与他人建立关系，无法感知他人的情感或观点，不懂得幽默，不会玩乐，缺乏自发性和创造性——用汉斯·阿斯伯格[①]的话说，只是一台"智能自动机"。然而，即便我和斯蒂芬只是匆匆一晤，我也觉得他没那么冷漠。

在接下来的几年里，我经常和斯蒂芬以及他的老师和导师玛格丽特·休森相处。斯蒂芬的素描出版后获得了极大的赞誉。他多次旅行去绘制世界各地的建筑。我们一起去过阿姆斯特丹、莫斯科、加利福尼亚州和亚利桑那州。

我拜会过一些自闭症专家，包括伦敦的乌塔·弗里思[②]。我们交流的主要话题是斯蒂芬等孤独型特才，但在我告辞时，她建议我去见见坦普尔·格兰丁。后者是一位天资出众的科学家，患有一种当时刚刚得名阿斯伯格综合征的高功能自闭症。她说，坦普尔才华横溢，与我在医院和诊所遇到的自闭症儿童截然不同；她

[①] 汉斯·阿斯伯格（1906—1980），奥地利儿科医生、儿童自闭症研究先驱。
[②] 乌塔·弗里思（1941—），出生于德国的认知神经心理学家。

拥有动物行为学博士学位,还写过一本自传。[1] 弗里思说,人们越来越清楚地认识到,自闭症并不一定意味着智力严重受损和交流无能。有些自闭症患者可能发育迟缓,在某种程度上不能理解社交暗示,但他们完全有能力,甚至在其他许多方面有很高的天赋。

经联系,坦普尔同意让我到她位于科罗拉多州的家中跟她共度周末。当时,我正在写关于斯蒂芬的文章,打算把这段经历写成脚注,增加文章的趣味。

坦普尔尽其所能地礼遇我,但多种迹象表明,她对其他人脑子里在想什么毫无头绪。她强调说,她本人不用语言思考,而是用非常具体、形象的方式来思考。她非常同情肉食牛,认为自己是"从牛的角度看问题"。这一点,再加上她作为工程师的聪明才智,使她为肉食牛和其他家畜设计出更人道的设施,从而成为世界知名的专家。她显露无遗的聪明才智和对交流的渴望深深打动了我,这跟斯蒂芬的被动和对他人表现的冷漠截然不同。当她与我拥抱告别时,我知道我必须写一篇关于她的长文章。

在我把关于坦普尔的文章发给《纽约客》几周后,我碰巧见

---

[1] 坦普尔的第一本书《自闭历程》于1986年出版。当时没有多少人承认阿斯伯格综合征。她在书中谈到自己怎样从自闭症中"康复";那时候,人们普遍认为自闭症患者不可能过上充实有意义的生活。到了1993年我和坦普尔见面时,她已经闭口不谈"治愈"自闭症,而是转向谈论自闭症患者可能表现出的优势和劣势。——作者注

到了该杂志的新任编辑蒂娜·布朗。她对我说:"坦普尔会成为美国英雄。"事实证明她说得对。现在,坦普尔被世界各地自闭症社群的许多成员奉为英雄,因为她说服我们大家不把自闭症和阿斯伯格综合征看作神经系统缺陷,而是不同的、有其独特倾向和需求的人类存在模式。

在我早期出版的书里,病人们挣扎求生,竭力(往往非常巧妙地)适应各种神经系统状况或"缺陷",但对坦普尔和我在《火星上的人类学家》中写到的许多其他人来说,他们的"状况"就是他们生活的根本,而且往往是原创性和创造力的来源。我给这本书起了一个副标题,叫作"七个自相矛盾的故事",因为书里所有的主人公都找到或创造了出人意料的应对其疾病的方法;他们各具另类天赋。

1991年,我接到一个电话,得知有一个自幼因为视网膜损伤和白内障几乎不能视物的人(我在《火星上的人类学家》里写到过他,叫他弗吉尔)今年五十岁了,即将步入婚姻殿堂,他的未婚妻劝他做白内障手术——手术不成功也没多大损失。她希望他能够重获视力,开启新生活。

然而,术后拆绷带时,弗吉尔并没有像神迹故事里的人物那样迸发呐喊("我的眼睛能看见了!")。他一脸茫然,视线涣散,不知所措,视焦点根本没有对准站在他面前的外科医生。只有在外科医生发声——他说:"怎么样?"——之后,弗吉尔才露出恍然大悟的表情。他知道人声源自人脸,于是推断出他所看到的斑驳光影一定是给他做手术的医生的脸。

弗吉尔的经历与一位名为 SB 的病人的经历几乎相同。心理学家理查德·格雷戈里在三十年前描述过那位病人,而我花了很多时间同他讨论弗吉尔的病例。

理查德和我早在 1972 年就在科林·海克拉夫特的办公室见过面。当时科林不仅策划出版《睡人》,还准备出版格雷戈里的《自然与艺术中的幻觉》。理查德身材魁梧,比我高一个头,为人随性,生气勃勃,思维和身体都很敏捷,还有点纯真,喜欢讲笑话,让我觉得这是一个身板已经长开、热情奔放、诙谐有趣的十二岁男孩。他早期的著作——《眼与脑》和《智能眼》——让我着迷。这两部书将他强大而富有激情的思维、轻松优美的语言和他标志性的犀利幽默结合起来。格雷戈里写的句子就像勃拉姆斯写的一小节音乐那样极具辨识度。

我们俩都对大脑的视觉系统、外伤或疾病怎样破坏我们的视觉识别能力、视觉幻觉怎样欺骗我们的大脑感兴趣。[1]他深信,知觉并非眼睛或耳朵收集到的感官数据的简单再现,而必须由大脑来"构建",这种构建涉及大脑内部许多子系统之间的协作,并不断受到记忆、概率和期望的影响。

在他漫长而高产的职业生涯中,理查德证明视觉错觉为理解

---

[1] 格雷戈里家族历代子弟都对视觉和光学特别感兴趣。弗朗西斯·高尔顿在他的《遗传的天赋》一书中追溯格雷戈里家族的卓越智识,直至牛顿的同代人詹姆斯·格雷戈里。他对牛顿的反射镜做了重要改良。理查德的父亲曾担任皇家天文学家。——作者注

各种神经功能提供了一个重要途径。他认为想象至关重要，它既是一种智力探索，也是一种科学研究方法。他认为，大脑发挥想象，试探各种念头，我们所谓的知觉实际上是大脑试探着构建的"知觉假设"。

我住在锡蒂岛上的时候经常半夜起来骑着摩托车在空无一人的街道上驰骋。一天晚上，我注意到一个奇特的现象：如果我盯着前轮旋转的辐条，它们可能有那么一个瞬间凝滞不动，就像一幅静止画面。我大感兴趣，想都没想过时差问题就拨通了理查德的电话，那时候英国应该是凌晨。但他毫不介意，当即给我提了三个假设："静止"是不是摩托车发动机的振荡电流引起的频闪效应？会不会是我的眼球跳动造成的？抑或，它是否表明大脑实际上根据一系列"静止画面""构建"了运动感？[1]

我们都对立体视觉情有独钟。理查德有时会给他的朋友们寄立体圣诞卡，而他位于布里斯托尔的博物馆般的住宅里摆满了各种老旧的立视镜和五花八门的其他老式光学仪器。我在写苏珊·巴里（"立视苏"）的故事时，经常向他请教。苏珊早年显然罹患立体盲，但在五十岁时建立了立体视觉。这一般被认为是不可能的。目前的观点是，儿童早期只有一段为时很短的立体视觉体验关键期，如果两三岁时没有形成立体视觉，那就错过了关

---

[1] 我后来同弗朗西斯·克里克讨论了这种"快照"视觉，并在2004年为《纽约书评》撰写的文章《意识之河》中提到了这一点。——作者注

键期。

写完"立视苏"后不久,我的一只眼睛视力开始衰退,最终不能视物。我给理查德写信,诉说令我胆寒的视力恶化情况,还说,此前我一直能看到丰富美丽的立体世界,可现在它变得扁平,我惶惑不安,以致有时似乎分辨不出距离和深度。理查德对我的提问无比耐心,他的洞见极其宝贵。我觉得他比任何人都更能帮我理解我所经历的一切。

1993年初的一天,凯特把电话递给我,说:"这是约翰·斯蒂尔从关岛打来的电话。"

关岛?从来没人从关岛给我打过电话。我甚至不确定它在哪里。二十年前,我曾经跟一位约翰·斯蒂尔通过几次信。他是多伦多的一位神经病学家,与人合写过一篇关于儿童偏头痛幻觉的文章。那位约翰·斯蒂尔因识别斯蒂尔-理查森-奥尔谢夫斯基综合征而闻名。这是一种退行性脑病,现在被称为进行性核上性麻痹。我拿起听筒,原来对方正是这位约翰·斯蒂尔。他告诉我,他从多伦多移居密克罗尼西亚,先是住在加罗林群岛的某些岛上,目前在关岛。他为什么要给我打电话?他说,关岛原住民查莫罗人当中流行一种奇怪的地方病,叫作关岛型肌萎缩侧索硬化-帕金森综合征-痴呆复合征。他们中的许多人的症状与我描述并拍摄过的脑炎后综合征患者极为相似。因为我是目前在世的为数不多的见过脑炎后综合征的人之一,约翰问我是否愿意去看看他的一些病人,然后谈谈我的观点。

我记得在当住院医的时候听说过关岛病。它有时被认为是神经退行性疾病当中的罗塞塔石碑[1]，因为该病患者往往表现出类似帕金森病或肌萎缩侧索硬化或痴呆的症状，如果破解了它，或许能让这三种疾病的病因真相大白。几十年来，神经病学家们频频光顾关岛，试图找到病因，但到现在，大多数人都已经放弃了。

几周后，我抵达关岛，约翰来机场接我。他很好认。当时天气闷热，大家都穿着花衬衫和短裤，只有约翰例外。他穿一身热带西装，打着领带，戴着草帽，衣冠楚楚。"奥利弗！"他喊道，"你能来真是太好了！"

他开着红色敞篷车带我驶出机场，一路向我介绍关岛的历史。他还把苏铁指给我看。这是一种非常原始的树种，起初植遍关岛。他知道我对苏铁和其他原始植物形态感兴趣。事实上，他曾经在电话中建议我以"苏铁学神经病学家"或"神经病学苏铁学家"的身份来关岛，因为许多人认为，查莫罗人经常把苏铁的种子制成面粉食用，这就是怪病的罪魁祸首。

在接下来的几天里，我和约翰一起去病人家出诊。这让我想起了我小时候和我父亲一起去出诊的情景。我见到了约翰的许多病人，其中有些人确实让我想起了我在《睡人》中写到的病人。我决定以后还要来关岛，待的时间长一点——带上摄像机，为这

---

[1] 1799年在埃及罗塞塔附近发现的这块石碑上刻有三种古代埃及文字，考古学家由此解读了许多古代埃及文本。

些独特的病人录影。

我觉得这次关岛之行还具有非常重要的人文意义。脑炎后综合征患者已经被收治在医院里几十年,他们的家人大多对他们不管不顾,而肌萎缩侧索硬化－帕金森综合征－痴呆复合征患者直到人生终点仍然生活在各自的家庭和社群中。这让我意识到,在我们的所谓"文明"世界里,医学和习俗是多么野蛮。我们把病人或痴呆者关起来,试图把他们抛在脑后。

在关岛的某一天,我和约翰谈起我多年来一直感兴趣的另外一个话题——色盲。我最近见到过一位画家I先生。原先目识五色的他突然失去了颜色知觉,他知道自己错过了什么。但如果一个人生来就看不到颜色,那么他就根本不知道颜色是什么样的。大多数"色盲"者其实是色弱者:他们分辨不出来某些颜色,但可以轻而易举地识别其他颜色。色觉丧失,也即完完全全的先天性色盲,极其罕见,每三万人当中可能才有一例。在这个世界上,色觉正常的人、鸟类和其他哺乳动物举目望去,五彩纷呈,每种颜色都包含信息和暗示。全色盲者会怎么应对?他们会不会像聋哑人一样,发展出特殊的、补偿性的技能和策略?他们会不会像聋哑人一样,创造出一整个社群和文化?

我对约翰说,传言——也许是一个浪漫的传说——道,在一个与世隔绝的山谷里,所有居民都是全色盲者。约翰答道:"是的,我知道那个地方。它其实不是一个山谷,但的确与世隔绝,它是一个离关岛比较近的小珊瑚环礁——只有1200英里远。"平格拉普岛靠近一个比较大的名叫波纳佩岛的火山岛。约翰曾在波纳佩岛工作过几年。他说,他在那里接诊过一些来自平格拉普岛的病人,据他了解,大约10%的平格拉普岛民是全色盲者。

几个月后,曾为迈克尔·尼曼的歌剧《错把妻子当帽子》写过剧本的克里斯托弗·罗伦斯提议和我一起为英国广播公司拍摄一组系列纪录片。[1]于是我们在我的眼科医生朋友鲍勃·沃瑟曼和全色盲的挪威心理学家克努特·诺尔比的陪伴下,于1994年重访密克罗尼西亚。克里斯和他的剧组安排了一架飞起来摇摇晃晃的小飞机,把我们送到平格拉普岛。鲍勃、克努特和我沉浸在这些岛屿的独特文化生活和历史中。我们为病人看病,与医生、植物学家和科学家交谈;我们在雨林中漫步,在珊瑚礁间浮潜;我们喝"萨考"喝到酩酊大醉。

直到1995年夏天,我才静下心来写我在这些岛屿上的经历。我打算写两篇叙事性游记,汇编成一本书:关于平格拉普岛的"色盲岛"和关于关岛怪病的"苏铁岛"。(在这两篇游记之后,我又写了一篇类似尾声的文字,吟咏深邃的地质时间和我最喜欢的古老植物——苏铁。)

---

[1] 这组名为《人脑漫游》的系列片探讨了我长期以来感兴趣的一些话题,包括抽动秽语综合征和自闭症。拍摄过程中,我还长了新见识——威廉斯综合征患者(我后来在《脑袋里装了2000出歌剧的人》中写过他们)、一个聋盲卡津人社群,还有一些无语言能力的失聪人士。——作者注

这一次，我随心所欲地探索了许多主题，既有神经病学方面的，也有非神经病学方面的。我写了六十多页尾注，其中有许多其实是植物学、数学或历史学随笔。因此，《色盲岛》跟我之前写的书不一样：它更加抒情，更加个人化。直到现在，它在某种程度上还是我的心头好。

1993年，我不但背上行囊初次前往密克罗尼西亚等地冒险，还踏上了另一种旅程，一种精神上的时间旅行，回忆和重温我早年的一些兴趣所在。

鲍勃·西尔弗斯问我是否愿意就一本新出版的汉弗莱·戴维传记撰写书评。我很激动，因为戴维是我小时候崇拜的偶像。我非常喜欢读他在19世纪初做过的那些化学实验，然后在我的小实验室里复制它们。我再次浸淫于化学史，还认识了化学家罗阿尔德·霍夫曼[①]。

几年后，深知我少年时代对化学的热情的罗阿尔德给我寄来一个包裹，里面放了一张大大的元素周期表海报，上面有每种元素的照片，还有一份化学图书目录、一小块密度很大的灰色金属。我一眼就认出后者是钨棒。罗阿尔德所料无差，我立即想起了我舅舅。他当年开了一家工厂生产钨棒和钨丝灯泡。这根钨棒

[①] 罗阿尔德·霍夫曼（1937—），美国化学家、1981年诺贝尔化学奖得主。

就是我的玛德琳蛋糕。①

我开始写我的童年，我怎样在二战前的英国长大、在战争期间被流放到一所由虐待狂担任校长的寄宿学校，又怎样先后对数字、化学元素以及可以代表任何化学反应的化学方程式之美产生浓厚兴趣，在颠沛流离之中找到了定心丸。这本书对我来说属于一个新类型，我既追忆了往事，也在某种程度上回顾了化学史。到1999年底，我已经写了几十万字，但我觉得书稿还不成熟。

我一度非常喜欢翻阅19世纪的《自然历史》期刊。它们刊登的文章都兼具个性和科学性——特别是华莱士的《马来群岛自然考察记》、贝茨的《亚马孙河上的博物学家》和斯普鲁斯的《植物学家笔记》，以及启发他们仨（还有达尔文）的亚历山大·冯·洪堡的《个人叙事》。华莱士、贝茨和斯普鲁斯的足迹有过时空交错，他们都曾经于1849年的同几个月里踏足亚马孙河沿岸的同一片土地，而且他们都是好朋友（他们一生相互通信，华莱士还在斯普鲁斯去世后出版了后者的笔记）。想到这些，我就心生欢喜。

从某种意义上说，他们都是业余爱好者——自学成才，自我激励，不隶属于某个机构。而且他们生活在一个在我看来如同田

---

① 据传，马塞尔·普鲁斯特在吃玛德琳蛋糕的时候萌生了创作《追忆似水年华》的灵感。

园诗般的世界里,就像伊甸园那样静好。后来的世界则日益职业化,同行竞争之惨烈堪比厮杀(赫伯特·乔治·威尔斯的小说《飞蛾》中所描绘的那种竞争)。

在这种甜蜜的、未受玷污的、前职业化的氛围中,备受推崇的是冒险精神和好奇心,而非利己主义、抢占先机和出人头地。在我看来,这样的氛围在某些自然历史学会中至今仍然零星存在,但因为这些学会非常低调,公众对它们的重要性几乎一无所知。美国蕨类植物协会就是其中之一。它每月举行会议,并偶尔组织实地考察——成员们称之为"寻蕨短途游"。

2000年1月,纠结于怎样为《钨舅舅》收尾之余,我和大约二十名蕨类植物协会的成员一起前往墨西哥瓦哈卡,那里有超过七百种已知的蕨类植物。我本来不打算写详细的日记,但在冒险感和层出不穷的新体验的刺激下,整整十天的旅行,我几乎一刻不停地在写。[①]

在瓦哈卡市中心的城市广场上,我登上一辆穿梭巴士,准备回酒店,写《钨舅舅》时感到被阻塞的文思突然通畅起来。巴士上坐在我对面的是一位抽雪茄的男子和他的太太,两人都说瑞士德语。穿梭巴士和瑞士德语的结合瞬间把我带回1946年。我在

[①] 旅行回来之后,我把这本日记整理成文。旋即,我应邀将其作为《国家地理》旅行丛书中的一本出版。《蕨乐园》里有许多书页跟我的手写日记的内容雷同,但我在书里补充了我对旅程中其他令我印象深刻的风物的研究——巧克力和辣椒、龙舌兰和胭脂虫、中美洲文化和新世界的致幻剂。——作者注

《蕨乐园》里是这样写的：

战争刚刚结束，我父母决定前往欧洲唯一"未受蹂躏"的国家——瑞士——一游。卢塞恩的施威霍夫有一条电车线路，车体高大，自从四十年前诞生后就平稳无声地运营至今。我突然想起了十三岁正处于青春期边缘的自己，这段记忆甜蜜和痛苦参半。那时我的知觉是如此地新鲜和敏锐，而我的父母则年轻、精力充沛、刚满五十岁。

回到纽约后，童年回忆一波又一波地朝我涌来，《钨舅舅》的其余部分也呼之欲出。我个人的东西似乎与历史和化学的东西交织在一起——就这样，一本混合体裁的书应运而生，两个很不一样的故事和声音以某种方式融为一体。

斯蒂芬·杰·古尔德和我一样深爱自然历史和科学史。我读过他的《个体发生与种系发生》以及他在《自然历史》杂志月刊上发表的许多专栏文章。我特别喜欢他发表于1989年的《奇妙的生命》。这本书让人深刻体会到，纯粹的运气——好运或厄运——在所有动植物物种的进化过程中发挥了巨大作用。他写道，如果我们能够"重新运行"进化，每次的结果无疑会截然不同。智人是一系列偶发事件的结果。没有它们，就没有我们人类。他说这是一个"辉煌的意外"。

古尔德的进化论观点令我兴奋不已，以至于当一家英国报纸请我推荐1990年我最喜欢的读物时，我提名《奇妙的生命》。我的推荐理由是：古尔德在书里生动地描述了五亿多年前"寒武纪大爆发"中产生的一系列惊人的生命形式（它们被完好保存在加拿大落基山脉的伯吉斯页岩中），以及这些生命形式中又有多少因为竞争、灾难或运气不好而被湮没。

斯蒂芬看到这篇小小的书评后，给我寄来了一本有他亲笔签名的《奇妙的生命》，书的扉页上写了长长一段题词。他说，这本书是我所描述的脑炎后综合征患者身上体现的偶然性以及内在不可预测性的"地质版本"。我向他致谢，他的回信充满了他特有的活力、奔放和风格。信的开头是这样的：

亲爱的萨克斯医生：

收到你的信，我很激动。生活中几乎没有比得知一位我崇拜的知识分子英雄喜欢了我本人的劳动成果更让我高兴的事情了。我真心认为，在显然没有任何联系的情况下，我们中的一些人正在朝一个植根于偶然性理论的集体目标前进。你的病例研究肯定同埃德尔曼的神经病学研究、普通混沌理论、麦克弗森关于美国内战的研究以及我本人关于生命史的研究有共性。当然，偶然性本身并无新意。相反，通常这个主题被剔除出科学领域（"只不过是历史"），更有甚者，它被视为不符合科学原理的唯心论的代用品，乃至聚焦点。关键不在于强调偶然性，而在于根据个性的不可约性将其确立为一门真正的科学的中心主题。偶然性并不同科学对立，我们所说的自然法则可以预料到它，因此它是科学本身的一种原始数据。

在讨论了其他几个话题后,他的信到了尾声:

太有趣了,一旦你跟你多年来想结识的人取得联系,你到处都能看到想和他讨论的事情。

你真诚的

斯蒂芬·杰·古尔德

事实上,直到几年后荷兰的一位电视记者找我们做系列报道,我们俩才见面。制片人问我是否认识斯蒂芬,我回答说:"我们有书信来往,但从来没有见过面。尽管如此,我把他当作兄弟看待。"

斯蒂芬则在给制片人的信中说:"我迫不及待地想要见到奥利弗·萨克斯。我视他为兄弟,但我们从来没有见过面。"

接受同一档节目采访的一共有六个人——弗里曼·戴森[1]、斯蒂芬·图尔敏[2]、丹尼尔·丹尼特[3]、鲁珀特·谢尔德雷克[4]、斯蒂芬和我。他们单独采访了我们每个人,几个月后又安排我们飞往

---

[1] 弗里曼·戴森(1923—2020),美籍英裔数学物理家、数学家、作家。
[2] 斯蒂芬·图尔敏(1922—2009),英国哲学家、作家、教育家。
[3] 丹尼尔·丹尼特(1942—2024),美国哲学家、作家、认知科学家。
[4] 鲁珀特·谢尔德雷克(1942—),英国生物学家、作家、超心理学研究者。

阿姆斯特丹，入住不同的酒店。我们彼此素未谋面，他们希望当我们六个人最终聚到一起的时候，会产生一些奇妙的（或许剑拔弩张的）碰撞。这个长达十三个小时的电视节目得名《辉煌的意外》，在荷兰大红大紫，节目的文字稿成了畅销书。

斯蒂芬对这个节目的反应带着他特有的搞怪幽默感。他写道："我们的荷兰系列节目竟然如此受欢迎，令我惊骇不已。跟你们见面我当然乐开怀，但我怀疑自己是否会愿意在电视机前面坐上几个小时观看这样一档聊天节目。要知道，在这个'政治正确'的时代，我们都是死定了的欧洲白人男性。"

斯蒂芬在哈佛大学教书，但住在纽约市中心，所以我们是邻居。他一人千面，兴趣庞杂。他喜欢走路，对纽约的建筑物和纽约城一个世纪前的样子了如指掌（只有像他这样对建筑高度敏感的人才会把建筑物的拱肩用在进化比喻里）。他很有音乐天分，是波士顿一个合唱团的成员，崇拜吉尔伯特和沙利文[①]；我认为他对吉尔伯特和沙利文的所有作品都烂熟于心。有一次，我们去长岛拜访一位朋友，斯蒂芬在按摩浴缸里一泡就是三个小时，边泡边唱吉尔伯特和沙利文的作品，全然没有重复。他还熟知非常多两次世界大战期间流行的歌曲。

斯蒂芬和他的妻子朗达对朋友慷慨大方，喜欢举办生日聚会。斯蒂芬会按母亲的食谱烤制生日蛋糕，还总会写一首诗在聚

[①] 指英国维多利亚时代的幽默剧作家威廉·吉尔伯特和英国作曲家阿瑟·沙利文。两人合作二十五年，共同创作了十四部喜剧。

会上朗诵。他精于此道。有一年，他对《贾巴沃克》①进行了精彩改写。在另一个生日聚会上，他朗诵了下面这首诗：

为奥利弗·萨克斯庆生，1997年

这个人爱上了一棵苏铁

他原本可以当摩托车广告的模特

多元之王

好哇，生日快乐

你超越了老弗洛伊德，从前的心理学首脑

单腿站立，偏头痛，色盲

火星上的睡人，关心帽子

奥利弗·萨克斯

人生就要活得肆意

游泳的时候把海豚抛在身后

斯蒂芬和朗达知道我对元素周期表情有独钟，在另一次为我举办的生日聚会上邀请每位来宾都打扮成某个特定的元素。我不大记得住别人的名字和面孔，但我从不忘记任何一个元素。（我的老朋友卡罗尔·伯内特带了一位男士来参加聚会。我不记得他

---

① 《爱丽丝漫游奇境记》第一章里的一首诗。《贾巴沃克》是刘易斯·卡罗尔的自编词，意为"无聊、无意义的话"。

的名字，也不记得他的脸，但我将永远记得他是氙。）斯蒂芬是氙，54号元素。他们俩都是惰性气体。

我热切地阅读斯蒂芬每月在《自然历史》上发表的文章，并经常就他的专栏主题写信给他。我们讨论各种各样的事情，从病人反应中的偶然性到我们对博物馆的共同爱好（尤其是把展品陈列在展柜里的老式博物馆。我们都为保护费城美妙的穆特博物馆[①]大声疾呼）。

我也渴望进一步了解更原始的神经系统和行为，这种渴望可以追溯到我学习海洋生物学的时代。在这一方面，斯蒂芬对我的影响非常大。他不断地提醒我，生物学只有用进化和运气、偶然性来解读才有意义。他把一切都放在深层进化时间的框架里来考量。

斯蒂芬本人研究百慕大群岛和荷属安的列斯群岛上的陆地蜗牛的进化。在他看来，种类繁多的无脊椎动物甚至比脊椎动物更能说明大自然的创造力以及它在为很早就进化出来的结构和机制寻找新用途方面的鬼斧神工——他称其为"扩展适应"。因此，我们俩都很赞赏"低等"生命形式。

1993年，我在给斯蒂芬的信中写到了将特殊性与一般性结合起来——我自己将临床叙事与神经科学结合起来——的方法。他

[①] 一家医学博物馆，成立于1858年，主要收藏医学畸形、解剖和病理学标本以及古代医疗器械等。

回信说:"长期以来,我也体会到同样的张力,我试图通过写随笔来淡化我对个别事物的喜好,又通过技术性写作来消解我对普遍性的兴趣。我之所以喜欢伯吉斯页岩研究,正是因为它让我能够将这两者结合起来。"

他审读了我的《色盲岛》手稿,而且读得很仔细,帮我规避了一些错误,真是一个大好人。

最后,我们俩都对自闭症感兴趣。他在给我的信中说:"我的尊重部分是个人原因。我有一个儿子得了自闭症,他能瞬间计算出几千年里的某一天是星期几。你那篇关于日历和计算能力异于常人的双胞胎的文章是我读过的最感人的文章。"

他写过一篇关于他的儿子杰西的文章,后来收入《追问千禧年》,扣人心弦。

人类首先是讲故事的动物。我们把世界组织成一系列的故事。那么,如果一个人不能理解故事或推测人类的意图,他该怎么厘清令他困惑的世界?纵观人类英雄史,我发现有一个主题最为高尚——有人在不幸被剥夺了人类共有的某些基本特性之后,怎样奋力拼搏,寻找补偿之道并付诸实施。

在我认识他之前,斯蒂芬曾与死亡擦肩而过。在他四十岁左右的时候,他得了一种非常罕见的恶性肿瘤——间皮瘤,但他决心排除万难,打败这种致死率极高的癌症。在放疗和化疗的帮助下,他幸运地做到了。他向来精力充沛,但在这次面对死亡的经历之后，他变得比以前更加有活力。他没有一分钟可以浪费——谁知道接下来会发生什么？

二十年过去了。在他六十岁那年，他得了貌似与间皮瘤无关的另一种癌症——肺癌，而且癌细胞已经转移到了肝脏和大脑。然而，他对疾病做出的唯一让步是坐着讲课。他决心完成他的巨著《进化论的结构》。该书于2002年春天出版，恰逢他发表《个体发生与种系发生》二十五周年。

几个月后，就在教完他在哈佛大学的最后一堂课后，斯蒂芬陷入昏迷后去世，仿佛他是靠着纯粹的意志力坚持到完成最后一个学期的教学、看到自己的最后一本书出版，然后安心放手。他在家中的图书室辞世，被他心爱的书籍包围。

心智新观

1986年3月，就在《错把妻子当帽子》出版后不久，一位家住长岛的艺术家I先生给我写信。他在信中说：

我是一名艺术家，事业还算成功，刚满六十五岁。今年1月2日，我驾车时被一辆小卡车撞到了副驾驶位置。我去当地医院的急诊室就诊，诊断结果是脑震荡。医生给我做眼部检查，发现我无法辨别字母和颜色。那些字母都像希腊字母，我看世界就像看黑白电视。几天后，我又能分辨出字母了，而我的视力堪比鹰眼，能看到一个街区外蠕动的虫子。这种视觉锐利程度令人难以置信。但是，我绝对色盲。我去看过眼科医生，他们无法解释。我也看过神经科医生，但无济于事。即使在催眠状态下，我仍然无法辨别颜色。凡是你能说出来的检查，我都做过。我的棕色狗狗现在看起来是深灰色的；番茄汁是黑色的；彩电屏幕就是一盘大杂烩。

I先生抱怨说，他只能看到一个沉闷"黯淡"的黑白世界，觉得别人都很丑，自己也没法画画。问我以前是否遇到过这种情况,能否研究一下为什么,能不能帮帮他。

我回信说,我听说过这种获得性色盲的病例,但从未亲眼见过。我不确定能否提供帮助,但我邀请 I 先生来见我。

I 先生六十五岁之后才色盲,此前他能正常看到颜色——现在他是全色盲,看世界就像"看黑白电视"。事发突然,罪魁祸首不可能是视网膜锥体细胞的缓慢退化,想来是在一个更高的层面,即大脑中负责颜色感知的那些区域,出了问题。

此外我还发现,I 先生不但失去了识别颜色的能力,还失去了想象颜色的能力。他现在做的梦都是黑白的,甚至连他的偏头痛先兆也失色了。

几个月前,我在伦敦参加《错把妻子当帽子》的出版活动,一位同事邀请我跟他一起去参加一个在女王广场的国立神经病学和神经外科医院举行的会议。"萨米尔·泽基会发言,"他说,"他是颜色感知方面的权威。"

泽基一直在进行颜色感知神经生理学研究。他把电极插入猴子的视觉皮层,记录该处的活动。他的研究表明,猴子大脑中有一个区域(V4 区)负责颜色的构建。他认为在人脑中可能有一个类似的区域。我被泽基的演讲吸引,特别是他讲到颜色感知时用到的"构建"这个词。

一种新思路透过泽基的研究大放异彩,启发我换一个方式思考意识的潜在神经病学基础——并认识到,借助我们新近研发成功的大脑成像技术以及记录活体、有意识的大脑中的单个神经元活动的技术,我们也许能识别出各种各样的体验是怎样"构建"

出来的、在大脑的哪个区域"构建"。这是一个令人振奋的想法。我意识到,自从我在20世纪50年代初求学以来,神经生理学已经取得了巨大的飞跃。我在校的时候,人类尚无能力并且几乎无法想象在动物有意识、有感知、有行为能力的情况下记录其大脑中的单个神经细胞的活动情况。

差不多在同一个时期,我去卡内基音乐厅听音乐会。当天的节目包括莫扎特伟大的《C小调弥撒曲》,中场休息后又有他的《安魂曲》。一位名叫拉尔夫·西格尔的年轻神经生理学家正好坐在我后面几排,一年前我访问索尔克研究所时曾经跟他匆匆一晤。他是弗朗西斯·克里克的门生。拉尔夫看到坐在他前面的那个大块头在膝头放了一本笔记本,整个音乐会期间写个不停,就知道这人一定是我。音乐会结束后,他走过来自我介绍,我一眼就认出了他——不是因为他的脸(大多数人的脸在我看来都一样),而是因为他那头火红的头发和他那急切、奔放的举止。

拉尔夫很好奇——整场音乐会我都在写什么?我是不是根本没有听到音乐?不,我说,我听到音乐了,而且不仅仅是背景音。我引用了同样在音乐会期间写作的尼采的话,他热爱比才的作品,曾经写道:"比才让我成为一个更好的哲学家。"

我说,我觉得莫扎特让我成为一个更好的神经病学家,音乐会期间我在写一个病人的故事——他是一位色盲艺术家。拉尔夫一听很兴奋,他听说过I先生,因为我在今年早些时候曾向弗朗西斯·克里克描述过他。拉尔夫自己的研究对象是猴子的视觉系统，但他说他很想见见 I 先生，因为 I 先生能够把他的所见（或者所未见）准确地告诉他，猴子们却口不能言。他向我概述了五六个简单而又关键的测试，可以帮助确定这位画家的大脑颜色构建在哪个阶段出了问题。

拉尔夫总是从深层次的生理学角度思考问题，而包括我本人在内的神经病学家往往止步于大脑疾病或损伤的现象，很少考虑其中涉及的确切机制，根本没有想过大脑活动如何生成体验和意识这个终极问题。对拉尔夫来说，他利用猴脑探索的所有问题，他耐心地逐一收集的洞见，总是指向那个终极问题——大脑和心智之间的关系。

每当我把我的病人的经历告诉拉尔夫，他都会随即同我展开生理学讨论：这涉及了大脑的哪些部分？发生了什么？我们能在电脑上模拟吗？他是一位出色的自然数学家，拥有物理学学位，还喜欢计算神经科学、为神经系统建模或进行模拟。[1]

在接下来的二十年里，拉尔夫和我成了好朋友。他的夏天在

---

[1] 我向他展示了偏头痛先兆中可能出现的复杂图案——六边形等多种形状的几何图案，包括分形图像，他很着迷，后来在一个神经网络上模拟出了其中一些基本图案。1992 年，我们将这项研究成果作为附录纳入《偏头痛》修订版。拉尔夫的数学和物理直觉还告诉他，混沌和自我组织可能是各种自然过程的核心，与从量子力学到神经科学的各种科学相关。为此，我俩于 1990 年再次合作，为《睡人》修订版编写了一个附录，题为"混沌与觉醒"。——作者注

索尔克研究所度过,我经常去那里看他。作为一个科学家,他毫不妥协,经常直言不讳;工作之余,他活泼、随性、诙谐。他对为人夫和为人父——他有一对双胞胎孩子——兴致勃勃,而我经常与他的家人共度时光,扮演的角色跟孩子们的教父差不多。我们都喜欢加州的拉荷亚海岸,在那里我们可以长时间地散步或骑车,仰望盘旋在悬崖上的滑翔伞,或者跳下海湾游泳。到了1995年,拉荷亚已经成为世界神经科学之都,在索尔克研究所、斯克里普斯研究所、加州大学圣地亚哥分校之外又新增了杰拉尔德·埃德尔曼的神经科学研究所。拉尔夫把我介绍给在索尔克研究所工作的一些神经科学家。我开始觉得自己是这个多元的、富有原创精神的社群的一分子。

2011年,拉尔夫因脑癌去世,年仅五十二岁。我深深地怀念他,但他的声音就像我的许多朋友和导师的声音一样,已经成为我思想中不可或缺的一部分。

1953年,我在牛津大学读到了沃森和克里克在《自然》杂志上发表的著名的"双螺旋"短篇报道[1]。我很想说我当即意识到了它的重大意义,但事实并非如此,当时的大多数人也没有意识到。

直到1962年听了克里克在旧金山锡安山医院发表的演讲后,

---

[1]《自然》(Nature)杂志以"长篇论文"(article)和"短篇报道"(letter)两种形式发表研究成果。

我才开始认识到"双螺旋"的重大意义。克里克的演讲主题不是DNA的构造,而是他与分子生物学家西德尼·布伦纳[①]的合作研究。他们希望破解DNA的碱基序列怎样影响它们所表达的蛋白质中的氨基酸序列。经过四年的紧张工作,他们刚刚证实该翻译过程涉及一段核苷酸三联体。这本身就是一个不亚于"双螺旋"的重大发现。

但显然克里克的研究兴趣已经转移。他在演讲中提到,两项伟大的事业有待探索:理解生命的起源和本质,理解大脑和心智的关系——尤其是意识的生物学基础。当他在1962年对我们发表演讲的时候,是不是已经预感到,一旦他"解决"了分子生物学,或者至少把它发展到可以放手让他人接棒的阶段,他就可以专心研究这些问题?

1979年,克里克在《科学美国人》杂志上发表了《思考大脑》一文。这篇文章在某种意义上为从神经科学视角研究意识正名;在此之前,意识归入主观领域,不在科学研究范畴内。

1986年,我在圣地亚哥的一次会议上见到了他。当时有一大群人,满满一屋子神经科学家,但到了吃晚饭的时候,克里克特意来找我,抓住我的肩膀,让我坐在他旁边,说:"给我讲故事!"他特别想听大脑损伤或疾病改变视力的故事。

我不记得那天晚餐我们吃了什么,也不记得关于这顿饭的任

[①] 西德尼·布伦纳(1927—2019),南非生物学家、2002年诺贝尔生理学或医学奖得主。

何其他细节，我只记得我给他讲了我的许多病人的故事，而每一个故事都招来他的一连串假设和进一步研究的建议。几天后，我给他写了一封信，说这次经历"有点像坐在一个智力核反应堆旁边……我从来没有过这样的炽热感觉"。他对 I 先生的故事非常着迷；当我告诉他，我的一些病人在偏头痛先兆发作的几分钟内，正常连续的视觉感知被静态和"冻结"的图像取代，出现了闪烁，他也很感兴趣。我称后者为"电影视觉"，他问我这是不是一种永久性的状况、能否以一种可预测的方式激发？如果答案是肯定的，那就可以开展研究。（我说我不知道。）

1986 年期间，我经常和 I 先生在一起。1987 年 1 月，我写信给克里克："我写好了一份关于我的病人的长篇报告……只有在写它的过程中，我才明白过来，颜色的确有可能是由（大脑 - 心智）构建出来的。"

在我的大半职业生涯中，我一直是个"朴素的现实主义者"。例如，我认为视觉感知就是视网膜图像的单纯转录，这种"实证观"在我上牛津大学的时候风行一时。但现在，就在我给 I 先生看病的这段时期，它正逐渐被一种截然不同的大脑 - 心智观取代。后者认为视觉感知的本质在于构建或创造。我在信中还补充说，我现在开始怀疑，是否所有知觉，包括运动知觉，都同样由大脑构建。①

我在信中提到，我正与我的眼科医生朋友鲍勃·沃瑟曼以及拉尔夫·西格尔一起研究 I 先生的病例。后者针对 I 先生设计并进行了各种精神物理学实验。我还提到，萨米尔·泽基也见过 I 先生并对他进行了测试。

1987年10月底，我给克里克寄去了鲍勃·沃瑟曼和我为《纽约书评》撰写的《色盲画家案例》。1988年1月初，我收到了克里克的回信——一封绝对令人目瞪口呆的信：五页单倍行距的打字稿，论证细致入微，观点和建议层出不穷。他说，其中一些是"胡乱的推测"。他写道：

非常感谢你给我寄来关于色盲艺术家的精彩文章……尽管正如你在信中所强调的那样，这不是一篇严格意义上的科学论文，但它还是引起了我的同事和我的科学、哲学界朋友们的兴趣。我

---

① 几天后，我收到克里克的回信，他希望更详细地了解我的偏头痛患者与1983年约瑟夫·齐尔等人在一篇论文中描述的一位特殊病人之间的差别。例如，齐尔文中的病人不会倒茶，她看到的是一动不动的茶水"冰川"挂在壶嘴上。我的一些偏头痛病人曾经看到一连串"静止图像"在眼前快速闪过，而齐尔这位因中风而患上运动视盲的病人看到的"静止图像"在眼前停留的时间显然更长，每次大约持续几秒钟。克里克尤其想知道，我那些偏头痛患者是在两次连续眼球运动之间的间隔期还是在眼球运动期间看到一连串静止图像。"我很想和你讨论这些问题，"他写道，"包括你的颜色是一种脑智构造的观点。"
我在给克里克的回信中详细阐述了我的偏头痛患者与齐尔的运动视盲女病人之间的深刻差异。——作者注

们已经举办了几次小组讨论会。此外，我还与一些人分别进行了深入探讨。

他还说，他已经把这篇文章和他的回信副本寄给了戴维·休伯尔。后者和托斯坦·维厄瑟尔一起，在视觉感知的皮层机制方面做了开创性的研究。想到克里克正在用我们写的文章，我们的"案例"，引领学术讨论，我非常兴奋。这让我更深刻地感受到，科学是一项共同的事业，科学家们形成一个亲如手足的国际社群，彼此分享研究成果，在他人的研究成果基础上更上一层楼。克里克本人则类似这个社群的中枢，他同神经科学领域的每个人都有联系。

"当然，最有意思的一点"，克里克写道：

是I先生失去了对颜色的主观知觉，他的遗觉想象和梦境里也缺失这种知觉。这清楚地表明，后两种现象所需的器官的某个关键部分也是颜色感知所必需的。同时，他对颜色名称和颜色联想的记忆依然完整。

他接着仔细总结了玛格丽特·利文斯通和戴维·休伯尔合写的一些论文，概述了他们的早期视觉处理三阶段理论，并推测I先生的大脑皮层有一层（V1区的"色块系统"）受损，那里的细胞对缺氧特别敏感（缺氧或许源自轻微中风，甚至一氧化碳中毒）。

"请原谅我写了这么长的信,"他最后说,"等你消化完了,我们可以在电话里谈一谈。"

鲍勃、拉尔夫和我都被克里克的信迷住了。我们每读一次,似乎都能领会到更深刻的东西,都会受到更多启发。我们觉得需要十年或更多的时间来跟进克里克提出的大量建议。

几周后,克里克再次与我联系,提到了安东尼奥·达马西奥[①]研究的两个案例:其中一例病人失去了色彩想象力,但梦境还是彩色的。(她后来恢复了色觉。)

他写道:

很高兴……得知你计划对 I 先生进行更多的研究。你提到的事项都很重要,尤其是大脑皮层扫描……至于是什么损伤造成了这种皮质性全色盲,我的朋友们尚未达成共识。我的(非常试探性的)猜测是 V1 区斑点外加一些后续的更高层次的退化。不过我之所以这么猜测,是因为在扫描影像里看不到多少东西(如果敲除大部分 V4 区,你应该能够看到一些东西)。戴维·休伯尔告诉我,他倾向于 V4 区损伤,不过这只是初步意见。戴维·冯·艾森告诉我,他怀疑是更上层的某个区域。

"我认为这一切告诉我们,"克里克总结说,"只有对这样的一位病人进行大量、详尽的精神物理学研究,再加上准确的损伤

---

① 安东尼奥·达马西奥(1944—),美国神经科学家。

定位，我们才能有所进展（到目前为止，我们还不知道如何用猴子来研究视觉意象和梦境）。"

1989年8月，克里克写信给我："目前我正试图研究视觉意识，但到目前为止，它仍然像以前一样令我困惑。"他随信附上了一篇题为《走向神经生物学意识理论》的论文手稿，这是他与加州理工学院的克里斯托夫·科赫合作发表的首批综述性文章之一。能看到这份手稿，尤其是他们精心论证的观点，即探究视觉感知障碍是打开通向这个貌似遥不可及的主题的理想方式，我深感荣幸。

克里克和科赫的论文是写给神经科学家看的，短短几页文字涵盖了广泛的内容。有的地方很晦涩，技术性很强，但我知道克里克也能写出非常平易近人、机智诙谐的东西来。这一点在他早期的两本书《生命：起源和本质》和《论分子与人》中表现得尤为明显。所以我现在希望他能用更通俗易懂的形式来阐述他的意识神经生物学理论，并且在书中点缀来自临床和日常生活中的例子（他在1994年出版的《惊人的假说》中做到了）。

1994年6月，拉尔夫和我在纽约与弗朗西斯·克里克共进晚餐。席间，我们聊的话题五花八门。拉尔夫谈到了他的猴子视觉感知研究近况以及他对混沌在神经元层面发挥的基础性作用的看法；弗朗西斯谈到了他与克里斯托夫·科赫不断扩展的合作研究以及他们关于意识的神经关联物的最新理论；而我则谈到了我即将到来的平格拉普岛之行。那座岛上有几十个人——占当地人口总数将近十分之一——天生全色盲。我计划和鲍勃·沃瑟曼以及挪威知觉心理学家克努特·诺尔比一同前往。后者和平格拉普人一样，视网膜颜色受体天生缺失。

1995年2月，我给弗朗西斯寄去了一本刚刚出版的《火星上的人类学家》。书里收录了《色盲画家案例》的扩展版本，而扩展的内容部分源自我和他对这个病例的讨论。我在随书寄去的信里还写了我在平格拉普岛的一些经历，以及克努特和我试图想象他的大脑为了应对全色盲发生了什么变化。既然他的视网膜上没有任何颜色受体，那么他大脑里的颜色构建中心会不会已经萎缩？会不会被重新分配给其他视觉功能？或者，它们也许还在等待输入信号，一种可以由直接电刺激或磁刺激提供的信号？如果真能做到这一点，他会不会有生以来第一次看到颜色？届时他能辨认颜色吗？还是会因为这种视觉体验太过新颖、眼花缭乱，以至于无法归类？我知道这样的问题也让弗朗西斯入迷。

弗朗西斯和我继续就各种话题通信。我给他写长文介绍那位被我称为"弗吉尔"的、在五十岁做了手术才第一次获得光明的病人。我告诉他我对手语和失聪手语者听觉皮层功能重新分配的看法。每当我遇到视觉感知或意识方面令人百思不得其解的问题时，我经常想象自己在和他隔空对话——弗朗西斯会怎么想？他会怎么解释？他会怎么研究？

弗朗西斯源源不断的创意——我在1986年第一次见到他时，就深刻感受到他炽热的智力活动，再加上他眼光高远、总能提前几年甚至几十年预见自己和他人的研究课题——让人觉得他是一部永动机。事实上，他到了八十多岁还在不断地发表精彩的、发人深省的论文，丝毫没有表现出暮年的疲惫、衰退或老调重弹。因此，当我于2003年初得知他病情严重时，大为吃惊。也许我在2003年5月给他写信的时候就牵挂着他的病情，但这并不是我再次同他联系的主要原因。

我发觉自己情不自禁地思考时间——时间与知觉、时间与意识、时间与记忆、时间与音乐、时间与运动。特别值得一提的是，我重温了以下问题：我们的眼睛看到的貌似连续的时间和运动是不是一种幻觉——我们的视觉经验会不会是由大脑中的某些高级机制拼接起来的一系列永恒的"时刻"？我又一次想到偏头痛患者们向我描述的"电影视觉"，即眼前闪过一连串静止图像的现象，而我自己也偶有体验。（我在密克罗尼西亚喝"萨考"醉倒的时候有过鲜明的体会，当时我还出现了其他知觉障碍。我在《色盲岛》一书中对此有过描述。）

拉尔夫得知我开始写这些东西后对我说，"你一定要读克里克和科赫的最新论文。他们提出，视觉意识实际上由一系列'快照'组成——你们的思路相同"。

我给弗朗西斯写这封信的时候附上了我写的关于时间的文章的草稿。此外我还寄了一本我的新书《钨舅舅》以及一些关于我们俩最青睐的视觉话题的新近文章。2003年6月5日，弗朗西斯给我写了一封长信，字里行间饱含睿智，笔调开朗乐观，根本不提他的病情。他写道：

我很喜欢读你早年的故事。我也曾经在一位舅舅的指点下做过一些初级化学实验、吹制过玻璃，不过我没有像你那样痴迷于金属。我和你一样对元素周期表和原子结构印象深刻。事实上，我在米尔希尔（他的学校）上学的最后一年曾经做过一个怎样用"玻尔原子"和量子力学解释元素周期表的讲座，虽然我不确定自己究竟弄懂了多少。

弗朗西斯对《钨舅舅》的回应激起了我的好奇心，于是我回信问他，在他看来，那个在米尔希尔学校谈论玻尔原子的少年，他的物理学家身份、他后来的"双螺旋"结构发现者身份，以及他目前的身份之间，有多大的"连续性"？我引用了弗洛伊德于1924年——当时弗洛伊德已经六十八岁了——写给卡尔·亚伯拉罕[①]的一封信。他在信中写道："说服我自己、让我认同自己作为七鳃鳗脊神经节论文作者的身份，这对人格的统一性提出了苛刻的要求。然而，情况似乎确实如此。"

克里克的诸多身份似乎比弗洛伊德更不连续。因为弗洛伊德从一开始就是一位生物学家，尽管他最初感兴趣的是原始神经系

[①] 卡尔·亚伯拉罕（1877—1925），德国精神病学家。

统解剖。弗朗西斯的经历则不同。他获得物理学本科学位，二战期间研究过磁性水雷，三十多岁的时候又去攻读物理化学博士学位。直到那时——在一个大多数研究人员的研究方向已经定型的年纪——他才转向生物学。这个转型被他后来称为"重生"。他在自传《狂热的追求》里谈到了物理学和生物学之间的差异：

> 自然选择几乎总是建立在之前的基础之上……由此产生的复杂性导致生物有机体的密码极难被破译。物理学的基本定律通常可以用简单的数学形式表达出来，而且它们可能放之全宇宙皆准。相比之下，生物学定律往往只是泛泛而谈，因为它们描述的是自然选择在几百万年中演变出来的相当复杂的（化学）机制……我自己对生物学知之甚少，只懂个大概，直到我三十岁出头才有所改观……我起初攻读物理学学位，花了一点时间才适应生物学研究所必需的思维方式。两种思维方式差异极大，我的经历因此堪称重生。

2003年中，弗朗西斯的病情日趋严重，克里斯托夫·科赫开始代他给我写信，那时他每周有几天时间和弗朗西斯在一起。他们变得非常亲密，以至于从对话和互动中脱胎出许多想法。克里斯托夫写给我的信浓缩了两人的思想。他的许多句子都是这样开始的："弗朗西斯和我对你的经历还有几个问题……弗朗西斯认为这……至于我自己，我也不确定。"诸如此类。

读了我的论文（该论文的一个版本后来在《纽约书评》发表，

题为《意识之河》)之后,克里克在回复时向我详细询问了偏头痛先兆中的视觉闪烁率。十五年前,我们第一次见面时就讨论过这些问题,但显然我们都忘了;当然,我们俩都没有提到以前的信件。这就好像我们在1986年没能找到答案,于是以各自不同的方式搁置了这个课题,"忘记"了它,让它沉入我们的无意识、在那里酝酿十五年之后重新浮上我们的心头。弗朗西斯和我殊途同归,越来越接近这个曾经让我们无功而返的问题的答案。2003年8月,我的这种感觉越来越强烈,决心前往拉荷亚看望弗朗西斯。

我在拉荷亚待了一个星期,多次探访拉尔夫,他当时又在索尔克研究所工作。那里有一种非常甜蜜的、非竞争性的氛围(至少在我这个匆匆过客看来如此)。弗朗西斯于20世纪70年代中期刚刚来到索尔克研究所的时候就心悦这种气氛,而因为他到任后就不曾离开,这种气氛更加浓厚。尽管他年事已高,他还是那里的核心人物。拉尔夫把他的车指给我看,车牌上只有四个字母,ATGC——组成DNA的四个核苷酸。有一天,我看到他高大的身影走进实验室,虽然拄着拐杖走得很慢,但身姿依然挺拔。我非常高兴。

有一天下午,我做了一个演讲。我刚开口,就看到弗朗西斯走进来,悄悄地在后排落座。演讲时,我注意到他大部分时间都闭着眼睛,以为他睡着了。可是在我讲完后,他提了一些尖锐的问题,让我意识到他没有漏听一个字。我听说他闭目养神的样子欺骗过许多来访者,但他们随后可能追悔莫及,因为弗朗西斯合拢的眼皮掩盖的或许是他们有生遭遇的最敏锐的注意力、最清晰而深邃的心智。

我在拉荷亚的最后一天,克里斯托夫也从帕萨迪纳过来,弗朗西斯邀请我们"上山"去他家同他和他太太奥黛尔共进午餐。"上山"是动真格的。拉尔夫和我开着车绕过一个又一个发夹弯盘旋而上,都快数不清转了几个弯了。那天阳光明媚,是典型的加州天气。餐桌放在游泳池边(游泳池的水湛蓝——弗朗西斯说,这不是因为池底的油漆,也不是因为头顶的天空,而是因为当地的水体含有微小的颗粒,就像灰尘一样,使光线发生衍射)。奥黛尔为我们端来各种美味佳肴——三文鱼、虾和芦笋——以及专门为正在接受化疗的弗朗西斯准备的特殊餐点。虽然她没有加入谈话,但我知道身为艺术家的奥黛尔知晓弗朗西斯的所有研究。要知道,正是她为1953年那篇著名的论文绘制了"双螺旋"图解。五十年后的2003年,她又为那篇令我激动的论文绘制了用以说明快照假设的跑步者静态图。

我坐在弗朗西斯旁边,看到他那粗浓的眉毛比以前更白更茂密,外形比以往更像一位圣哲。然而,他的眼睛亮晶晶的,淘气幽默的天性未改,又与这一可敬的形象不符。拉尔夫迫不及待地向弗朗西斯介绍起他的最新研究——一种新的光学成像方式,其清晰度几乎可以显示出活体大脑中的细胞。大脑结构和大脑活动的呈现从来没有这么细致入微过。无论克里克和杰拉尔德·M.埃德尔曼有什么分歧,但现在两人都认为应当在这种"介观"尺度上观测大脑的功能结构。

听了拉尔夫对新技术的介绍,看了他拿出来的脑成像图片,弗朗西斯非常兴奋,但同时他也提了一连串尖锐的问题,以一种细微但兼具建设性的方式诘问拉尔夫。

除了奥黛尔,跟弗朗西斯最亲近的人显然是克里斯托夫,他的"科学之子"。这两个年龄相差四十多岁、性情和背景截然不同的人多年来相互尊重、相互爱护,令人无比感动。(克里斯托夫热爱运动,几乎到了张扬的程度,他喜欢危险的攀岩活动和颜色鲜艳的衬衫。弗朗西斯偏好智力活动,几乎到了苦行的程度,他的思维不带情感偏见、不瞻前顾后,以至于克里斯托夫偶尔会把他比作福尔摩斯。)谈到克里斯托夫即将出版的《意识探秘》一书,以及"它出版后我们要做的所有研究",弗朗西斯非常自豪,如同一位父亲以他的儿子为傲。他概述了两人后续打算进行的几十项研究,历时将达数十年——特别是结合分子生物学与系统神经科学的研究。我不知道克里斯托夫一边听一边在想什么,拉尔夫又在想什么,因为我们都很清楚(弗朗西斯本人肯定也很清楚),弗朗西斯的健康状况正在迅速恶化,他最多只能看到这个庞大的研究计划的开局。我觉得弗朗西斯对死亡并不恐惧,但他的接受里带着一丝悲伤,因为他无法亲眼看见21世纪精彩的、几乎超越想象的科学成就。他相信,到2030年,人类会完全理解、"解答"意识的核心问题,找到它的神经生物学基础。"你会看到的,"他经常对拉尔夫说,"而你,奥利弗,如果你能活到我这个年纪,你也能看到。"

2004年1月,我收到弗朗西斯给我写的最后一封信。他读了

《意识之河》。"这篇文章赏心悦目,"他写道,"不过我认为标题改成《意识是一条河吗?》会更好,因为文章的中心论点是,意识很可能不是一条河。"(我同意。)

"一定要再来我家吃午饭。"他在信的最后说。

20世纪50年代中期我在医学院读书的时候,神经生理学和病人的神经系统疾病实际情况之间似乎存在着无法逾越的鸿沟。神经病学继续沿用一个世纪前布罗卡[①]制定的临床解剖学方法,在大脑中找到损伤区域,并将其与症状关联,因此,言语错乱与布罗卡区损伤有关,瘫痪与运动区损伤有关,等等。大脑被视为由多个小器官组成的集合体或嵌合体。每个小器官都有特定的功能,但它们之间存在某种关联。然而,大脑如何作为一个整体运作,没人说得上来。我在20世纪80年代初创作《错把妻子当帽子》的时候,我的想法仍然基于这种模型,认为神经系统在很大程度上固定不变,每个功能都有对应的"专用预留"区域。

这样的模型有其用途,例如为失语症患者定位大脑损伤区域。但它怎么解释得了学习和练习的效果?它怎么解释得了我们一生中对记忆的重构和修正?它怎么解释得了适应过程和神经的可塑性?它怎么解释得了意识——意识的丰富性、整体性、水流

[①] 皮埃尔·保罗·布罗卡(1824—1880),法国外科医生、神经病理学家、人类学家。

般的常变常新以及诸多障碍？它怎么解释得了个体性或自我？

尽管神经科学在20世纪70和80年代取得了巨大的进步，但实际上伴随着概念危机，或者可以说概念真空。我们没有一个一般性理论来解释丰富的数据，解释从神经病学到儿童发展研究、语言学甚至心理分析等十几个不同学科的观察结果。

1986年，我在《纽约书评》上读到伊斯雷尔·罗森菲尔德写的一篇好文。他讨论了杰拉尔德·M.埃德尔曼的革命性研究和观点，认为埃德尔曼极其大胆。"我们正处于神经科学革命的开端，"他写道，"待到革命结束，我们会知晓心智如何运作、我们的本性由什么决定、我们如何认识世界。"

几个月后，我和罗森菲尔德一起约见埃德尔曼。当时他的神经科学研究所设在洛克菲勒大学，所以我们的见面地点在大学附近的一间会议室。

埃德尔曼大步走进来，向我们简单致意，然后一口气讲了二三十分钟，概述他的理论；我们俩都不敢打断他。讲完后，还没等我们反应过来，他就告辞了。我从窗户里看到他目不斜视地快步走在约克大街上。"这是天才的步态，他是偏执狂，"我心想，"他就像是着了魔。"我对他既敬畏又羡慕——要是我能像他那样心无旁骛就好了！但我转念又想，一个人要是有这样一个大脑，生活可能并不轻松。事实上，我后来发现埃德尔曼从不休假、睡眠很少、脑子转个不停，似乎不是他在驾驭思考，而是思考驱使了他；他经常会在半夜给罗森菲尔德打电话。跟他比起来，我的天资一般，但也许这样更"适度"。

1987年，埃德尔曼发表了《神经达尔文主义》。这是一本具有开创意义的著作，也是他提出并探索一个非常激进的观点的系列丛书的第一本。他称这个观点为神经元群选择理论，更形象的称谓是神经达尔文主义。我读这本书很费劲，有时看不懂，部分原因在于埃德尔曼的理念很新颖，还有部分原因在于他写得很抽象，具体事例太少。达尔文曾说，《物种起源》是"一个冗长的论证"，但他用无数自然选择（和人工淘汰）的例子和堪比小说家的写作天赋来支撑这个论证。与此相反，《神经达尔文主义》是纯粹的论证——从头到尾都在表达一个强烈的学术观点。我不是唯一一个啃不动《神经达尔文主义》的人，埃德尔曼研究的难度、胆识和原创性，以及他的行文对语言界限的突破，令人望而生畏。

我在我拿到的那本《神经达尔文主义》里引用临床实例做了很多注释。我真希望曾经接受过神经病学和精神病学双重训练的埃德尔曼也能这样做。

1988年，我和杰拉尔德双双前往佛罗伦萨参加一个关于记忆艺术的会议并发言。①会议结束后，我们一起吃晚饭。我发现他和我们第一次见面时那个自言自语者大相径庭。那时候，他试图

---

① 杰拉尔德发言的时候，观众全神贯注但不解其意。他说："心智不是一台电脑，世界不是一盘磁带（tape）。"意大利的听众误听成了"世界不是一块蛋糕（cake）"。会后他们在走廊里热烈讨论这位伟大的来自美国的教授说的这句精辟格言是什么意思。——作者注

把十年密集思考的精华压缩到几分钟的独白里。现在他的态度更放松，对我的迟钝表现出耐心。而且他的语气轻快，真的是在聊天。杰拉尔德很想了解我同病人打交道的经历，可能这些经历和他的想法有关，我的临床故事或许可以用于阐释他的大脑运作和意识理论。他在洛克菲勒大学不太接触得到临床，而克里克在索尔克研究所也一样。他们俩都渴望得到临床数据。

我们的餐桌铺了纸桌布。每当口头表达不够用的时候，我们就在桌布上画图，直到讲透彻、弄明白为止。讨论结束后，我觉得我懂他的神经元群选择理论了，至少懂了一部分。它似乎打开了通往神经病学和心理学知识宝库的大门，可以作为知觉、记忆和学习的一个合理且可测试的模型，有助于我们理解人类如何通过选择性和互动性的大脑机制获得意识，并成为独一无二的个体。

克里克（和他的同事们）破解了遗传密码——笼统而言，这是一套建造身体的指令，而埃德尔曼很早就意识到，遗传密码不能指定或控制身体中每一个细胞的命运，细胞的发育，特别是神经系统的发育，受制于各种意外情况——神经细胞可能凋亡、可能迁移（埃德尔曼把这种迁移的神经细胞称为"吉普赛人"）、可能以不可预测的方式相互连接——因此，即使同卵双胞胎在出生时，他们各自大脑中精细的神经回路也大不相同；他们已经是不同的个体，以各自的方式对经验做出反应。

一个世纪前，达尔文在研究藤壶的时候观察到，同种的藤壶没有两个一模一样；生物族群并非由复刻品构成，而是由各具特点的个体组成。自然选择正是在这样一个变种繁多的族群中发挥作用，留下一些世系，将其余世系推向灭绝（埃德尔曼喜欢把自然选择称为"巨大的死亡机器"）。

埃德尔曼几乎从他的职业生涯一开始就设想，类似于自然选择的过程可能在个别有机体——尤其是高等动物——的生命过程中至关重要，生活经验有助于加强神经系统中的某些神经元连接或群落，同时削弱或消灭其他神经元连接或群落。[1] 埃德尔曼认为，选择和变异的基本单位不是单一的神经元，而是由五十至一千个互联的神经元组成的群体，因此他把他的假说称为神经元群选择理论。他认为自己的研究继承了达尔文的衣钵，达尔文研究了跨越生物代际的自然选择，而他则补充研究了发生在个体生物细胞层面的选择。

显然，我们的基因编码中存在一些先天偏差或倾向。否则，一个婴儿就不会有任何偏好，不会为了活下去做任何事情或寻求任何东西。这些基本的偏差（如对食物、温暖和与其他人的接触的偏好等）指导着生物个体的第一组动作和第一次努力。

我们基本的生理层面上存在着各种感觉和运动的先决条件，从自主反射（比如对疼痛的反应）到大脑中的某些先天机制（比如对呼吸和自律神经功能的控制），诸如此类。

---

[1] 起初，埃德尔曼开创了一种与免疫系统有关的选择论——他因这项研究获得了诺贝尔奖。然后，在20世纪70年代中期，他开始将类似的概念应用于神经系统。——作者注

不过，埃德尔曼认为，除了上述几点，几乎没有什么别的"先天"可言。小乌龟一孵化出来就已经准备就绪。人类婴儿刚出生的时候还没有准备好，必须进行感知和其他方面的分类，并利用这些类目来理解世界——创造一个属于它自己的个性化世界，学会在这个世界上走自己的路。经验和实验在这里至关重要——神经达尔文主义本质上就是经验选择。

在埃德尔曼看来，大脑的真正功能"机器"由数以百万计的神经元群构成。这些神经元群组合为更大的单位，或称"神经元图"。神经元图之间以千变万化的、复杂度超乎想象但总有意义的模式不间断地互相对话，可能几分钟或几秒钟后就又一次生变。这不禁让人想起谢灵顿[1]对大脑的诗意描述，他说大脑是"一部着了魔似的织布机"："数以百万计的闪着光的梭子织着一幅忽隐忽现的图案，这幅图案虽然不会经久不逝，却总是丰富多彩，其中的小图案变幻和谐。"

要创建能对某些基本类目做出选择性反应——例如对视觉世界中的运动或颜色做出反应——的神经元图，或许需要成千上万个神经元群步调一致。某些神经元图在大脑皮层中独立的、解剖学意义上固定的、预留专用的区域创建，对颜色的反应就是如此：颜色主要在被称为V4的区域构建。然而，大脑皮层的大部分区域可塑性很强，堪称多能"不动产"，可以（在一定范围内）

---

[1] 查尔斯·斯科特·谢灵顿（1857—1952），英国神经生理学家，1932年诺贝尔生理学或医学奖得主。

服务于任何必要功能。因此，健听人士大脑皮层中负责听觉的区域在先天失聪人士大脑皮层中可能起视觉作用，而非失明人士主管视觉的大脑皮层区域可能对应先天性失明者负责其他感觉功能的区域。

拉尔夫·西格尔在研究猴子执行某个特定视觉任务过程中的神经活动时，明显觉察到"微观"方法与"宏观"方法之间存在鸿沟。前者将电极插入单个神经细胞以记录其活动，而后者（功能性磁共振成像、正电子发射断层扫描等）显示大脑做出反应的整体区域。他意识到这两者之间需要一个桥梁，于是开创了一种极具原创性的光学"介观"方法，从而得以观察几十个或几百个神经元之间的实时互动和同步。他的一个发现——起初出人意料、令人费解——是，当动物学习或适应不同的感觉输入时，神经元群落或神经元图可以在几秒钟内发生变化。这非常符合埃德尔曼的神经元群选择理论。拉尔夫和我花了很多时间讨论他的理论的意义，也和埃德尔曼本人讨论过。他和克里克一样，对拉尔夫的研究很感兴趣。

埃德尔曼有一句口头禅是，就物体知觉而言，这个世界没有"贴标签"，物体的解析"有待我们来完成"。我们必须自行创立类目、感知世界。他说："每一种知觉都是一种创造行为。"当我们走动时，我们的感官对世界进行采样。在采样的基础上，我们的大脑创建神经元图。随着经验的积累，那些对应成功知觉的神经元图创建得到选择性加强——成功的意思是，它们在构建"现实"的过程中最有用、贡献最大。

埃德尔曼在这里谈到了更复杂的神经系统所特有的更进一步的整合活动，他称之为"折返信号传递"。用他的话来说，对一把椅子的知觉首先取决于被激活的神经元群的同步化，以形成一个"神经元图"，接着分布在视觉皮层各处的多个神经元图——对应于椅子的多个不同知觉方面（它的大小、形状、颜色、"椅腿特征"，与扶手椅、摇椅、婴儿椅等其他类型的椅子的关系，等等）的神经元图——再次同步化。通过这种方式，就可以实现对"椅子"的丰富而灵活的认知，此后看到无数种椅子都能立即识别出来。这种知觉归纳是动态的，因此可以不断更新，而这有赖于对无数细节不断地进行主动调配。

因为我们大脑中的众多神经元图之间有众多联系——这些联系是交互的，可能涉及数百万条神经纤维，所以分布在大脑中相距甚远的区域里的神经元可以实现关联发电和同步化。例如，触摸一把椅子产生的刺激可能会影响一组神经元图，看到这把椅子产生的刺激可能会影响另一组神经元图。在感知椅子的过程中，这两组神经元图之间会发生折返信号传递。

分门别类是大脑的中心任务。有了折返信号传递，大脑就能对自己创建的类目重新归类，以后还能再次归类，循环往复。这个过程开启了一个巨大的上升通道，让思想和意识水平达到更高的级别。

折返信号传递可以比作神经系统的"联合国"。几十个代表在一起交谈。他们一边谈话一边接收从外部世界不断流入的各种报告。他们推导出新获得的信息之间的相关性，形成新洞见，从而对全局有更大把握。

埃德尔曼曾经打算当一名职业小提琴手,所以也会用音乐做比。有一次他接受英国广播公司的采访,说出了下面一席话:

想一想:假如有十万条电线在弦乐四重奏的四个演奏者之间随意连接,即使他们不说话,信号也会以各种隐蔽的方式来回传递(演奏者之间通常有不动声色的非言语交流,信号传递与之类似),于是他们合奏出了和谐的音乐。大脑神经元图的折返系统的原理也一样。

演奏者之间相互交流。他们当中的每个人都在对音乐做个性化诠释,都在调节他人的诠释,也接受他人的调节。没有谁的诠释占优或"主宰",音乐是他们集体创造的,而每一次演出都独一无二。这就是埃德尔曼对大脑的描述,它就像一个没有指挥的管弦乐队,一个创造独特音乐的合奏团。

那天晚上,我和杰拉尔德吃完饭后兴高采烈地走回酒店。阿诺河上空的月亮是我见过的最美的事物。我感到自己终于从几十年的认识论的绝望中解放出来——跳出一个充斥着肤浅的、相关性微乎其微的计算机模拟的世界,进入一个饱含丰富的生物学意义的世界,一个与大脑和心智的现实相符的世界。埃德尔曼的理论是第一个真正意义上的关于心智和意识的全局理论、第一个关于个体性和自主性的生物学理论。

我心想:"感谢上帝,我活到了今天,听到了这个理论。"我猜许多人在1859年《物种起源》问世时的反应跟我一样。自然选择这个理念的确惊人,可一旦琢磨过了,就会觉得它不言自明。同样地,在我弄懂了埃德尔曼那天晚上讲的东西之后,我心想:"我真是太蠢了,居然没有想到!"赫胥黎读完《物种起源》之后就有这样的感慨。真可谓醍醐灌顶。

从佛罗伦萨回来几周后,我又有了一次顿悟,说起来不太可信,还有点滑稽。当时我正开车前往杰弗逊湖,穿行在沙利文县郁郁葱葱的乡间,欣赏着宁静的田野和树篱。突然,我的眼前出现了一头奶牛!不是普通的奶牛,而是被我新学到的埃德尔曼式的动物生命观变形的奶牛。它的大脑一刻不停地绘制着知觉和运动神经元图,它的内里全是各种类目和神经元图,以及高速闪烁、互通声气的诸多神经元群。这是一头充斥着初级意识奇迹的埃德尔曼奶牛。"多么神奇的动物啊!"我心想,"我从来没有想到过奶牛还可以长这样。"

自然选择可以解释广义的奶牛是怎么进化到现在这个地步的,但要理解我眼前这头特定的奶牛,就需要神经达尔文主义。在以往经验的基础上,牛的大脑选择了特定的神经元群,强化了它们的活动,逐渐造就了这头奶牛。

埃德尔曼推测,哺乳动物、鸟类和某些爬行动物具有"初级意识",即勾画心智场景以帮助自身适应不断变化的复杂环境的能力。埃德尔曼认为,这一成就取决于在进化过程中某个"超越性时刻"涌现的一种新型的神经元回路——有了它,神经元图之间就可以构建大规模的、平行的、双向的连接,而整合了新经验、在已有类目基础上重新归类的更高层级的神经元图之间也可以相互连接。

埃德尔曼提出,在进化过程中的第二个超越性时刻,更高层级的再入信号传递导致人类(也许还有其他一些物种,包括猿和海豚)出现"高阶意识"。高阶意识自带一种前所未有的概括、反思、分辨过去和未来的能力,从而最终实现自我意识,即在世界中作为一个自我的意识。

1992年,我和杰拉尔德一起去剑桥大学耶稣学院参加一个意识研讨会。虽然杰拉尔德写的书往往很晦涩,但见到他本人、听过他发言后,许多听众都恍然大悟。

就在那次会议上——我记不得我们怎么会谈到这个话题——杰拉尔德对我说:"你不是理论家。"

"我知道,"我说,"但我是一个实地工作者,你的理论需要我做的那种实地工作。"杰拉尔德表示同意。

我在日常的神经病学实践中经常遇到古典神经病学解释不了的情况,亟须完全不同的解释。然而,如果援引埃德尔曼的理论,许多此类现象都可以用神经损伤或疾病导致的局部或高阶神经元图崩溃来解释。

我在挪威意外受伤、动弹不得的时候,一度感觉不到左腿的存在，我的神经病学知识无法解释这一现象。古典神经病学没有讨论知觉和知识、知觉和自我的关系，也没有告诉我，如果神经信息流受损，人的意识可能觉察不到某个肢体的存在，与之"脱离关系"，跟身体有关的大脑神经元图旋即重建，将该肢体排除在外。

如果大脑右半球的感觉区（颅侧区）严重受损，病人可能表现出"病觉失认"。也就是说，即使他们身体的左侧失去知觉或瘫痪，他们也不觉有异。有时，他们可能坚持认为自己的左侧身体属于"别人"。对这类病人来说，主观上他们的空间和世界是完整的，客观上他们生活在一个半脑世界里。多年来，病觉失认被误解为一种怪异的神经质症状，因为古典神经病学对其一筹莫展。但埃德尔曼认为这是一种"意识的疾病"，半脑的高级再入信号传递和神经元图构建完全崩溃，意识随即彻底重组。

有时在神经系统病变后，记忆和意识会分离，只留下隐性知识或内隐记忆。所以，我的病人吉米，那位失忆的水手，对肯尼迪遇刺事件没有外显记忆。如果我问他20世纪有没有发生过总统遇刺案，他会说："没有，据我所知没有。"但如果我问他："那么，假设发生过总统遇刺案但是你不知情，你觉得遇刺地点在哪儿——纽约、芝加哥、达拉斯、新奥尔良还是旧金山？"他总能"猜"对——在达拉斯。

同样，由于大脑初级视觉区域受到重大损伤而罹患全皮质盲的病人会断言他们什么也看不见，但他们也可能神秘地"猜"对面前的东西是什么，即所谓的盲视。在所有这些病例中，知觉和知觉类目都完好，但与高阶意识分离。

我们从出生开始就具有丰富的个体特征，它们表现在神经元层面上。甚至在运动层面上，研究人员已经证实，婴儿并不遵循固定的模式来学习走路或伸手取物。每个婴儿都会尝试用不同的方式伸手拿东西，并在几个月的时间里发现或选择自己的运动解决方案。如果我们试图设想这种个体学习的神经基础，那么可以想象一个运动（以及它们的神经系统关联物）"族群"，族群成员要么被经验强化，要么被剪除。

我们也可以用同样的思路来考虑中风和其他损伤情况后的恢复和康复。没有规则，没有规定的康复路径，每个病人必须发现或创造自己的运动和知觉模式、自行战胜所面临的挑战，而敏感的治疗师的职责在于从旁协助。

从最广泛的意义上来说，神经达尔文主义意味着不管我们愿不愿意，我们的一生注定独一无二，我们都在自我发展，走属于自己的人生道路。

我在读《神经达尔文主义》的时候很想知道，它是否会像达尔文的理论改变了生物学的面貌那样改变神经科学的面貌。对此，简短但不充分的答案是：它并没有改变神经科学的面貌。不过，现在有无数科学家把埃德尔曼的许多观点视为理所当然，不承认甚至不知道它们是埃德尔曼率先提出的。从这个角度看，他的思想虽然没有被明确承认，但一直在推动神经科学前行。

在20世纪80年代，埃德尔曼的理论非常新颖，不容易纳入神经科学任何已有模型或范式。我认为正是这一点阻碍了它被广泛接受——还有一个原因就是埃德尔曼的文笔有时过于高深而晦涩。他的理论在20世纪80年代属于"早熟"，它太超前，太复杂，需要新的思维方式，以致它要么遭到抵制，要么遭到忽视。但在未来二十或三十年，随着新技术的发展，我们将有能力验证（或否定）其终极原则。对我来说，它仍然是对人类和人类大脑如何构建我们独特的自我和世界的最有力、最优雅的解释。

家

我有时觉得，我离开英国的方式不够正大光明。我接受了最优秀的英国教育，学会了最优美的英式辞藻和散文，继承了绵延千年的习惯和传统，却连一句"谢谢你"或"再见"都没说，就带着这些宝贵的精神财富走出了国门。

尽管如此，我仍然视英国为"家"，但凡有机会就回去。只要我的脚踏上了家乡的土地，我就会觉得自己变得更强大——变成更好的作家。我与我在英国的亲戚、朋友和同事保持着密切联系。我相信自己无论在美国待多久，十年、二十年还是三十年，都只不过是一次漫长的出访，我迟早会回家。

1990年，我的以英国为"家"的信念受到了撼动。我父亲去世了，我们家在梅佩斯伯里路上的房子——我在那里出生和长大，每次回英国都会回去，还经常留宿，它里面的每一寸空间都充满我的记忆和情感——卖掉了。我觉得从此不再有家可回，每次去英国都只是到访，而不像是回到我的故乡、回到我的同胞中间。

然而，奇特的是，我以我的英国护照为豪。它（在2000年之前）的封面和封底精美挺括，上面压印着金色的字体，跟大多数国家颁发的吹弹得破的护照截然不同。我没有申请美国公民身份，有一张绿卡、当个"非居民"足矣。我感觉自己就是个非居民，至少大部分时间里做此想——作为一名外国友人，我观察力敏锐，注意到身边一切跟我祖国不一样的东西，但我不承担投票或陪审团义务等公民责任，也不需要选边支持某种国家政策或政治。我经常觉得（正如坦普尔·格兰丁对她自己的评价）自己是火星上的人类学家。（我在加州的时候，这种感觉没那么强烈。那时我觉得自己与西部的山脉、森林和沙漠融为一体。）

然后，2008年6月，我惊讶地得知，我的名字被列入了女王寿辰授勋名单——我将荣获英帝国官佐勋衔。"官佐"这个词让我忍俊不禁——我无法想象自己担任官佐、站在驱逐舰或战舰的舰桥上发号施令的样子，但说来也奇怪，这个荣誉让我深受感动。

虽然我不喜欢正式着装和其他烦琐礼节——我的衣服通常都很邋遢破旧，而且我只有一套西装，但白金汉宫的礼仪让我乐在其中：有人事先指导我如何鞠躬，如何在女王面前倒退行走，如何等待她来跟我握手或对我讲话（不得径自触碰皇室成员或与其搭讪）。我有点担心自己会出丑，比如在女王面前晕倒或者放屁，但一切都很顺利。授勋仪式上，女王的体力给我留下了非常深刻的印象。叫到我的时候，她已经在没有支撑的情况下站立了两个多小时（当天有两百名受表彰者）。她简短而热情地与我交谈，问我正在研究什么。我感到她非常正派、友好、有幽默感，仿佛她——和英国——在说："你做了有益的、光荣的工作。回家吧。

387

既往不咎。"

我的行医生涯并没有因为创作《看见声音》《色盲岛》和《钨舅舅》等作品而终止。我继续在贝丝·亚伯拉罕医院、安贫小姊妹会安老院等地给人看病。

2005年夏天,我去英国探访克莱夫·韦尔林。这位非凡的失忆音乐家是乔纳森·米勒1986年摄制的电影纪录片《意识的囚徒》的主角。克莱夫的妻子德博拉(我与她有多年的通信往来)刚刚出版了一本关于他的优秀作品。她希望我去看看他在罹患灾难性脑炎二十年之后的样子。虽然克莱夫几乎记不得自己的成年生活、短期记忆只能持续几秒钟,但他仍能弹奏风琴和指挥唱诗班,跟他当年担任职业音乐家的时候没什么两样。他证明了音乐和音乐记忆的特殊力量。我想写这个话题,由此又想到了许多其他"神经音乐"话题,我觉得我应该试着写一本关于音乐和大脑的书。

这本书最终定名为《脑袋里装了2000出歌剧的人》。一开始,我并不打算写很长,或许三章就够了。然而,写着写着,我想到了那些有音乐联觉的人,得了失歌症、不能识别任何音乐的人,得了额颞叶痴呆、可能会突然爆发或释放出人预料的音乐天赋和激情的人,患有音乐性癫痫也即被音乐诱发癫痫的人,还有被"余音绕梁"、重复的音乐意象或音乐幻觉所困扰的人。这本书的篇幅大增。

此外,我一直对音乐的治疗能力着迷。四十年前,我在我的脑炎后综合征患者身上，甚至在他们被左旋多巴唤醒之前，就见证过这种能力。从那时起，我一次又一次地赞叹音乐帮助病人的力量：它能帮到失忆症、失语症、抑郁症甚至痴呆病人。

自《错把妻子当帽子》1985年首次出版以来，我收到的读者来信与日俱增，他们往往向我描述自己的经历。可以说，我的临床实践因此超出了诊所范围。我在《脑袋里装了2000出歌剧的人》（以及后来的《幻觉》）中引用了其中一些信件和报告。它们和我与医生及研究者的通信互访一样，极大地丰富了我的作品。

虽然我在《脑袋里装了2000出歌剧的人》中写了许多新病人和新主题，但我也重新审视了以前写过的一些病人。这一次，我把重点放在他们对音乐的反应上，借助大脑成像新技术、运用大脑－心智如何创见观念和范畴的新概念进行考察。

我活到七十多岁时，健康状况非常好。我有一些骨科问题，但并不严重，也没有生命危险。我并不特别担心疾病或死亡，尽管我已经失去了我的三个哥哥以及许多朋友和同龄人。

然而，2005年12月，癌症突然驾临，来势汹汹——我的右眼长出一个黑色素瘤，导致眼球一侧突闪白光，然后部分失明。它可能已经缓慢生长了一段时间，此时已经接近视网膜中央凹。那一小块区域的视觉最为敏锐。黑色素瘤恶名昭彰。诊断结果出来后，我觉得自己被宣判了死刑。但我的医生立即告诉我，眼部黑色素瘤相对良性，它们很少转移，而且治疗效果很不错。

癌症部位接受了辐照治疗，然后进行了几次激光治疗，因为有些部位的癌细胞老是死而复生。在治疗的前十八个月，我的右眼视力几乎每天都在波动，从接近失明到接近正常，而我的情绪也随之波动，从恐惧到解脱，再回到恐惧——从一个情绪极端到另一个极端。

这本来是很难忍受的（而他人也会更难忍受我），幸好我被一些视觉现象迷住了。随着我的视网膜——和视力——被肿瘤和激光一点一点地侵蚀，我的眼前出现了匪夷所思的视觉扭曲、稀奇古怪的颜色，视觉盲点被巧妙自动地填补，颜色和形态肆意蔓延。要是我闭上眼睛，我还能持续感知物体和场景。还有一点很重要：各种幻觉蜂拥涌入我日渐扩大的视觉盲点。我的大脑显然和眼睛一样在演变。

我害怕失明，但我更害怕死亡，所以我跟黑色素瘤做了某种交易：如果你一定要夺走我的眼睛——我告诉它——那就拿走，但不要伤害我身体的其他部位。

2009年9月，在三年半的治疗后，我因辐照变得脆弱的右眼视网膜大出血，完全失明；医生没能清除出血，因为旧血刚吸干新血又涌出来。没了双眼视觉，我需要应对——和研究——许多新的、令我失能（但有时引人入胜）的现象。对我这个热衷于立体视觉的人来说，丧失立体视觉不但可悲，而且往往伴随着高风险。因为我没有深度知觉，所以台阶和路缘就跟平地上的线条一样，远处的物体似乎与近处的物体在同一个平面上。由于右视野缺失，我频频撞上那些似乎突然出现在我面前的物体或人。我不仅右眼失明，而且主管右侧视觉的大脑区域也失灵了。我甚至不再能想象我再也看不到的东西的存在。这种神经病学家所称的半侧忽视通常由中风造成，也可能源自视觉区或顶叶区肿瘤。作为一名神经病学家，我觉得这些现象特别有意思，因为它们让我误打误撞地了解到整个大脑在感觉输入出现问题时如何运转（或出现失误，或失灵）。我详细地记录了这一切——我的黑色素瘤日记长达九万字——并对其进行研究，做了各种知觉实验。整个经历，就跟我的"单腿站立"的经历一样，成了"自我实验"，也即用我自己、在我身上做实验。

我的眼睛受损所造成的知觉后果成了一片富饶的探索之地。我觉得自己好像发现了一整个充满奇怪现象的世界，虽然我不禁想到，所有像我这样有眼疾的病人肯定都经历过一些和我一样的知觉现象。那么，我把自己的经历写下来就等于在为他们写。不过，这种发现感令人振奋。多亏它，加上继续看诊和写作，我才熬过那段本来可能相当吓人、令人沮丧的岁月。

就在我全力以赴创作新书《心灵之眼》的时候，一连串新的意外和手术袭来。2009年9月，就在我右眼出血之后不久，我不得不动了左膝完全置换手术（这当然也催生了一部篇幅不太长的日记）。我得知，术后我有八周左右的时间窗口来恢复膝关节的全部运动功能；如果没能恢复，这条腿将终生僵硬。锻炼膝盖、撕开疤痕组织，会非常痛苦。"不要逞强，"外科医生说，"你想要多少止痛药都可以开给你。"更有甚者，我的治疗师近乎情意绵绵地谈到疼痛。"欣然接受它,"他们说,"充分体会它。"他们坚持认为这是"良性疼痛"。如果我想在短暂的时间窗口内重获灵活的左腿,我必须把自己推到极限。

我的康复训练效果很好,运动范围日渐扩大,力量逐步增强。就在这时,又一个健康问题给我沉重一击:纠缠我多年的坐骨神经痛再次袭来,起初动静不大,但很快就比以前任何一次发作都痛。

我竭力继续做康复训练,保持活动率,但坐骨神经痛把我打倒了,到了12月,我卧床不起。我的膝关节手术后还剩下很多吗啡,它对缓解"良性"膝盖疼痛有很大的帮助,但对脊髓神经损伤引起的神经痛却几乎毫不起效(对所有的"神经病理性"疼痛都是如此)。我根本坐不起来,哪怕坐一秒钟都不行。

我没法坐起来弹琴——这可太惨了,因为我在七十五岁时又恢复了弹琴和上音乐课(我曾经写过老年人也能学习新技能的文章,我想是时候践行我自己的建议了)。我试图站着弹,但是做不到。

我只能站着写作。为了适应这个高度,我在书桌上用十本《牛津英语词典》堆出了一个高台。我发现,写作时注意力集中,能让我忘记疼痛,效果几乎跟吗啡一样好,而且没有副作用。我讨厌躺在床上疼痛难忍的感觉,所以只要有可能就站到我的简易站立式书桌前写作。

我在这段时间里就疼痛做了一些思索、写作和阅读。此前我从来没有真正思考过这个话题。我自己最近两个月的经历让我看到至少有两种截然不同的疼痛类型。我的膝关节手术带来的疼痛纯粹是局部疼痛；它没有扩散到膝关节以外的区域，而且完全取决于我对手术部位的拉伸以及该部位组织的收缩。我可以把痛感分成0到10级，很方便量化。最重要的是，正如治疗师们所说，这是"良性疼痛"，病人可以欣然接受并通过复健训练来征服它。

"坐骨神经痛"（这个术语名不副实）的性质完全不同。首先，它不是局部的，它的影响范围远远超出我右侧受压的L5神经根所支配的区域。它不像膝关节疼痛那样是对拉伸刺激的一种可预测的反应。相反，坐骨神经阵痛突如其来，很难预测，我没法事先做好心理准备、咬紧牙关。痛感超出从0到10级的尺度，无法量化，简而言之，痛起来要人命。

更糟糕的是，这种疼痛带有一种难以言传的情感成分。痛楚、神伤、恐怖——这些字眼都没能抓住它的本质。病人无法"欣然接受"神经性疼痛，不能与之抗争，也不能适应。它把人碾成烂泥，让他颤抖，让他无法思考；所有的意志力，一个人的身份认同，都在这种疼痛的攻击下消失殆尽。

我重读了亨利·海德的杰作《神经病学研究》。他将"精辨觉"——仅限于局部的、有差别的、与刺激成比例的感觉——与"粗感觉"进行了对比。后者是弥漫性的、影响情感的、阵发性的。这种二分法似乎与我所经历的两种疼痛十分吻合，我想就疼痛、复苏、海德被人遗忘已久的术语和感觉区分等话题写一本非常个人化的小书，随笔亦可。（我的朋友和同事被迫充当我的倾诉对象，听我唠叨我的想法，但这篇随笔一直没写出来。）

到了 12 月，我的坐骨神经痛变得难以承受，我无法阅读、思考或写作，有生以来第一次想到了自杀。①

我的脊柱手术定于 12 月 8 日进行。此时我正在服用大剂量的吗啡，而我的外科医生警告我，术后几周，水肿可能会使疼痛加剧——后来情况确实如此。所以我的 2009 年 12 月跟以前一样黯淡无光。也许我服用的大量止痛药强化了我当时的所有情绪，我经常在希望和恐惧两极之间剧烈摇摆。

我无法忍受每天二十四个小时躺在床上，但仍然需要卧床。我开始（一只手拄着拐杖，另一只手握着凯特的胳膊）去办公室。在办公室里，我至少可以躺在沙发上口述信件和接听电话，假装自己已经重返工作岗位。

2008 年，我在度过七十五岁生日后不久遇到了我钟情的人。比利是位作家，刚从旧金山搬到纽约，我们开始相约吃晚饭。我一生都很胆小拘谨，虽然我们之间的感情浓度和亲密关系与日俱增，但我一直没有戳破这层窗户纸。直到 2009 年 12 月，我还在膝关节和背部手术的恢复期，饱受疼痛折磨，这才意识到我们之间的感情有多深。

---

① 我的朋友和同事彼得·雅内塔——我们俩同时在加州大学洛杉矶分校医院当住院医——发现并完善了一项技术，彻底改变了三叉神经痛患者的生活，拯救了许多生命。三叉神经痛是一种眼睛和脸部的阵发性疼痛，（在彼得的研究成果问世之前）没有任何治疗措施，往往"无法忍受"，经常导致患者自杀。——作者注

比利要去西雅图和他的家人一起过圣诞节，临走之前，他来找我，（以他一贯的严肃、谨慎的口吻）说："我已经对你产生了深深的爱。"他说出这句话的时候，我意识到了之前没有意识到的，或者说之前一直拒绝承认的东西——我也对他怀有深深的爱意。我热泪盈眶。他吻了我，然后他就走了。

他离开纽约的那段时间，我几乎一直在想他，但我不愿意打扰他和家人的相处，只能迫切地、怀着一丝颤抖等他打电话过来。要是他没在老时间给我打电话，我会惊恐万分，只怕他在交通事故中致残或死亡。等他过了一两个小时打来电话，我心情一放松，差点哭出来。

那段时间我多愁善感：我喜欢的音乐、日暮时分迟迟不去的金色阳光，都会让我流泪。我不确定自己为什么哭，但我感叹爱意、死亡和无常密不可分的交织。

我躺在床上，把所有的情感都记在一个笔记本上——一个"陷入爱河"专用笔记本。比利于12月31日晚回到纽约，给我带来一瓶香槟。他打开酒瓶，我们互相敬酒："祝你一切都好。"然后我们举杯迎接新年的到来。

12月的最后一个星期，我神经疼痛的加剧幅度有所减弱。这是因为术后的水肿正在消退吗？或者——我忍不住假设——是因为恋爱的快乐同神经痛势均力敌，几乎可以像氢吗啡酮或芬太尼一样缓和疼痛？是不是恋爱本身就能刺激身体分泌阿片类物质、大麻素或者其他类似的东西？

到了1月，我再次站到临时书桌前写作。现在，只要我能站立，就可以出去稍微走走。我站在音乐厅和演讲厅的后面，去有能让我站立的吧台的餐馆，还恢复心理治疗，尽管我去分析师的诊疗室时必须站着。我又开始写《心灵之眼》。自从我卧床不起以来，这份手稿就被遗弃在书桌上。

我有时候觉得自己跟生活有隔膜。比利和我相爱后，一切都有了改观。二十岁的时候，我爱上了理查德·塞利格；二十七岁的时候，我爱梅尔爱得神魂颠倒；三十二岁的时候，我和卡尔之间有过暧昧；而现在（老天），我已经七十七岁高龄了。

我的人生必须做出深刻的、堪比地质变化的改变；我在一生孤独中养成的习惯、我那种内隐的自私和以自我为中心的思维，都必须改变。新的需求和新的恐惧进入了我的生活——对另一个人的需要、对被抛弃的恐惧。我们必须要有深刻的相互适应。

对比利和我来说，因为我们有共同的兴趣和活动，相互适应还比较容易。我们都是作家，因写作而结缘。我读过比利的《解剖学家》校样之后大为赞叹，于是写信给他，建议他来东海岸的时候跟我见面（2008年9月，他来纽约，果真约见了我）。我喜欢他既严肃又俏皮的思维方式、他对他人情绪的敏感，以及他的粗中有细。对我来说，静静地躺在另一个人的怀抱里，跟他聊天、听音乐或者尽在不言中，是一种新的体验。我们学会了做饭，一起按时吃饭；在这之前，我多多少少靠吃麦片或沙丁鱼罐头维生。如果是吃沙丁鱼，我就站着，三十秒钟就吃完。我们开始一起出门,有时去听音乐会(我喜欢),有时去美术馆(他喜欢),还经常去我独自溜达了四十多年的纽约植物园。我们开始一起旅行:去我所在的伦敦,我把他介绍给朋友和家人;到他所在的旧金山,他把我介绍给诸多朋友;还去了我们双双钟情的冰岛。

  无论在国内还是国外,我们都经常一起游泳。我们有时会把自己正在写的东西朗读给对方听。但大多数情况下,我们就像其他爱侣一样,谈论我们正在读的书刊、一起观看电视上的老电影、一起欣赏日落、午餐时分食一个三明治。我们的共同生活既宁静又多维——在我的暮年,在我一生扮演局外人之后,这是一份美好而意外的礼物。

  我小时候,人家管叫我"墨水渍",七十年后,我身上还老是被墨水弄脏。

  我从十四岁开始写日记。据最近一次统计,我已经写完了近千本笔记本。这些笔记本形状和大小各异,从我随身携带的袖珍笔记本到庞然大物,应有尽有。我总是在床边放一个笔记本,用来记录梦境和夜间的想法。我也尽量在游泳池边、湖畔或者海岸上放一本,游泳也是我的思想高产期,我必须把想到的东西写下来,尤其是有时候它们会整句、整段地浮现在我的脑海里。

  写《单腿站立》时,我大量引用了自己于1974年写的详尽病中日记。《蕨乐园》也同样在很大程度上依赖我的手写笔记本。不过在大多数情况下,我很少翻阅这大半辈子记下的日记。写作的行为本身就足够了，它帮助我澄清想法和感受。写作的行为是我精神生活的一个不可或缺的组成部分，思想在写作行为中涌现并得到塑造。

我的日记不是写给别人看的，我自己也不常看，但它们是一种特殊的、不可缺少的自言自语。

我需要通过写作来思考，而写作不一定非得用笔记本不可。我会写在信封背面、菜单上或任何随手可得的纸片上。我还经常把我喜欢的语录抄写或打印在色彩鲜艳的纸张上，然后钉到挂板上。我住在锡蒂岛的时候，办公室里到处都是用活页夹装订在一起的语录。我把它们穿在我书桌上方的窗帘杆上。

通信也是我生活的一个主要部分。总的来说，我喜欢写信和收信——这是与其他人、特定的某人的交流，而且我经常发现即使自己在创作时出现瓶颈，写信时照样文思泉涌。我保留了所有收到的信件，我写给他人的信件也都存了副本。现在，我试图重建我人生中的某些片段——比如我1960年初来美国那段重大事件频发的时期，我发现这些旧信是一笔巨大的财富，能纠正我的记忆和幻想。

我写了大量的临床笔记——而且写了很多年。贝丝·亚伯拉罕医院有五百名病人，安贫小姊妹会安老院有三百名居民，布朗克斯州立医院有数千名门诊和住院病人。几十年来，我每年都要写一千多份临床笔记，乐此不疲。我的临床笔记很长很详细，别人说它们有时读起来像小说。

不管怎样，我是一个讲故事的人。据我猜测，对故事和叙事的偏爱是一种普遍的人类倾向，与我们的语言能力、自我意识、自传性记忆相辅相成。

如果进展顺利，写作会给我愉悦，给我带来一种做其他任何事情都不会有的喜悦。它把我带到了另一个地方——无论我的写作主题是什么。在那里我全神贯注，从不开小差，无忧无虑，心无旁骛，甚至觉察不到时间的流逝。如果我沉浸在这种罕见的、天堂般的心境中，我可能会写个不停，直到看不清纸面。彼时我才意识到夜晚已经来临，我已经写了整整一天。

在我的一生中，我已经写了数以百万计的文字，但写作似乎与我在将近七十年前刚开始动笔时一样新鲜，一样有趣。

致 谢

如果没有凯特·埃德加,我不可能完成这本自传。凯特在我的生活中扮演了独一无二的角色——她既是我的个人助理、编辑、合作者,也是我的朋友,三十多年如一日(我把我最近出版的《幻觉》一书敬献给了她)。为了这本自传,她在我们两位忠实的助手哈莉·帕克和海莉·沃伊奇克的协助下,帮我细查了我早期所有已出版和未出版的作品以及上溯到20世纪50年代的笔记本和信件。

我特别要感谢我的朋友和神经病学同行奥林·德文斯基。我和他进行了二十五年的对话——作为医生同行也作为朋友。奥林审阅了这本书的科学和临床部分,我此前的几本书也多亏他把关(我把《脑袋里装了2000出歌剧的人》敬献给了他)。

我在克诺夫出版社的编辑丹·弗兰克阅读了本书的所有版本,在每个阶段都提供了宝贵的建议和见解。

我亲爱的朋友(也是作家同行)比利·海斯从这本书的起源、

写作到成形一直密切关注。我将此书献给他。

在我漫长起伏的一生中,成百上千的人为我所珍重,但这本书里只提到了少数。请其他人放心,我没有忘记他们。他们将永远铭刻在我的记忆和情感中,直到我告别人世。